台州市哲学社会科学规划课题（编号23GHY07）研究成果

浙江旅游职业学院高层次科研成果培育项目（编号2023GCC09）研究成果

浙江旅游职业学院新进教职工专项（编号2023XJYB02）研究成果

回归非物质文化遗产的理论起点

理论起点

劳里·航柯学术思想研究

徐　鹏◎著

ZHEJIANG UNIVERSITY PRESS
浙江大学出版社
·杭州·

图书在版编目（CIP）数据

回归非物质文化遗产的理论起点：劳里·航柯学术
思想研究 / 徐鹏著. -- 杭州：浙江大学出版社，2024.9
ISBN 978-7-308-25016-0

Ⅰ. ①回… Ⅱ. ①徐… Ⅲ. ①非物质文化遗产－保护
－理论研究 Ⅳ. ①G112

中国国家版本馆 CIP 数据核字（2024）第 102787 号

回归非物质文化遗产的理论起点——劳里·航柯学术思想研究
HUIGUI FEIWUZHI WENHUA YICHAN DE LILUN QIDIAN——LAOLI HANGKE XUESHU SIXIANG YANJIU
徐　鹏　著

责任编辑	杨利军　黄梦瑶
责任校对	张培洁
封面设计	周　灵
出版发行	浙江大学出版社
	（杭州市天目山路 148 号　邮政编码 310007）
	（网址：http://www.zjupress.com）
排　　版	杭州好友排版工作室
印　　刷	广东虎彩云印刷有限公司绍兴分公司
开　　本	710mm×1000mm　1/16
印　　张	14.5
字　　数	256 千
版 印 次	2024 年 9 月第 1 版　2024 年 9 月第 1 次印刷
书　　号	ISBN 978-7-308-25016-0
定　　价	68.00 元

最后的国际民俗学大师

　　劳里·航柯(Lauri Olavi Honko)先生是芬兰民俗学家、比较宗教学家、史诗学家,也是国际民俗学者组织(FF)、国际民间叙事研究会(ISFNR)、国际宗教史学会(IAHR)等重要学术团体的杰出领导人。航柯先生一生著述宏富,交游广泛,是20世纪70年代以来蜚声国际学术界的民俗学家之一。

　　航柯教授少年得志,在他31岁时,就被任命为芬兰图尔库大学比较宗教学与民俗学两个学科的教授。当时,他正在美国加利福尼亚大学访学。等他从美国访学归来时,他不仅给北欧民俗学界带回了来自大洋彼岸民俗学界的新思想,还与彼岸的同行们建立了稳定而深厚的学术友谊。

　　航柯先生的学术兴趣主要涉及民俗学、比较宗教学与史诗研究三个领域。这种学术取向,与芬兰民俗学家大多研究其民族史诗《卡勒瓦拉》有关。研究《卡勒瓦拉》中的神话与信仰的元素,自然需要深厚的比较宗教学、神话学的素养;研究其中的诗歌与叙事艺术,就不能不具备丰赡的诗学与民俗学的知识。航柯先生既继承了芬兰民俗学派大师卡尔·科隆(Kaarle Krohn)的学术衣钵,又直接受教于芬兰比较宗教学家、诗人马尔蒂·哈维奥(Martti Haavio)。不仅如此,他也像他的导师们一样,具有敏锐的、广阔的学术视野,非常重视国际性的学术交流,既密切关注国际学术界的动态,又十分强调把芬兰民俗学家的研究成果翻译成北欧其他国家的语言,尤其是翻译成国际性的语言(比如英语与德语),以进行广泛的学术交流。

在比较宗教学研究领域,航柯先生的《英格曼岛的幽灵信仰》(1962)为他获得了国际性的声誉。该书关注的是宗教经验产生的过程,他把当地人的信仰传统放在了其社会语境中进行考察。在当时的宗教学界,这算得上是方法论上一个巨大的突破。现在看来,20世纪60年代的航柯教授,跟他美国民俗学界的同行们一样,都算是"新民俗学"的拓荒人。当时,在大西洋两岸,北欧各国及美国的青年民俗学家们,都开始努力转向活态传统的经验研究,都开始重视"田野作业"的研究方法。

在民俗研究领域,正是因为采用了田野作业的研究方法,在对民间医药传统、民间信仰实践、萨满的角色扮演、史诗说唱传统等民俗现象进行考察的时候,航柯教授关注了这些民间文化的活态传承。他因此提出了著名的"传统生态学"的方法论,比如,他在考察芬兰民间的挽歌时,自然而然地关注了挽歌的类型特征、表演行为、风格技巧、仪式语境以及其隐喻性的语言。此外,连续的田野经验与连贯的研究主题,则促使他注意到民间文化传统的过程与改编的问题,甚至由此而扩展到对田野作业的方法论与伦理问题进行了反思。

在史诗研究领域,借着纪念《卡勒瓦拉》出版150周年,航柯教授把史诗研究的水平提升到前所未有的高度。他通过编辑出版《〈卡勒瓦拉〉与世界史诗》(1990),开始把芬兰史诗与世界其他史诗传统关联起来进行比较研究。自此以后,他把自己的学术兴趣集中在比较史诗研究与史诗诗学理论上:一方面,他在图尔库大学成立了"卡勒瓦拉研究所",规划并出版有关世界史诗、史诗与仪式诗歌的研究成果;另一方面,他在印度开展史诗的田野考察,最终出版了两卷本的《高帕拉·耐卡表演的〈西里史诗〉》以及《文本化〈西里史诗〉》。在《文本化〈西里史诗〉》一书中,航柯教授详细介绍了口头史诗"文本化"问题,提出了"思维文本"的核心概念,从而引领了口头诗学研究的国际走向。正是通过对印度口头史诗的研究,航柯教授开始探索如何以全媒介的方式(文字、音频、视频、照片等)记录史诗,立体地呈现史诗的文本、表演与语境等信息。与此同时,他也通过对《西里史诗》的田野考察经验,开始反思《卡勒瓦拉》的"生成"问题。为了研究这个新问题,他把比较研究的触角伸向了爱沙尼亚塞图人的史诗传统。

在理论上,航柯先生是个实用主义者。他的理论体系是由功能理论、系统理论与过程理论综合构成的。他首先区分了"文化"与"传统"两个概念,并假定存在着一个"传统"储蓄池,特定文化体系就是由被选好的传统要素构成的,以满足特定社会群体或者个人的文化身份的建构与持存。他所谓"传统生态学",就是指传统元素在文化与自然环境中被选择与运用的过程;而这种选择与运用的过程,就是民俗学与比较宗教学研究的主要对象。显然,在他看来,传统就是一个被连续地选择、改编与转化的民俗过程。尽管航柯先生十分关心理论与方法论的建构,但他同时又十分注意材料的细节,他是一位细致的田野观察者,也是一位深谙细节描写的民族志记录者。

20世纪70年代以后,全球化发展的势头越来越迅猛。社会的巨变刺激航柯教授关注全球化语境下民间文化传统的命运问题,他把自己的田野视野扩展到了全球其他地区,坦桑尼亚、中国与印度是他精挑细选的三个田野考察点。航柯教授敏锐的学术洞察力、丰富的研究经历与广泛的学术影响,得到了联合国教科文组织的承认,由他主持起草的《保护民俗与传统文化草案》为后来世界非物质文化遗产保护工作奠定了基础。这是人所共知的历史事实。

航柯教授不仅是一位极富创造精神的民俗学者,更是一位具有超凡人格魅力的学术领袖。自1972年起至1990年止,他一直都是北欧民俗学会(NIF)的主要领导人。这一协会主要负责组织协调北欧五国民俗学家在教学、研究与出版领域的工作,通过近20年的苦心经营,北欧诸国的民俗学获得了极大的学术影响力,形成了地域性的学术风格,比如都很重视民俗传统档案的建设,都很关注文化认同的问题等;在航柯先生的领导下,北欧诸国的民俗学研究工作,通过该协会定期出版的学术公告而广为天下同行所知。航柯教授还是国际民俗学者组织暑期学校(FFSS)的创始人,他利用超强的学术影响力与人格号召力,联合世界各地民俗研究专家的力量,多次召开暑期培训课程,分享与讨论国际前沿理论,产生了广泛的学术影响。他擅长进行跨学科的研究,同样擅长把他在理论与方法论领域的创新传授给学生。

自20世纪70年代以来,放眼国际民俗学界,像劳里·航柯先生这样既有高水平的理论创新能力,又有强大的组织协调能力的民俗学家,十分罕见。在他的领导下,芬兰乃至整个北欧民俗学走向了巅峰;同样,在他的协调下,整个国际民俗学界的可见度也明显提升了。

出于种种原因，长期以来，中国民俗学界对于航柯先生的学术思想一直不太熟悉，他的重要著作也没有被系统地介绍过，这是十分遗憾的事情。好在徐鹏博士的这部专著就要出版了，他专门研究航柯先生的民俗学思想，专精而全面，学术质量应该是有保障的，这大概可以弥补一下这方面的遗憾了吧。

徐鹏博士问序于我，我很惶恐。自知不能胜任，却又难以推脱，只好赧颜写了上面的话。卑之无甚高论，最多只能算是我向劳里·航柯先生的致敬吧。

王杰文

2024 年 5 月 1 日

目　录

第一章

绪　论

第一节　研究缘起

民俗学是一门国际性的学科,对我国而言是一门外来之学。自1846年民俗的概念提出以及民俗学学科建立后,国际民俗学界一直热衷于彼此之间的学术交流。在我国,早在1919年五四运动前后,民俗学家们就开始翻译、介绍和评述外国的民俗学名著,江绍原、杨堃先生都做过这方面的工作。早期的成果有英国博尔尼女士(Charlotte Sophia Burne)的《民俗学手册》、美国学者詹姆逊(R. D. Jameson)的《一个外国人眼中的中国民俗》等等。20世纪80年代,中国民间文艺研究会研究部倾力编撰出版了"民间文学理论译丛"和"外国民间文学理论著作翻译丛书"两套民俗学理论翻译著作。1995年,由上海文艺出版社出版的"世界民间文化译丛"公开发行。2005年,"民间文化新经典译丛"由广西师范大学出版社公开发行。在某种程度上,中国现代民俗学的形成和发展与对西方民俗学理论的吸收和消化是分不开的。早在中国早期民俗学运动史上,江绍原先生就曾运用弗雷泽(Frazer)在《金枝》中提出的理论来研究中国的民俗现象。正是在这个意义上,当1998年钟敬文先生提出"建立中国民俗学派"的构想并规划中国民俗学在21世纪亟待进行的几项工作时,认为其中最重要的工作之一就是对域外民俗学研究的历史及其理论的翻译与介绍。①

一、理论研究的理性观照

在芬兰,民俗学被尊为国学,拥有从大学本科到研究生专业的十分完备的民俗学学科体系,堪称世界民俗学学科建设的典范。其发展历史大体可分为以下几个重要阶段。

1. 孕育期(从 18 世纪到 19 世纪 30 年代):历史学家波桑(Henrik Porthan)最先利用《芬兰诗歌研究》(1766—1778)来启迪国民的民族精神,唤起了芬兰社会对民间文化的重视,为民俗学的发展奠定了基础。

2. 隆洛特(Elias Lönnrot)时代(1835—1862):隆洛特以医务官的身份走遍乡村社会收集民间流传的诗歌,编辑出版芬兰史诗《卡勒瓦拉》(1835)。在随后的半个多世纪里,《卡勒瓦拉》成为芬兰文化认同的标志,具有极为崇高的地位,成为民俗学的立身之本。

3. 科隆时代:科隆父子在赫尔辛基大学执教的 66 年(1862—1928)。在此期间,芬兰成为世界民俗学研究的中心,并创造了著名的芬兰历史地理方法。② 尤利乌斯·科隆(Julius Krohn,1835—1888)通过比较同一首民歌的异文,将其分解为不同母题,并通过分析这些母题的分布状况和历史变迁,追溯该民歌的历史。这也成为芬兰历史地理方法的雏形。1898 年,子承父业的卡尔·科隆(Kaarle Krohn)成为世界上第一位民俗学专业的大学教授。1926 年,在其著作《民俗学方法论》中系统阐述了芬兰历史地理研究方法。同时代的中学教员阿尔奈(Antti Aarne,1867—1925)专注于民间故事的结构分析,其创作的工具书《民间故事类型索引》(1908,1913)经美国学者汤普森(Stith Thompson)增订之后,成为民俗学研究中的经典之作,而 A—T 分类法也成为全世界民俗学者必须掌握的分析工具。③

4. 民俗学专业化发展阶段(20 世纪 30 年代到 70 年代):在卡尔·科隆、阿尔奈等民俗学者的努力下,芬兰几所重点大学纷纷开设民俗学专业,中小学增设《卡勒瓦拉》必修课。在政府的大力支持下,芬兰的民俗档案馆、民俗博物馆、民俗村

①　钟敬文.钟敬文民俗学论集[M].合肥:安徽教育出版社,2010:340—341.
②　钟敬文.民俗学概论[M].上海:上海文艺出版社,1998:433.
③　钟敬文.民俗学概论[M].上海:上海文艺出版社,1998:434.

达到世界一流水平。马尔蒂·哈维奥(Martti Haavio)、马蒂·库西(Matti Kuusi)等一批民俗学者脱颖而出。到 20 世纪五六十年代,芬兰民俗学已成为世界民俗学中的楷模,赫尔辛基成为世界民俗学者心中的圣地。

5. 劳里·航柯(Lauri Olavi Honko,1932—2002)时代(20 世纪 80 年代到 21 世纪初):劳里·航柯是享誉世界的芬兰民俗学家、民间文学家、比较宗教学家和史诗学者。他被公认为是继芬兰民俗学之先驱科隆父子之后最伟大的芬兰民俗学者。劳里·航柯一生所编、著的各种著述多达 300 余种,其中所使用的语言包括德语、芬兰语和英语。[①] 他的理论研究往往代表着学术的前沿,并发挥着引领国际学术潮流的作用。

6. 后航柯时代:自劳里·航柯去世后,芬兰民俗学缺乏标志性带头人物,赫尔辛基大学民俗学系被撤销,民俗学学科力量被削弱。劳里·航柯的弟子们萨图·阿波(Satu Apo)、马蒂·堪皮宁(Matti Kamppinen)、帕卡·哈卡米斯(Pekka Hakamies)和劳里·哈维拉赫提(Lauri Harvilahti)还在为芬兰民俗学发挥余热,以乐天·塔尔卡(Lotte Tarkka)和爱突尼密顿·弗洛格(Etunimetön Frog)为首的新一代民俗学家正迎头赶上,努力开创芬兰民俗学更加美好的未来。

回顾芬兰民俗学发展史,劳里·航柯是一位承前启后的标志性人物。对这样一位民俗学大家的理论研究进行理性观照,对中国民俗学领域的理论发展无疑具有十分重要的理论意义。

二、学术实践的理性选择

与世界民俗学界的探索基本同步,钟敬文先生于 20 世纪 70 年代末开始明确倡导"民俗学是现代学"的理论主张,其主要内容包括:民俗学的研究对象主要是现代社会中的民俗事象;主要研究方法是对它们进行实地采集并加以科学研究;研究视角主要着眼于现在;研究目的是为现代社会和文化服务。[②] 至此,民俗学开始直面现实生活中鲜活的民俗现象,增强服务现代社会和生活的实践能力,解决工业化、城市化、新技术、商品化等对老百姓的日常生活带来的问题,服务脱贫攻坚、乡村振兴、共同富裕等国家重大发展战略。

作为国内民俗学界推动民俗学转向当下的代表,北京大学高丙中教授提出

① 巴莫曲布嫫.劳里·航柯[J].民间文化论坛,2015(5):117.
② 杨利慧.钟敬文"民俗学是现代学"思想与中国民俗学"朝向当下"的转向[J].民俗研究,2023(4):11.

"民俗生活""日常生活的未来民俗学"等理论,积极推动民俗学的"日常生活转向"。2011—2017 年,中国民俗学会分别组织了下列主题的研讨会:"中国民俗教育与非物质文化遗产保护"(2011)、"首届中国茶文化与旅游发展"(2012)、"江南庙会与非物质文化遗产保护"(2013)、"端午民俗文化的当代传承"(2014)、"文化科技创新与文化产业发展高峰论坛暨中国民俗文化产业发展"(2015)、"传统伦理下的非物质文化遗产传承与利用"(2016)、"中国二十四节气与养生美食"(2017)。论坛的主题无疑都是在积极回应我国社会当下民俗生活实践的热点问题。

劳里·航柯的学术研究范围甚广,包括信仰、神话、仪式、挽歌、民间医药、叙事传统和史诗等民俗类型在社会实践中的功能变迁。他擅长运用结构功能主义的方法,对民俗事象在现代社会的传承与变迁展开深入的研究,并在口头文类、民俗过程、文化认同、传统生态、有机变异等学术问题上提出自己独到的见解。另外,劳里·航柯在国际民俗学界一直发挥着重要的组织作用。他曾担任过北欧民俗学会会长(1972—1990),国际民间叙事研究会秘书长、主席(1974—1989),国际民俗学者组织主席(1990—2002)。他曾成功组织许多重要的国际学术会议,并多次主持国际民俗学者组织暑期学校(FFSS)的培训工作,同时参与其他国际讨论课的组织和教学工作,对民俗学在当代社会的运用与实践一直是他的关注重心。

因此,对劳里·航柯学术思想进行研究无疑将成为民俗学者学术实践的理性选择。

三、非物质文化遗产保护的知性溯源

非物质文化遗产(简称"非遗")是中华优秀传统文化的重要组成部分,是中华文明绵延传承的生动见证,是联结民族情感、维护国家统一的重要基础。2023 年是《保护非物质文化遗产公约》通过 20 周年。20 年来,我国非物质文化遗产的保护传承工作取得了显著成绩,进入系统性保护的新阶段。截至 2023 年,我国共有 43 个项目列入联合国教科文组织非物质文化遗产名录(名册),位居世界第一。国家、省、市、县四级代表性项目名录体系不断完善,共认定国家级非物质文化遗产代表性项目 1557 项、代表性传承人 3057 名,设立 16 个国家级文化生态保护区,具有中国特色的非物质文化遗产保护制度基本建立。中国非遗记录工程、中国非遗传承人群研修培训计划、中国传统工艺振兴计划等深入实施,非遗保护传承水平不断提升。中国成都国际非遗节、中国非遗博览会、中国原生民歌节、全国非遗曲艺周、"文化和自然遗产日"宣传展示等非遗传播普及活动广泛开展,全社

会非遗保护意识明显增强,社会广泛参与、人人保护传承的生动局面已经形成,对接乡村振兴、共同富裕等国家战略取得实效。

在取得成绩的同时,我们也应清醒地认识到,我国非遗保护传承工作还面临着重重困难与问题。比如,非遗理论研究和学术体系还不够完善;因对非遗的重要意义缺乏认知导致"重申报、轻保护"的现象时有发生;因对非遗保护传承的基本要求缺乏深刻理解,发展不充分不平衡的问题仍然突出;因工业化、城镇化、信息化的影响,部分非遗项目市场需求减少、社会受众范围缩小,传承后继无人。为全面深刻把握非遗保护的理论认知和提升非遗的实践能力,有必要回归非物质文化遗产的理论起点——劳里·航柯的学术思想。1989 年,在联合国教科文组织第 25 届全体大会上通过的《关于保护传统文化和民俗的建议案》被公认为是2003 年《保护非物质文化遗产公约》的前身。这个建议案的出台前后历时七年,对此联合国教科文组织汇集了全世界不同领域的顶尖学者的集体智慧。劳里·航柯作为一名组织者和专家一直出现在建议草案的相关文本问题讨论的专家委员会上。他为联合国教科文组织各种文化政策的论证和起草做了大量的工作。①而且,在这一过程中,劳里·航柯在北欧民俗学会《新闻通讯》中发表了一系列文章,诸如《联合国教科文组织关于民俗保护的工作》《保护作为知识产权的民俗》《民俗保护用什么样的手段?》《国际的合作和管理在民俗保护中的可能性》《关于民俗保护的建议案的最终文本》《联合国教科文组织通过的〈关于保护传统文化和民俗的建议案〉》等等。追溯劳里·航柯运用自己的专业知识和组织才能参与联合国教科文组织的行政事务和解决实际问题的过程,对于我们科学把握非物质文化遗产的内涵、本质、要求和方法具有重要的认知意义。

综上所述,对劳里·航柯学术思想的研究,是理论研究的理性关照,是学术实践的理性选择,是非遗保护的知性溯源。

第二节　研究现状

劳里·航柯在芬兰和国际学界一直发挥着重要的作用。他曾先后担任过芬

---

① 安德明.非物质文化遗产保护:民俗学的两难选择[J].河南社会科学,2008(1):14-20.

兰文学学会秘书长、主席(1975—1988),北欧民俗学会会长(1972—1990),国际民间叙事研究会秘书长、主席(1974—1989)和国际民俗学者组织主席(1990—2002)等职位,并于1991年起主持历届国际民俗学者组织暑期学校(FFSS)的培训工作。他曾任北欧比较宗教学刊物《圣界》(*Temenos*)主编(1965—1968,1975—1990)和《芬兰研究》(*Studia Fennica*)主编(1981—1989)。他生前一直是国际民俗学者组织(FF)的领军人物,兼任"民俗学者交流"(FFC)书系出版委员会主席及该书系主编长达30年,并长期致力于提升该出版系列的学术影响力和国际化水平。在他的领导下,该组织的学术活动从20世纪90年代以来得到空前的发展,尤其是通过暑期学校两年一次的制度化运作,为世界各国培养了一批批年轻的民俗学者。

与劳里·航柯在国际民俗学界的崇高地位和影响力相比,人们对其学术思想的关注和研究相对比较滞后,大量综合的系统性研究成果是在其2002年逝世之后才出现的。在我看来,其中很重要的原因就在于劳里·航柯的学术思想与芬兰民俗学研究传统相背离,而由他开创的新的研究范式和成果还有待时间的考验。这一点在中国民俗学界表现得尤为明显。

一、国内研究现状

总的来说,国内关于劳里·航柯学术思想的研究可以划分为开创期、译介期、分散吸收期、批判性继承期。

首先,国内对劳里·航柯学术思想的关注和研究始于1983年9月航柯首倡开展中芬民间文学联合考察和1986年4月在广西南宁召开的中芬民间文学搜集保管学术研讨会,以及随后在三江侗族自治县进行的实地考察。这次学术交流给中国民俗学界带来了极大的冲击,促发了学者们对田野调查研究方法的思考。金辉当年在《民间文学论坛》上发表《劳里·航柯的田野作业观》一文,对其调查研究方法进行总结,并大加赞赏。刘锡诚先后在《中芬民间文学联合考察暨学术交流总结》和《新世纪民间文学普查和保护的若干问题》中启发广大民俗学工作者从学理上积极反思新中国成立后的民间文学搜集工作。这在一定程度上为后来段宝林所提出的"立体思维"和"立体描写"奠定了基础。1989年,姚居顺和孟慧英在《新时期民间文学搜集出版史略》中《田野作业观与实践》一文里就表达了类似的观点。另外,《中国文学研究年鉴1987》和《中国民间文艺学的新时代》也对这次国际性民间文学学术讨论会顺利召开的意义和成果进行了总结。王光荣的《中芬民间文学联合考察散记》一文则从个人的层面对这次联合考察的得失和体会进行了回顾。这些研究成果无疑为劳里·航柯学术思想在中国的传播打下了基础，并开启了其学术思想在中国的译介。

在译介期中，国内的一批学者首先开始翻译劳里·航柯的一些学术论文。1986年，王培基翻译的《民族文化鉴定的典范——1985年国际纪念〈卡勒瓦拉〉的活动》一文发表在《民族文学研究》第6期；1988年，朝戈金翻译的劳里·航柯的学术论文《神话界定问题》也在《民族文学研究》上发表。2001年，孟慧英翻译的《史诗与认同表达》发表在《民族文学研究》上。2003年，由李扬翻译的《中央和地方档案系统》一文编入《西方民俗学译论集》出版发行。2005年，由户晓辉翻译的《民俗过程中的文化身份和研究伦理》在《民间文化论坛》上发表。2015年，由刘先福、尹虎彬翻译的《作为表演的卡勒瓦拉》发表在《民族文学研究》上。时至今日，对劳里·航柯学术思想的译介工作还远没有结束。这些译文的发行以及改革开放后宽松的学术环境为广大民俗学者了解劳里·航柯的学术思想打开了一扇窗户，客观上为不同研究方向的学者们分散吸收其学术思想创造了条件。

在这一时期，我国民俗学界的广大同人开始有意识地运用上述所翻译的劳里·航柯学术著作中的某些定义、观念和论述来吸收和利用其学术思想。从史诗学领域看，正如刘守华在《民间文学：魅力与价值》一书中所述，航柯的《史诗与认同表达》这篇富有创见的论文，更坚定了其关于《黑暗传》为"神话史诗"的理念。郁龙余和李朗宁在《从史诗资源大国到研究强国——中国史诗研究的发展之路》一文中也认为《史诗与认同表达》表达了许多新观点，打破了"荷马样板"的束缚，并开创了史诗研究的新范式。类似的观点也出现在毕桪所主编的《民间文学教程》中。田兆元、敖其在《民间文学概论》中也引用了航柯的史诗定义、分类和特征。类似的表述也出现在刘守华和陈建宪所主编的《民间文学教程》中。从神话学领域看，陈建宪在其《论道教对中国神话的继承与发展》一文中以劳里·航柯的神话"四条件说"为基础构建自己的分析框架。张振犁在其编著的《中原神话研究》中指出，要像劳里·航柯所从事的"实际的研究"那样，去追踪人类文化的传统，也就是要研究神话传统的、活的形态及其形成的过程。从故事学领域看，由马秀娟主编的《马名超民俗文化论集》（1997）中的《中国民间故事的科学版本问题》一文大量引用航柯在中芬民间文学搜集保管研讨会上提交的论文《民间文学的保护》中的观点。刘守华在2006年《故事村与民间故事保护》一文中指出，民间故事保护要遵循劳里·航柯所概括的八字原则，即鉴别、保护、保存和传播。而且，把活生生的民间文学保持在它的某一自然状态使之不发生变化的企图从一开始便注定要失败。从非物质文化遗产保护领域看,1997 年,刘守华和巫瑞书在其主编的《民间文学导论》一书中指出,1989 年联合国教科文组织的第 25 届大会向成员提交的《关于民俗保护致成员的建议草案》就是在芬兰学者劳里·航柯的主持下起草的。刘锡诚在《非物质文化遗产的传承与传承人》(2006)一文中指出了劳里·航柯来广西考察时所提出的关于民间文学权益的思考。田艳在 2011 年出版的《传统文化产权制度研究》中也指出劳里·航柯先生的观点值得我们重视,特别是其提出的"首次使用权"的概念及其法律适用对保护传统文化搜集整理者的合法权益非常重要。安德明在 2008 年发表的《非物质文化遗产保护:民俗学的两难选择》中指出,芬兰杰出的民俗学家劳里·航柯为联合国教科文组织各种文化政策的论证和起草做了大量的工作,对今天非物质文化遗产保护项目的全面启动做出了很大的贡献。当然,在对劳里·航柯的学术思想大唱赞歌的同时,我们也听到了不一样的声音。吴效群在 2011 年发表的《回到原点:非物质文化遗产保护背景下的中国民俗学研究》一文中指出,有的学者借用芬兰著名民俗学家劳里·航柯的观点质疑非物质文化遗产保护的可行性和必要性,认为自然形态的民俗作为社会生活中与其他事物融为一体的活生生的现象,根本不需要保护,也不容许任何形式的保护。显然,在这种对劳里·航柯学术思想有所歪曲的学界背景下,如何全面而有效地批判性继承和发展其学术思想便被摆上了议事日程。

在批判继承期,不仅出现了译介国外学者对劳里·航柯学术思想进行评论的学术成果,如发表在《民俗研究》上由陈研妍翻译的芬兰学者佩尔蒂·安托宁(Pertti Anttonen)的《劳里·航柯论民俗研究中的范式札记》和发表在《民俗文学研究》上由唐超翻译的《芬兰民俗学 50 年:以芬兰民俗学代表人物劳里·航柯的理论贡献为主》,还出现了国内学者对劳里·航柯学术思想进行系统总结和评论的文章。其中,既有对劳里·航柯某一种学术观念或理论进行评论的成果,如朝戈金发表的《"多长算是长":论史诗的长度问题》和刘锡诚出版的《非物质文化遗产:理论与实践》,也有对其某一领域的学术思想进行总结和评论的,如王杰文在《文化遗产》上发表的《"文本的民族志":劳里·航柯的"史诗研究"》和尹虎彬的《作为口头传统的中国史诗与面向 21 世纪的史诗研究》;既有将其学术思想纳入芬兰民俗学研究体系的成果,如董晓萍翻译的《跨文化的芬兰学派》、徐鹏和尹虎彬的《从范式看芬兰民俗研究的现行走向》,还涌现出了一些从整体上把握其学术经历和学术成果的文章,如巴莫曲布嫫发表在《民间文化论坛》上的《劳里·航柯》

和唐超的《芬兰学派怎样纪念二战以来最伟大的芬兰民俗学家劳里·航柯》。值得一提的是,王杰文在其编著的《北欧民间文化研究(1972—2010)》中从北欧民间文化研究史的角度详细梳理和总结了航柯对推进和发展北欧民俗学研究做出的历史性贡献。

二、国外研究现状

国外关于劳里·航柯学术思想的研究呈现出以下几个特点:从时间节点来看,航柯先生逝世的日子,即 2002 年 7 月 15 日,是一个重要的分水岭。在此之前的研究成果主要是关于劳里·航柯一些有代表性的著作的书评,而在这之后的研究成果则主要是对其学术贡献的梳理、归纳和总结。特别是 2013 年 8 月在芬兰图尔库大学举行的劳里·航柯民俗学理论国际研讨会更是将其研究推向了高潮。该会推出了《理论的里程碑:劳里·航柯选集》和《民俗学家劳里·航柯的文化理论:传统生态学》两部著作,以缅怀这位伟大的民俗学家。从研究者的构成来看,书评的作者大多是来自芬兰以外国家的学者;而关注其学术贡献的研究者主要是来自芬兰的学者,特别是航柯先生生前的弟子和同事。从研究内容上看,他们所聚焦的内容主要是劳里·航柯在文化理论、民间宗教、史诗和口头叙事等学术领域的成果。当然,也出现了一些简要地回顾和概述航柯先生生前整个学术经历和成就的文章,并集中体现在雷蒙德·维德兰德(Reimund Kvideland)在航柯先生60 岁生日时写的祝文以及劳里·哈维拉赫提和安娜-丽娜·西卡拉(Anna-Leena Siikala)在其逝世后所发的讣告中。

具体来说,我们可以把有关劳里·航柯学术思想的书评分为两部分。前一部分主要是 2002 年之前来自芬兰以外国家的民俗学者们对其有代表性的学术著作所撰写的书评,这类书评具体包括:《植入疾病:原始初民对疾病原因的解释研究》[1]、《英格里亚的精灵信仰》[2]、《宗教科学:方法论研究》[3]、《世界史诗中的宗教、神话和民俗:〈卡勒瓦拉〉及其前身》[1]、《大熊:芬兰—乌戈尔语族口头诗歌专

---

[1] BAUMER I. Book Review[J]. Anthropos, 1959, 54(5-6): 1010-1012.

[2] CLOSS A. Book Review[J]. Anthropos, 1963, 58(3-4): 561-564.

[3] DECONCHY J. Book Review[J]. Archives de Sciences Sociales des Religions, 1981, 26(51): 233.

[1] HATTO A. Book Review[J]. Fabula, 1992, 33(3-4):206-244; OOSTEN J. Book Review[J]. Numen, 1993, 40(1): 103-106.

题选集》①、《口头史诗的文本化》②。另一部分是 2002 年之后来自芬兰的民俗学者们所作的书评。这类书评具体包括《少女的亡歌和大婚:安妮·瓦巴娜的口头双史诗》③、《〈卡勒瓦拉〉与世界传统史诗》④、《理论的里程碑:劳里·航柯选集》⑤、《民俗学家劳里·航柯的文化理论:传统生态学》⑥。

　　以上这些劳里·航柯的学术著作不仅引起了不同国家的民俗学者们的关注和评论,还有不少学者从中进行归纳和总结。其中,有的学者阐释其学术思想对民俗学学科理论的贡献⑦,有的学者概述了其学术思想中某一具体研究领域的价值⑧,还有的学者专注于其学术思想中的某一具体的研究方法和思想所带来的启

　　① CLEVERLEY M. Book Review[J]. Scandinavian Studies,1995,67(3):404-406;FELIX O. Book Review[J]. Journal of Folklore Research,1995,32(1):82-83;DARNELL R. Book Review[J]. Journal of Linguistic Anthropology,1996,6(1):111-112.

　　② BENDER M. Book Review[J]. Journal of American Folklore,2001,114(453):381-384;CLAUS P. Book Review[J]. Anthropos,2002,97(1):261-263;FINNEGAN R. Book Review[J]. The Slavonic and East European Review,2002,80(1):109-110;GAY D. Book Review[J]. Journal of American Folklore,2003,116(462):486-487.

　　③ ARUKASK M. Book Review[J]. Maetagused Hyperjournal,2004,26:250-252;DUBOIS T. Book Review[J]. The Slavonic and East European Review,2005,83(3):517-519;ARANT P. Book Review[J]. The Slavic and East European Journal,2006,50(3):547-548.

　　④ JASON H. Book Review[J]. Asian Folklore Studies,2003,62(2):327-329;SÖHNEN-THIEME R. Book Review[J]. Fabula,2005,46(1-2):163-167;KUUTMA K. Book Review[J]. The Journal of American Folklore,2006,119(472):245-247;HASAN-ROKEM G. Marvels and Tales[C]// LAURI H. In the Kalevala and the World's Traditional Epics. Helsinki:Studia Fennica,2005:92-101.

　　⑤ TANGHERLINI T. Book Review[J]. Western Folklore,2014,73(4):504-508.

　　⑥ FROG E. In the Shadow of Lauri Honko:Review of Matti Kamppinen & Pekka Hakamies,The Theory of Culture of Folklorist Lauri Honko,1932-2002:The Ecology of Tradition[J]. Journal of Prosthetic Dentistry,2013,29(21):174-178.

　　⑦ KAMPPINEN M. The Role of Theory in Folkloristics and Comparative Religion[J]. Approaching Religion,2014,4(1):3-12;BAHNA V. Memorates and Memory:A Re-evaluation of Lauri Honko's Theory[J]. Temenos,2015,51(1):7-23.

　　⑧ KAMPPINEN M. The Role of Theory in Folkloristics and Comparative Religion[J]. Approaching Religion,2014,4(1):3-12;HARVILAHTI L. Textualising An Oral Epic:Mission Completed[J]. Approaching Religion,2014,4(1):18-24;HAKAMIES P. Innovations in Epic Studies by Lauri Honko[J]. Approaching Religion,2014,4(1):13-17.

示和意义[①]。此外，另有学者注意到航柯在芬兰以外的国家进行的田野实地考察所产生的影响和贡献[②]。难能可贵的是，法国学者杜肯·马丁内特（Duquesne Martinet）和劳伦特·图雷特（Laurent Tourrette）成功对航柯先生进行学术专访，并完成论文《劳里·航柯访谈录：从"民间诗歌研究"到"文本民族志"》。

综合上面有关国内外研究现状的叙述来看，我们不难发现国内学界关于劳里·航柯的学术思想的研究出现了从点到面、从外围到中心、从分散到整合的可喜局面，但是与国外同行的研究相比，我们在研究的深度和广度上还有很大的差距。而国外同行的研究，虽然其研究历史悠久且成果丰富，但是也在一定程度上存在欠缺。首先，虽然出现了大量关于航柯先生的有代表性的学术著作的书评，但是，相比劳里·航柯广阔的研究领域和丰硕的研究成果，这类书评涉及的面较窄。其次，国外学者对航柯先生学术思想的研究以书评为主，且他们的研究大多褒贬直述，相对客观和公正，但是，较少涉及航柯先生在具体学术领域对学科理论的系统归纳和总结。最后，尽管芬兰学者在这方面成绩斐然，可是其大多是航柯先生的弟子和同事，他们难免会对劳里·航柯饱含敬仰之情，其研究会呈现出十分完美的"主观原样"，这种"同情之理解"有时反倒使读者对劳里·航柯的思想感到模糊。总的来看，目前国内外对劳里·航柯的学术思想从整体上进行系统研究的专著还没有出现。因此，如何有效地理解和吸收现有的国内外研究成果，全面而系统地对其学术思想进行专题研究，既注重其理论、方法和经验研究的联系，又强调其与同时代不同学者的互文性对话，是当今学界的一大难题。与此同时，这在客观上也为本研究的开展提供了空间。在全球化的今天，我们应该怀揣勇气和担当，向学术界发出中国学者的声音。

---

① ANTTONEN P. Notes on Lauri Honko's Discussion on Paradigms in the History of Folklore Studies[J]. FF Network，2007，33：12-20；BŪGIENĖ L. Context of Communicative System：Interactions of Folk Legends and Proverbs[J]. Folklore Studies，2004(27)：13-19；BOWMAN M. Vernacular Religion，Contemporary Spirituality and Emergent Identities[J]. Approaching Religion，2014，4（1）：101-113；HOULBROOK C. The Mutability of Meaning：Contextualizing the Cumbrian Coin-Tree[J]. Folklore，2014，125(1)：40-59；RØRBYE B. From Folk Medicine to Medical Folkloristics[C]//KVIDELAND R. Folklore Processed：In honour of Lauri Honko on his 60th Birthday. Helsinki：Studia Fennica，2003：190-199.

② KOROM F. Book Review[J]. Asian Folklore Studies，2003，62(1)：178-180；BENDER M. Plum and Bamboo[M]. Urbana：University of Illinois，2003.

第三节 研究理论与方法

一、研究理论

(一)马克思主义理论

马克思主义哲学,是关于自然、社会和思维发展一般规律的学说,它坚持唯物论和辩证法的统一,坚持唯物主义自然观和历史观的统一,是科学的世界观和方法论。正如毛泽东所说:"我们的眼力不够,应该借助于望远镜和显微镜。马克思主义的方法就是政治上军事上的望远镜和显微镜。"不仅如此,将马克思主义理论运用到人文社会科学的研究中时,它可以为各门学科提供基本的原则和合理途径,从而有利于人们在科学的方法论指导下从事人文社会历史问题的研究,进而正确分析、选择和运用各种具体的人文社会科学方法。

马克思主义社会科学方法论以辩证唯物主义和历史唯物主义为根本方法,包括以实践为基础的研究方法、社会系统研究方法、社会矛盾研究方法、社会过程研究方法等,构成了一个科学的和开放的方法论体系。[①]

当我们借助马克思主义理论及在此基础上建立的社会科学方法论来透视劳里·航柯的学术思想时,我们可以高屋建瓴地从中概括和总结出他的一套方法论体系。正如马蒂·堪皮宁和帕卡·哈卡米斯在总结劳里·航柯的文化理论时所言,劳里·航柯的民俗学理论工具箱中主要包括功能主义、系统思维和过程观。这些理论思想与上述的马克思主义及其社会科学方法论的基础原则是相契合的。他对民俗过程、仪式过程、传统池、集体的传统等民俗文化现实的分析,无一不折射出这一哲学思想。它们构成了劳里·航柯方法论的哲学基础。正是在此哲学基础上,劳里·航柯发展出一套自己的民俗学理论——传统生态学。与此同时,他还充分吸收和利用相关学科的研究方法和成果,如利用语言学中的"主位"和"客位"的概念进行民间文学体裁的分析;利用社会学中的马克斯·韦伯的"理想

[①] 《马克思主义与社会科学方法论》编写组.马克思主义与社会科学方法论[M].北京:高等教育出版社,2012:8.

类型"概念构建口头传统的分类系统;利用模因论的相关理论工具进行民俗文化模式的分析;利用认知心理学的理论工具进行"大脑文本"和史诗文本化的分析等等。此外,他还把大胆的理论构想与细致的田野调查相结合,不仅提出了"整体观察"和"参与观察"的思想,还用大胆假设和小心求证的方法为学界同人树立了科学的研究范式。最后,他把这些理论、方法与民俗文化的实践结合起来,亲身参与联合国教科文组织的《关于保护传统文化和民俗的建议案》(联合国教科文组织大会第 25 届会议于 1989 年 11 月 15 日在巴黎通过)。这无疑体现了具体问题具体分析的原则。

总之,透过马克思主义理论这一望远镜和显微镜,我们可以从总体上把握劳里·航柯的方法论体系。

(二)互文性理论

"互文性"(intertextuality),又称为"文本间性"或"互文本性"。这一概念首先在 20 世纪 60 年代由法国符号学家、女权主义批评家朱丽娅·克里斯蒂娃(Julia Kristeva)在其《符号学》一书中提出:"任何作品的本文都像许多行文的镶嵌品那样构成的,任何本文都是其他本文的吸收和转化。"[①]这就是说,每一个文本都是其他文本的镜子,每一个文本都是对其他文本的吸收与转化,它们相互参照、彼此牵连,形成一个潜力无限的开放网络,以此构成文本过去、现在、将来的巨大开放体系和文学符号学的演变过程。

作为一种文本理论,互文性理论突破了传统的结构主义的束缚,不是单纯地以文本来分析文本,避免了形式主义文论的弊端,而是将解构主义、新历史主义、后现代主义等后结构主义的合理因素纳入其体系,从而增强了其理论阐释的空间和维度。它有效地融合了结构主义和解构主义,以形式分析为切入点,并逐步将自己的视角扩散到整个文学传统和文化影响的视域之内,即从文本的互文性到主体的互文性再到文化的互文性的逻辑模式。这样,它就将焦点从内部的结构转向外在的因素和影响。在此视角下,一切政治、历史、社会、心理等语境都变成了互文本。这样一来,众多的影响文本创作的因子将被纳入其关注的领域,从而也使自己超越了单纯的形式研究的层面,而进入多重对话的层面。概而言之,互文性理论的对话主要是从三个层面进行:文本的对话、主体的对话和文化的对话。在

---

① 朱丽娅·克里斯蒂娃.符号学:意义分析研究[M]//朱立元.现代西方美学史.上海:上海文艺出版社,1993:947.

此过程中,巴赫金(Mikhail Mikhailovich Bakhtin)、罗兰·巴特(Roland Barthes)、吉拉尔·热奈特(Gérard Genette)等学者由此对互文性理论进行了某种程度的生发和推动,并将互文性理论的影响从文学理论和文化研究领域拓展到其他的人文和社会科学相关学科的研究之中。

具体来说,互文性概念强调两个方面的基本含义:一是"一个确定的文本与它所引用、改写、吸收、扩展或在总体上加以改造的其他文本之间的关系"①;二是"任何文本都是一种互文。在一个文本之中,不同程度地以各种多少能辨认的形式存在着其他的文本;譬如,先时文化的文本和周围文化的文本。任何文本都是对过去的引文的重新组织"②。因此,"互文性"概念强调的是把文本置于一个坐标体系中予以考察:从横向上看,它将一个文本与其他文本进行对比研究,让文本在一个文本的系统中确定其特性;从纵向上看,它注重前文本的影响研究,从而获得对文学和文化传统的系统认识。

受此理论启发,本研究就是要把劳里·航柯的学术思想放在这样一个纵横交错的坐标体系中予以观照。从横向上看,把劳里·航柯的学术思想与同时代的其他民俗学家在相关话题上的学术见解进行对比研究,让其学术思想在横向的共时思想体系中确定其特性。比如把劳里·航柯的体裁思想与丹·本-阿莫斯(Dan Ben-Amos)的体裁思想进行互文性阐述;把他的"大脑文本"的思想与帕里(Millman Parry)和洛德(Albert Lord)的口头程式理念进行互文性对照;把他的"多重形式"(multiform)思想与洛德的"这首歌"(this song)进行互文;等等。从纵向上看,要把劳里·航柯的学术思想放在芬兰民俗学史的角度进行考量,既注重芬兰民俗的历史研究传统对其学术思想的影响,又从整体上把握他独创的学术思想对芬兰民俗学学术史的贡献和价值。

(三)墨点扩散理论

将一滴墨水滴入一杯清水,这滴墨水会像爆炸一样扩散到整杯水中。由于自身的局限性,我们无法观察和了解世界(一杯清水)的全貌,但是,如果拥有一个"墨点",由此扩散开来,我们就可以窥探其中的奥秘。因此,墨点扩散理论并不是一种成熟的理论体系,而是指通过墨点的扩散效应而达到对清水的把握的一种假设。与其说它是一种理论,倒不如说是一种墨点扩散效应。

---

① 程锡麟. 互文性理论概述[J]. 外国文学,1996(1):72.
② 罗兰·巴特,张寅德. 文本理论[J]. 上海文论,1987(5):36.

以劳里·航柯的学术思想为例,从整体上看,其学术思想所覆盖的研究范围之广,学术周期之长,学术成果之丰富,再加之涉及英语、芬兰语和德语等多门语种,要想全面而客观地对此进行研究是非常困难的,远不是一篇博士论文所能涵盖的。但是,我们能够通过寻找其学术思想中的"墨点",并借助其扩散效应,从而以点带面、触类旁通地管窥其学术思想的奥秘和真谛。这种"墨点"就是劳里·航柯学术思想中的一些关键词。通过对"大脑文本""多重形式""传统生态学""民俗过程""史诗""民俗保护""学术伦理"等关键词的梳理和阐释,其学术思想中的精髓和特质定会呼之而出。

二、研究方法

(一)文献阅读

本文的研究是建立在前人的研究基础之上的,因此,大量地阅读前人的相关文献资料是本文不可缺少的重要研究方法。具体而言,本文的相关文献资料主要包括劳里·航柯所著和所编的学术著作和论文;国内外学者对劳里·航柯学术成果的评论性文章;与劳里·航柯学术思想相关的同时代其他知名学者的学术论著;芬兰民俗学史方面的学术论著和受劳里·航柯学术思想影响的国内学者的相关学术论著。除了传统文献的使用,笔者还大量使用了读秀、百链等论文数据库,以及百度学术、维基百科等新兴数据资源。除了认真研读劳里·航柯的原著外,还要查看前人研究的参考文献,按图索骥,有时会给自己的研究带来意想不到的收获。通过对前人研究成果的大量阅读与整合分析,发现问题,以问题为导向,然后找出自己所要研究的方向和亟待解决的问题。因此,在前人研究的基础上不断推进自己的研究是本论文完成的重要步骤。

(二)田野调查

田野调查是民俗学常用的研究方法之一,基于对来自芬兰的和国内的与劳里·航柯有密切联系的学者进行的田野调查,本研究试图搜集关于航柯先生的成长经历、生活旨趣和个性特征等影响其学术研究的主观资料,以及了解他们对航柯先生在中国开展的学术活动的看法以及对其学术思想的理解等内容。

在调查中,本研究主要采用访谈法。访谈法是直接与被调查者交谈以获得材料的方法。① 在对芬兰学者的访谈中要有意识地做到使用生活用语,尽量避免使用学术术语,以便和被调查人员建立良好的信任关系,得到更翔实的语料。在对国内学者的访谈中要有耐心,态度要谦虚和谨慎,并尽量使用这些学者在自己作品当中使用的学术术语及思想,以便更好地理解他们的观点。同时,要引导他们作进一步的阐释,以获得与其书面记载不同的信息。

第四节　研究内容与研究意义

一、研究内容

本研究主要以劳里·航柯民俗学学术思想为主要研究对象。本文尝试从三个层面开展此次研究:首先从历时性的角度对劳里·航柯的学术思想在芬兰民俗学学术史上的地位和影响进行梳理;其次从共时性的角度对劳里·航柯学术思想进行深入具体的分析;最后探讨劳里·航柯的学术思想对中国民俗学的影响。

在第一个层面,围绕劳里·航柯的学术史、劳里·航柯眼中的芬兰民俗研究史和芬兰学者眼中的劳里·航柯这三个方面,致力于把劳里·航柯的学术思想放在芬兰民俗学史的角度进行考量,既注重芬兰民俗的历史研究传统对其学术思想的影响,又从整体上把握他独创的学术思想对芬兰民俗学学术史的贡献和价值。

在第二个层面,本文将从理论研究、专题研究和应用研究三个层面对劳里·航柯的学术思想进行深入具体的分析。在理论研究中,本文将从哲学、一般学科、具体研究领域三个方面构建劳里·航柯的方法论体系。首先,将借助马克思主义哲学的基本原理和原则从整体上把握劳里·航柯学术思想的哲学思维特征;其次,把劳里·航柯的学术思想与语言学、社会学、生物学、认知科学等人文社会科学相关领域的重要概念和方法结合起来,探讨它们之间的关联性;最后,重点分析劳里·航柯如何将以上的哲学思维和相关学科的理论工具运用到具体的民俗实践中,并有针对性地提出自己的一套既具有理论特色又具有现实意义的具体文化研究方法。此外,本文还将从理论缘起、形成过程、核心思想和理论贡献四个方面

---

① 戴庆厦.社会语言学概论[M].北京:商务印书馆,2004:224.

详细论述劳里·航柯独创的传统生态学理论。在专题研究方面,本文特别选择了国内关注较少的民俗过程研究和在国内影响最大的史诗研究。在应用研究方面,特地回避了涉及较多德语和芬兰语材料的民间医学的研究,而专注于普及性更强的民俗保护研究。在介绍上述劳里·航柯的学术思想的基础上,本文还阐述了其学术研究中所贯穿的伦理思想。

为了便于对以上两个方面内容的分析,本研究采用互文性的理论,把劳里·航柯的学术思想放在一个纵横交错的坐标体系中予以观照。从横向上,把劳里·航柯的学术思想与同时代的其他民俗学家在相关话题上的学术见解进行对比研究,让其学术思想的特性在横向的共时思想体系中得以确定;从纵向上,从芬兰民俗学史的角度对劳里·航柯的学术思想进行考量,既注重芬兰民俗的历史研究传统对其学术思想的影响,又从整体上把握他独创的学术思想对芬兰民俗学学术史的贡献和价值。另外,通过借鉴"墨点扩散理论",本文从劳里·航柯的学术思想中提炼出几个关键词,即大脑文本、民俗过程、传统生态、民俗保护、研究范式与学术伦理等,并由此生发,以点带面、触类旁通地深刻把握其学术思想的精髓和特质。

在第三个层面,即研究劳里·航柯的学术思想对中国民俗学的影响时,本文采用文献研究和调查研究相结合的方法,并带着问题开展研究工作。这些问题包括:(1)航柯先生在中国开展了什么学术交流和研究工作;(2)他是如何看待中国民俗事象以及中国学者的民俗研究的;(2)航柯先生为积极推进中芬双边学术交流做了什么;(3)中国民俗学者对此行为做出了什么回应;(4)航柯先生及其学术思想对中国民俗学界产生了什么影响。为了弄清楚这些问题,本研究将调查同他有过接触的中国学者,如刘锡诚、刘魁立等等。这样既可以追踪劳里·航柯当时在中国的动态,也可以对航柯先生的学术思想进行更好的理解和把握。本研究将立足于中外民俗学学术交流史的宏大背景,深刻反思当中一些利益得失,以便为今后的学术交流提供有益的意见和建议。

二、研究意义

(一)理论意义

本研究具有多重理论意义。首先,可以帮助我们全面、系统、深入地了解劳里·航柯的民俗学学术思想,并拓展和深化目前的学术思想史研究。劳里·航柯的学术领域涉及面广,主要包括民间信仰、神话、史诗、挽歌、歌谣、文化研究和方法论等等。目前,关于劳里·航柯的学术思想研究往往局限于其中的某一方面或某个思想,本研究不仅着眼于从整体上系统地把握其学术思想,而且,还致力于将理论、方法论和经验研究三方面相结合,多层次立体地透视其学术思想,力求既知其然,也知其所以然。其次,本研究可以深刻把握劳里·航柯学术思想独特的创新之处。以往的研究大多囿于聚焦劳里·航柯个人的学术思想,而忽视其与同时代的其他民俗学者们的学术共鸣。本研究将从互文性的角度,把握其学术思想的创性之处,并为今后学人的学术思想研究提供新的视角和方法。

(二)现实意义

首先,可以加深对国外民俗学学术史及民俗学者学术思想发展史的了解,并提高国内民俗学者的民俗理论素养和水平。一方面,本研究力图从芬兰民俗学学术史的角度出发,历时地诠释劳里·航柯学术思想的形成和发展,把握其学术思想中的传统继承和个人创新;另一方面,本研究还将从互文性的角度,解释其学术思想中的创新之处,从中可以共时地把握世界一些主要的前沿民俗学者的学术思想及演变,从而提升自身的民俗理论知识水平。这对于理论基础相对薄弱的中国民俗学界来说,是弥足珍贵的。

其次,本研究将劳里·航柯的学术思想与中国民俗学发展史相结合,并置其于中芬民俗学学术交流的宏大背景中,有助于梳理新中国成立后中外民俗学学术交流史,并总结其中的利害得失,为今后的学术交流提供有益的借鉴和启示。

再次,有助于提高我们自身运用民俗学理论进行经验研究的实践水平。本研究将理论、方法和经验研究三方面相结合,既要了解劳里·航柯的学术思想,更要弄清楚他是如何运用具体方法将理论与实践相结合的。

最后,劳里·航柯民俗学学术思想孕育并诞生在社会发展水平较高的芬兰,其学术思想在某种程度上是对现代化转型过程中出现的社会问题的回应和思考。其中的一些重要思想对当前正处于社会转型期的我国的非物质文化遗产和民间信仰的保护、开发和利用等问题具有一定的指导价值。

第二章

劳里·航柯在芬兰

第一节　劳里·航柯其人

　　劳里·航柯,1932年3月6日出生于芬兰西南部的一个港口城市——汉科。汉科位于波罗的海芬兰湾入口处的汉科半岛上,该半岛地处芬兰领土的最南端。汉科的岛弧非常漂亮,有约130公里长的海岸线,拥有90个岛屿和近1万人口。1940年3月12日,汉科被租借给苏联,并成为苏联的军事基地,直到1944年才被芬兰收回。

　　1949年,劳里·航柯只身来到距汉科130公里的赫尔辛基大学读书。1959年,劳里·航柯在赫尔辛基大学获得哲学博士学位,师从芬兰著名的民俗学家和神话学学者马尔蒂·哈维奥(1899—1973)。正如安娜-丽娜·西卡拉所言,科隆父子和乌诺·哈瓦(Uno Harva)的遗产通过赫尔辛基大学的教师、诗人和学者(院士)马尔蒂·哈维奥传给了劳里·航柯。[①] 哈维奥在神话学和仪式研究中成果突出,他丰富的文化知识和理论兴趣无疑对他这位极有天赋的学生产生了引导性的影响。而且,劳里·航柯读博期间的刻苦程度也一直是令人称赞的。据说,

────────────

　　① KVIDELAND R. Folklore Processed: In Honour of Lauri Honko on His 60th Birthday[C]. Helsinki: Studia Fennica, 1992: 25.

他一本接一本地系统研读了芬兰文学学会图书馆的所有著作。

在他的博士学位论文《植入疾病：原始初民对疾病原因的解释研究》(1959)中，他为民间医药的民族志的数据分析发展出一种特殊的类型学。他把芬兰关于如何解释疾病和治疗的民间传统纳入一个全球性的视角，并在不同的地理区域中发现其独到的特点和差异。因此，该论文所涉及的问题不仅属于民俗学领域，也属于比较宗教学的范畴。相应地，劳里·航柯获得了 1961 年至 1963 年图尔库大学民俗学和比较宗教学专业的讲师教职，并重拾对自乌诺·哈瓦时期以来所淡化的民间信仰的兴趣。他开始关注芬兰湾南部圣彼得堡地区的传统民间信仰，并从档案文献与田野调查两方面出发着手研究当地的瑞典难民。1962 年，劳里·航柯的专著《英格里亚的精灵信仰》(FFC 185①)一经公开出版，就在国际学界引起很大反响，并对芬兰的民间宗教领域产生了革命性影响。在该著作中，他不仅把仪式分为三大类，即通过仪式、岁时仪式和危机仪式，还强调在文化语境中分析仪式的重要性以及在小规模和复杂的信仰体系之间进行区分的必要性。正因为该研究采用了一种全新的研究方法来阐释宗教经验形成的过程和传统得以运作的语境，所以，像他的前辈芬兰民俗学之父卡尔·科隆一样，航柯为读者提供了清晰的、易于操作的方法论模型，也成为源起于美国的"新民俗学研究"在北欧国家的开拓者之一。芬兰比较宗教学界甚至将这本书的出现作为芬兰传统和现代的民间宗教研究的分水岭。

也正因为这部著作奠定了劳里·航柯在比较宗教学和民俗学领域的地位，1963 年，他同时被图尔库大学和赫尔辛基大学聘为民俗学和比较宗教学的教授。在他的领导下，两个大学联合开设了民俗学研究生讨论课程，内容涉及充满活力的研究方向和发展趋势的种种讨论，同时孕育了新的研究模式。航柯还特别鼓励女性从事职业研究，这在当时的高校是非同寻常的。② 在繁重的教学压力下，劳里·航柯并没有放松对学术研究的追求。在 20 世纪 60 年代末，他先后发表了一系列有分量的重要论著：《芬兰神话学》(1964)、《乌戈尔神话学》(1964)和《芬兰-乌戈尔民间的宗教职业者》(1968)。这进一步巩固了其在比较宗教学领域的重要地位。对于 20 世纪 60 年代的北欧民俗学来说，劳里·航柯贡献了一种强调活态传统的经验研究方法。人和传统之间的关系、口头传统的使用和意义、田野调查

---

① 指学术著作出版体系"民俗学者交流"(Folklore Fellows Communication)第 185 种著作。
② 巴莫曲布嫫.劳里·航柯[J].民间文化论坛,2015(5):118.

研究这些事实上都成为这个新出现的以航柯为中心的学派所从事的内容。它的重心已不是民俗和档案材料的收集,而是转移到系统的田野研究。1965 年举行的沃伊里田野工作研讨会的大部分成果都归功于航柯。该研讨会标志着北欧民俗学和民族学的一大新趋势。

凭借其突出的学术成果和活跃的学术活动,劳里·航柯在 1971 年底离开自己的教学岗位,并从 1972 年起担任北欧民俗学研究所(The Nordic Institute of Folklore)所长。北欧民俗学研究所是在丹麦学者哈梅里克(L. L. Hammerich)的积极推动下于 1958 年成立的。北欧民俗学研究所是由来自五个国家(丹麦、芬兰、冰岛、挪威和瑞典)的专业民俗学家们所组成的。该研究所历届所长及任期分别是:劳里茨·博德克(Laurits Bødker,丹麦人,1959—1966),布鲁纽尔夫·阿尔弗(Brynjulf Alver,挪威人,1966—1968),本格特·霍尔贝克(Bengt Holbek,丹麦人,1968—1971),劳里·航柯(芬兰人,1972—1990)和雷蒙德·维德兰德(Reimund Kvideland,挪威人,1991—1997)。劳里·航柯在北欧民俗学研究所任期最长,而且,他在任期间也是该所获得长足发展并在国际学界产生重大影响的时期。20 世纪 70 年代,北欧理事会曾企图建立一个北欧经济联盟,以加强彼此间的经济联系,但是这个计划由于北欧各国不同的外交政策而没有实现。为了弥补这次"联盟"的失败,北欧国家之间的文化合作得到进一步的增强。北欧民俗学研究所成了北欧部长会议所设定资助的 40 个研究所之一,每年可以获得 130 万丹麦克朗的研究基金。有了这笔资金的支持,劳里·航柯在任期内就可以大展身手。他积极组织各种学术研讨会,设立研究生学位课程,并发起联合项目和推进出版工作,加强了科研院所和研究者之间的合作。20 世纪 90 年代,他组织北欧民俗学研究所举办暑期学校,并发展为两年一次的制度化运作,为世界各国培养了一批批年轻的民俗学者。另外,他生前一直是该所国际民俗学者组织(Folklore Fellows)的领军人物,并负责"民俗学者交流"(FFC)书系长达 30 年,积极致力于提升该出版系列的学术影响力和国际化水平。他不仅利用北欧民俗学研究所这个平台为北欧民俗学者提供各种学术交流机会,并形成定期的交流和合作机制,还积极拓宽北欧民俗学者的视野,与爱沙尼亚、德国、美国、中国、印度等国家交流,开展合作项目。劳里·航柯以其优秀的组织和社会活动能力,使北欧民俗学研究所成为世界民俗学的中心,并引领了民俗学的发展潮流。1990 年,劳里·航柯辞去北欧民俗学研究所所长和"民俗学者交流"书系主编工作。当年,北欧民俗学研究所开始遭遇第一次危机。该所和北欧亚洲研究所在哥本哈根的北欧部长会议中出现在即将被中止的四个研究所的名单之中。当时，由于学者和政治家们的广泛支持，这次威胁很快被消除。但是，好景不长，1994年、1995年，北欧民俗学研究所连续两年遭到评估。这一次，40个北欧研究所中有不下一半的研究所出现在即将被取缔的名单上。造成这次危机的原因是政治利益的权衡：自柏林墙拆除后，北欧与波罗的海其他国家的经济交流日益密切，北欧国家内部因为是否加入欧盟而产生了分歧，它们在欧洲货币联盟中分别扮演不同的角色。政治和经济利益的分歧最终也导致了北欧之间文化交流的重要性大打折扣。北欧部长会议一致决定有必要储备足够的资金与欧洲波罗的海国家进行合作。1997年4月30日，北欧民俗学研究所正式关闭。该所图书馆也被捐给了爱沙尼亚的塔尔图大学。虽然我们无法由此将北欧民俗学研究所的关闭完全归因于劳里·航柯的离开，但是，正如他在1997年12月的一封公开信中所写："事实上，北欧亚洲研究所轻松度过了目前的危机，而北欧民俗学研究所却被关闭了。北欧亚洲研究所的成功是因为它拥有顶尖的由北欧学者组成的教授团队和能力超群的带头人。"[1]从中，我们不难看出他对自己离开后北欧民俗学研究所的工作的些许失望。

在劳里·航柯忙于北欧民俗学研究所的工作期间，他始终不忘自己的本职科研工作。对待科研工作，他似乎有用之不尽的激情和力量。他不仅以北欧民俗学研究所为科研平台，积极开展与北欧学者之间的横向合作研究，还与波罗的海其他国家、印度、美国和中国开展合作项目。其间，他的足迹遍布北欧、非洲、美洲和亚洲，曾在芬兰、坦桑尼亚、瑞典、挪威、匈牙利、巴西、墨西哥、中国、孟加拉国、印度等国进行田野实地考察。1983年9月，航柯首倡开展中芬民间文学联合考察。1986年4月在广西南宁召开了中芬民间文学搜集保管学术研讨会，并在三江侗族自治县进行了实地考察。在调查中，他给这些民俗学发展还相对薄弱的国家和地区带去了先进的民俗学理论和研究方法。但是，从学术成果上看，这些调查研究并没有全部取得理想的效果和成绩。所以，在北欧民俗学界，有人批评劳里·航柯利用自己的职业便利和手中权力，为了自己的研究兴趣而浪费了大量的学术资源。

除了利用北欧民俗学研究所的学术资源外，劳里·航柯还借着在1975—1978年获得芬兰科学院研究教授的机会，潜心致力于民俗学理论、方法和田野作业等问题的研究。扎实的科研能力以及丰富的学术交流和田野作业的经验，使他

---

[1] HONKO L. An Open Letter[J]. Folklore Fellows Network, 1997, 14：18-19.

的理论视野更开阔、理论观点更深刻、理论体系更丰富。他的学术思想之新、之深和之广使其迅速成为具有世界影响力的民俗学家,并引领着民俗学学术思想的潮流。具体来说,他在史诗与认同、大脑文本、民俗过程、文本与类型、口头传统与文化生态、研究范式与学术伦理等方面提出了具有独创性的学术理念和思想。作为一个具有国际视野的学者,他对正在急速变迁中的世界文化传统的命运表示出极大的关注,积极投身于联合国教科文组织有关"民俗保护"的工作项目,并为推动《关于保护传统文化和民俗的建议案》(1989)的出台贡献了重要的力量。

　　1990年,在劳里·航柯事业最辉煌的时候,58岁的他选择了急流勇退。他辞去了北欧民俗学研究所所长职位,卸下芬兰比较宗教研究会主席、国际民间叙事研究会主席、芬兰学部委员会主席、北欧比较宗教学刊物《圣界》和《芬兰研究》主编等头衔及工作,继续担任"民俗学者交流"书系出版委员会主席及主编工作,并新任国际民俗学者组织主席一职直到逝世。晚年的劳里·航柯回到他学术生涯的发源地图尔库大学,并从此投身于芬兰民俗学的研究传统——史诗研究。面对当时势头强劲的美国应用民俗学,许多芬兰民俗学者对他的做法表示不解。甚至有学者认为,他的学术回归在某种程度上是在开历史的倒车。殊不知,这正体现了这位经历了30多年学术磨砺的学者的真知灼见和超凡远见。果然,他很快就用一系列厚重的研究成果,如《大熊:芬兰-乌戈尔语族口头诗歌专题选集》(1993)、《〈卡勒瓦拉〉与世界史诗》(1996)、《〈西里〉史诗》(1998)和《文本化〈西里〉史诗》(1998),向世人诠释他的学术理念和思想。这时,学界才彻底明白:劳里·航柯的学术回归并不是学术倒退,而是"否定之否定"规律的完美展现。这是一位经历了长期学术磨砺,具有超凡的学术视野和深邃的学术洞察力,并保持自由和开放的学术理念的学者对人类口头传统和文化的本质规律的全面而深刻的解读和诠释。正如劳里·航柯在1997年7月第12届国际民间叙事研究会上所言,面对许多民俗学者所提出的学科危机,"回到原点"是我们唯一能做的补救措施。[①]也正因为劳里·航柯在史诗上的杰出成果以及他突出的社会活动能力,经多方支持,图尔库大学在1998年创建了卡勒瓦拉研究所,劳里·航柯担任所长,直到逝世。正是他开创性地将芬兰民族史诗与其他各国史诗传统进行跨文化的并置,并将史诗理论与方法论的研究引向规范化和体制化的轨道。他不仅用实际行动坚持了自己一以贯之的学术理念,也为芬兰民俗学界捍卫了这个学科的研究传统,

---

　　① HONKO L. Back to Basics[J]. Folklore Fellows Network, 1998, 16: 15-16.

并坚守了该学科的学术重地。

2002年7月15日,劳里·航柯因突发脑出血意外去世。这天正好是第6届国际民俗学者组织暑期学校开学的日子。这些沐浴着航柯先生福祉的学员们对此悲痛不已。他的弟子劳里·哈维拉赫提和亲密战友安娜-丽娜·西卡拉在第一时间发讣告;他生前的好友丹·本-阿莫斯和约翰·迈尔斯·弗里(John Miles Foley)为他撰写纪念性文章。在他逝世后,他的许多著作还连续不断地被芬兰同行出版发行,如《少女的亡歌和大婚:安妮·瓦巴娜的口头双史诗》(2003)、《民俗学的关键术语》(2006)、《宗教科学:方法论研究》(2012)、《东波罗的海地区传统史诗的比较》(2013)等等。他的学术思想仍然是同行们开展学术研究和创新的源源不绝的重要遗产,如爱突尼密顿·弗洛格、马蒂·堪皮宁、劳里·哈维拉赫提、帕卡·哈卡米斯和玛丽恩·鲍曼等对其进行了相关研究。2013年8月21至23日,"劳里·航柯民俗学理论国际研讨会"在图尔库大学举行,其间推出了《理论的里程碑:劳里·航柯选集》和《民俗学家劳里·航柯的文化理论:传统的生态》两部著作,以缅怀这位伟大的民俗学家。正如安娜-丽娜·西卡拉所言:"无数的事实表明劳里·航柯的去世不仅是芬兰,也是世界文化研究领域一个重大的损失。"[①]

第二节　劳里·航柯眼中的芬兰民俗研究

20世纪50年代,芬兰的学术环境正慢慢从战争年代的动乱中恢复。当时的劳里·航柯正在赫尔辛基大学马尔蒂·哈维奥的指导下进行博士阶段的学习。思维活跃的他面临着两大任务:一是如何正确看待和继承芬兰民俗学的优秀传统;二是如何为今后的学术研究开辟新的方向。据安娜-丽娜·西卡拉在劳里·航柯六十岁生日的纪念文章中所言,为了系统地了解前人的思想,航柯一本接一本地认真研读前人的学术成果,直到读完芬兰文学学会图书馆的所有著作。然后,他再对这些理论知识进行介绍使其被重新补充到该学会的民俗档案馆的民

---

① SIIKALA A-L. Lauri Honko:1932—2002[J]. Fabula,2003,44(1-2):145.

间文学领域。① 正是这种扎实的学习形成了他对芬兰民俗研究传统的独到理解和把握。

一、芬兰民俗研究的起源

随便翻开一本有关芬兰民俗学史或文学史的著作,会很容易发现,几乎每一种关于芬兰民俗研究的起源都以浪漫主义为源头。② 18世纪末,这个领域的核心人物是德国的赫尔德(J. Gottfried von Herder)。当时,赫尔德所播种的文化浪漫主义的种子在许多地方都开花结果。在芬兰,历史学家亨里克·波桑最早受到他的影响,并首创了《芬兰诗歌研究》(1766—1778)。波桑的诗歌研究点燃了芬兰爱国人士的民族主义热情,并迅速开创了芬兰民族主义运动的图尔库浪漫主义时期。站在运动最前列的是以"星期六学会"为核心的一批爱国知识分子和学者,中流砥柱是阿尔维德逊(A. Arwidsson)、鲁内贝格(J. Runeberg)、斯奈尔曼(J. Snellman)和隆洛特。正是18世纪末这些哲学家和学者们在芬兰启发了对民间文化的收集,使得19世纪芬兰学术界产生了对民间诗歌越来越浓的兴趣,并最终诞生了著名的民族史诗《卡勒瓦拉》。

劳里·航柯在《芬兰民俗研究一百年:重新评价》这篇文章中,对芬兰民俗研究的起源做了独到的评论和描述。首先,他认为日前学术史中普遍的解释存在着明显的缺陷。这种发展的描述是一种典型的与周围社会正发生的其他事物完全隔离的历史。③ 在他看来,当时对民间文学收集的动机不是源于浪漫主义的梦想,不是源于对农民的生活方式的赞美,也不是源于民间诗歌的内在美,而是由于当时特定的政治经济环境。他指出,波桑在坟墓里躺了六十年后,才被发现和确认为国家英雄。正如法国作家斯塔尔夫人(Madame de Staël)在1812年经过芬兰南部时所写:"这里没有中心,没有竞争,没有什么可以说,没有什么太多东西可做,在这个北瑞典和北俄国的农村,一年中有八个月的全部生活本质上是酣睡的。"④

---

① SIIKALA A-L. Lauri Honko at 60[C]//Folklore Processed: In Honour of Lauri Honko on His 60th Birthday. Helsinki: Studia Fennica, 1992: 5.

② 孟慧英. 西方民俗学史[M]. 北京:中国社会科学出版社,2006:26.

③ HONKO L. A Hundred Years of Finnish Folklore Research: A Reappraisal[J]. Folklore, 1979, 90(2): 143-144.

④ HONKO L. A Hundred Years of Finnish Folklore Research: A Reappraisal[J]. Folklore, 1979, 90(2): 145.

1809 年,《哈米纳和平协定》给芬兰的政治生活带来了结构性的变化,芬兰成为俄国统治下的一个自治大公国。它保留了瑞典统治时期的宪法。劳里·航柯认为,当时的芬兰与 100 年后的坦桑尼亚的情况是差不多的:旧的资源必须为新的所取代;必须通过母语的发展统一全部人口;必须宣布民族英雄或伟人;必须创造一个新的民族文学;民族认同的载体比如国歌、国旗等也是必不可少的。① 这样一种政治环境为浪漫的民族主义运动提供了土壤。但是,当时芬兰语言知识的贫乏限制了民俗在国家建设中的作用。1831 年成立的芬兰文学学会后来被迫放弃使用芬兰语保留会议记录的想法。这提醒我们,当时的芬兰语和瑞典语作为文化和教育的工具存在着巨大的差异。因此,用芬兰语创造一种文学,并学会这种语言成为迫切的需要。在这种情况下,民间诗歌提供了一条捷径。用劳里·航柯的话来说,"民间诗歌和《卡勒瓦拉》承载着这个国家文学的期望和梦想",难怪《卡勒瓦拉》后来成为芬兰民族认同的不朽符号之一,保存隆洛特田野笔记和手稿的芬兰文学学会的民俗档案馆也成了一个圣地。

此外,在其《民俗过程》一文中,劳里·航柯说道:"浪漫民族主义运动所向往的那种田园牧歌式的农民生活方式实际上是被那个世纪的资产阶级塑造而成的。新兴的资产阶级是一个高度活跃的社会群体,并迫切需要祖先和一段古老的历史来与世袭贵族保持心理平衡。作为继承地位的替代品,人们开始在个人成就基础上建立一种新型的社会地位。'自由农民'的概念于是获得了神话般的力量,并蔓延到包括古代历史和现在。"②因此,在他看来,民俗本身是尽一切努力回忆曲折的社会群体之间的关系。换句话说,启蒙运动和浪漫主义时期的学者并不是在凝视过去,而是在执行一种社会命令。在他们的帮助下,这个国家开始意识到自己的历史、语言和文学,而且,新兴的社会阶层——资产阶级作为农民的后代获得了一定的社会合法性。正是在这种政治经济学的视角下,劳里·航柯向我们诠释了一种深刻的、与以往完全不同的芬兰民俗研究的起源分析。

二、芬兰民俗研究的发展

《卡勒瓦拉》的出版引起了人们对民间诗歌及口头传统的极大热情。在整个

---

① HONKO L. A Hundred Years of Finnish Folklore Research: A Reappraisal[J]. Folklore, 1979, 90(2): 147.

② HONKO L. The Folklore Process [C]//Theoretical Milestones: Selected Writings of Lauri Honko. Helsinki: Academia Scientiarum Fennica, 2013: 38-39.

19世纪,当时学者采集到的诗歌、故事、轶事、谜语和谚语都被保存在芬兰文学学会档案馆内。《卡勒瓦拉》是从民间诗歌中编辑而成的。这种诗歌主要以口头传统存在于芬兰东部边界和俄罗斯北部卡累利阿地区。在航柯看来,《卡勒瓦拉》出现大约50年后,除了一些民间收集者、语言学家和民族志学者,人们对记录卡累利阿人生活方式的兴趣几乎消失了。而且,这些人都把《卡勒瓦拉》作为一种历史遗留物,以期从中发现它与民族历史、音乐、宗教、文学等各方面的联系。①

民间诗歌就像是海底采来的珍珠,现在被带到安全的地方——档案馆。在部分民俗学者看来,民俗中最重要的东西是文本,而不是文本的生产者——歌手,更不是社会经济环境或歌手的世界观,相当多的收集者没有费心去记下歌手的名字或其家乡的地点,因此,档案收集和民间传统的社会现实缺少关联。当时芬兰的民俗研究实际上就是民间诗歌研究或者说就是《卡勒瓦拉》研究。在这种情况下,学者们开始反思民间文化传统的价值和起源问题。当时学界普遍认为民间史诗的起源大多是受"民族精神"或"民族灵魂"的神秘假设的影响,即芬兰古诗是集体创作的结晶。

在航柯看来,芬兰民俗研究的里程碑是尤利乌斯·科隆(Julius Krohn)在100年前的演讲中的一段话:"没有人知道,原始手稿可以是与印刷的《卡勒瓦拉》不一样的东西。虽然,《卡勒瓦拉》已经被如此巧妙地组织在一起,但是,事实上,也正出于这个原因,它根本不适合作为学术研究的基础。"②这标志着《卡勒瓦拉》研究和民俗研究彼此开始分离。《卡勒瓦拉》不再是一条通往民间诗歌的道路,而是文学的一部分。因此,它属于文学研究的领域,而不是比较民俗学的领域。民俗学者也不再满足于以前的民间史诗的历史起源假设,而关注于一首具体的诗歌的起源、发展和分布的问题。这一新的民俗研究任务很快就导致了"历史地理的"方法(也被称为"芬兰方法")的形成。

三、永葆青春的历史地理方法

芬兰的历史地理方法及学派兴起于19世纪晚期,作为民俗学专门领域的第一个学派虽然产生于芬兰,但国际影响甚广,其在学科上的主导地位一直持续到

---

① HAUTALA J. Finnish Folklore Research 1828–1918 [M]. Helsinki: Societas Scientiarum Fennica, 1968: 29.

② HONKO L. A Hundred Years of Finnish Folklore Research: A Reappraisal[J]. Folklore, 1979, 90(2): 146.

20 世纪中期。①

历史地理方法及学派无疑是芬兰民俗研究传统中最重要也是最复杂的内容。劳里·航柯对它的梳理和分析主要从两个方面展开：第一，从学术史的角度对这一方法的发展脉络进行了条理清晰的梳理；第二，从问题出发，把历史地理方法作为一种研究范式放在国际民间叙事研究的宏大背景下进行考量。

从学术史的角度看，尤利乌斯·科隆在《芬兰文学史》(1887)中第一次提出了历史地理的方法，他的儿子卡尔·科隆进一步发展了它，并使它闻名世界。卡尔·科隆和安蒂·阿尔奈创造了国际合作的形式，并得到了世界不同地方的支持，比如北欧国家、美国和爱沙尼亚。美国人阿尔钦·泰勒(Archer Taylor)和史蒂斯·汤普森，爱沙尼亚人沃尔特·安德森(Walter Anderson)，他们是自科隆 1933 年逝世后这个方法的杰出的捍卫者。很快，一个由语言学家塞塔拉(E. N. Setälä)和萨尔米宁(V. Salminen)为代表的类型学派开始质疑科隆的传统传播的概念，强调从一代到另一代的垂直遗产的重要性。在瑞典，民俗学家冯·赛多(C. W. von Sydow)发展了传统载体的类型学，为更好的类型分析奠定了基础，他运用心理学的概念，为民俗的地方或区域形成创造了术语"oiko 型"。这一切都是对历史地理方法的缺点的直接或间接的批判。

卡尔·科隆的最后一个学生是马尔蒂·哈维奥(Martti Haavio)。他发展出一种"主题-历史"的方法。他把芬兰的民俗主题与古希腊、埃及、中世纪的欧洲、北欧国家，斯拉夫人和芬兰-乌戈尔民族中类似的或可比较的主题结合起来。他写了一本民间诗歌专著《亨里克主教的死亡之歌研究》。在这篇著作中，哈维奥喜欢运用"正常的形式"而不是重建原型。因此，他间接地承认历史地理方法所固有的困难。

历史地理方法的血统在芬兰最后一代的代表是尤科·豪塔拉(Jouko Hautala)和马蒂·库西(Matti Kuusi)。库西教授从塞塔拉对科隆学派的批评中萌发了对《卡勒瓦拉》诗歌的兴趣。他的博士论文《"三宝史诗"的类型学分析》的结论是：在北卡累利阿地区，以一种既定的顺序去组合和演唱某些关于"三宝史诗"的诗歌是可能的。另外，他把《卡勒瓦拉》韵律的史诗诗歌分为五个连续的时期，在这些时期流行着不同的文体规范。沿着历史地理方法的足迹，尤科·豪塔拉完成了两部关于民间诗歌的专著。他的主要思想是"拼贴"的观念，即由从其他

---

① 孟慧英.西方民俗学史[M].北京:中国社会科学出版社,2006:26.

诗所借的节和行构成诗歌。但是,他的主要兴趣一直是芬兰民俗学学术史。

在梳理历史地理方法的发展脉络后,劳里·航柯从进化论和反进化论的角度将他们的学术思想进行整体观照。在进化的范式中,民俗学家往往把诗歌看作是不断发展、越来越复杂、规模越来越大、不断获得新的要素和特征、从卑微的开始成长为辉煌和完美的。从这个意义上说,艾里阿斯·隆洛特、尤利乌斯·科隆和库西都是进化论者。在反进化的范式中,诗歌在一开始的时候是最好的和最接近完美的。只是当它们被创造出来后,经过长期的发展,诗歌可能会变成碎片,失去它们的美丽并日益衰落。这就是为什么说对原型的探索性研究无论多么麻烦都是值得的。这就是卡尔·科隆和马尔蒂·哈维奥的思维方式。[1]

从问题意识的角度看,劳里·航柯认为,历史地理方法有一个基本假设,即一个民间故事、歌谣、谜语或任何一种民俗事象的异文在历史和遗传上都是相互关联的。因此,这一方法实际上是在回应国际民间叙事研究中一个常问常新的问题:我们将如何解释在不同的社会中发现的相似的故事,而且有时这些故事的发生地相隔很远?从国际民间叙事研究史来看,前人已经从不同角度在一定程度上进行了解答,如传播学派、神话学派、比较语言学派等等。

在航柯看来,由科隆父子所创的历史地理方法所给出的答案是:看得见的同源关系是故事的扩布之间的历史联系,或更确切地说,这是一个迁移故事的异文之间历史联系的结果。利用这种方法,学者应该能够准确地指出每一个民俗产物起源的地方、时间和缘由。通过重建的方式,我们有可能去描述这个故事的原型(archetype)、基本形式(basic form)或最初形式(original form)。通过进一步的比较和分析,异文网络可以揭示民间故事的历史遗传路线和地理的扩布路线。原发性可以从情节(episode)、母题(motif)、特征(trait)、元素(element)等因素中总结出来。另外,历史、文化和人口迁移的一般知识不得不被利用来避免既定事实的矛盾,并补充源自异文比较的信息。这种研究的最终目标通常是一部专著:概述这种叙事的起源、扩布和地方修订的出现。[2]

与全盛时期相比,劳里·航柯认为,这种方法的局限性更加明显。第一,它只适合于固定的、复杂的民间文学形式,如长篇故事、有韵律和诗节结构的歌谣、程

---

① HONKO L. A Hundred Years of Finnish Folklore Research: A Reappraisal[J]. Folklore, 1979, 90(2): 147.

② ANDERSON W. Geographic-historische Methode[J]. Handwörterbuch des deutschen Märchens, 1934-40(2): 508-522.

式化的谜语和谚语；第二，原型或基本形式充其量只是一个相对的事物，而关于原发性的相关特征描述只是几个假设而已；①第三，波状扩散的思想不能说明这种材料的可观察到的扩散。②

此外，他独具慧眼地指出了一个前人从未提过的致命缺陷——历史地理方法往往是以主题为核心的。作为一个或多个民间文学体裁的代表，主题却并不具有独特性。主题跨越体裁的界限是相当容易的，而体裁是具有特定的产生规则和不同的交际功能的。这样往往会产生一种情境，即正在追溯一个故事的学者事实上超越了体裁的系统以及特定体裁的交流，却并没有意识到他实际上并不是在关注一个故事而是一个主题，而主题可能会传达出非常不同的信息。这样，问题就出现了：这个历史地理的猎人是否真的一直在追逐同一只兔子呢？划清故事或歌谣之间的界线对于许多民俗学专著的作者来说有相当大的难度。甚至在某些事象已被接受为一个特定的民间故事的异文后，再把它们放入一个连贯的谱系时也可能会有困难。所有这一切表明，异文之间的相似性和差异性可能不是起源于历史地理的方法所认为的那种方式。所有的民俗都是以相同的方式产生的，而且，当它们被使用和传播时，它们都隶属于同样的变化。这种想法可能过于简单化了。这种内在矛盾表现在它同时坚持故事的一元发生论的起源和它的主题的多元发生的起源。③

在航柯看来，这种缺陷及其矛盾是无法仅通过方法的改进就可以消除的。在其学术生涯的早期，他便意识到了这种历史地理的范式对自己的束缚，所以，他在20世纪60年代初进入史诗研究领域时便采用了一种全新的视野，是与马蒂·库西、马尔蒂·哈维奥和尤科·豪塔拉仍在宣传的历史地理方法不同的视野。④ 虽然，航柯深刻意识到历史地理方法的局限性，并走向了一条与之不同的研究道路，但是，在1974年赫尔辛基召开的国际民间叙事大会上，当美国民俗学家认为历史地理方法已经过时的时候，他义正词严地说："这种短暂传统的'深度个案研究'是

---

① KUSSI M. Virolais-suomalainen Maailmansyntyruno［J］. Kalevalaseuran vuosi Kirja，1956（56）：80.

② VON SYDOW C W. Selected Papers on Folklore［M］. Copenhagen：Ayer Co Pub，1948：11-43.

③ HONKO L. A Hundred Years of Finnish Folklore Research：A Reappraisal［J］. Folklore，1979，90（2）：149.

④ 佩尔蒂·安托宁，陈研妍. 劳里·航柯论民俗研究中的范式札记［J］. 民俗研究，2009（1）：8.

有价值的,并非无法取代,也不能使区域和更广泛的历史或现象的比较过时。"①最后,民俗学们似乎达成了一个无声的共识,即在一定的前提下,历史地理方法的原则是适用的。②

四、芬兰民俗研究的现行走向

在对芬兰民俗研究学术传统进行全面而客观的总结后,航柯接下来要思考的是在全球背景下,这个学科当前发展和未来走向的问题。航柯是一位具有国际视野的学者,除了芬兰语外,他还精通瑞典语、俄语和法语。在大学期间,他就自学了德文,除了积极地关注和吸收来自德国学界的理论知识外,他用德语完成了自己的博士论文《植入疾病:原始初民对疾病原因的解释研究》(1959)。为了进一步扩大自己的学术影响,他的另一本著作《英格里亚的精灵信仰》(1962)也是用德语完成的。1963年,劳里·航柯在加州大学担任访问副教授,并从美国带回来新的学术理念。他对人类学研究方法的兴趣似乎也是源于那个时期。在20世纪50年代,航柯在英格里亚开展田野工作。对挽歌的兴趣使他与苏联卡累利阿的研究者开始接触,并与苏联展开越来越密切的合作。这也使他得到更好的从苏联获得结构主义的叙事学等思想的机会。

在他积极地消化、吸收、引进和推动这些国外的民俗理论知识的同时,他也惊奇地发现芬兰的民俗研究所出现的可喜变化。第一,从史诗到仪式诗:航柯认为,以往的叙事诗主要集中在诗歌素材的使用时间、方式、使用者等方面,而忽视了叙事诗中的咒语、婚礼歌、岁时节日歌和其他仪式诗歌的研究,与此同时,应该发展理论来指出某些叙事诗的仪式功能。在他看来,埃尔莎·爱娜佳丽-哈维奥(Elsa Enäjärvi-Haavio)的《利特瓦拉唱诗仪式》研究是这方面的最杰出代表,但是,今后我们应该转向整个仪式和习俗系统的材料研究。③ 第二,从文本到语境:从叙事诗到仪式诗的转变是一个很好的例子,说明现在越来越重视民间文学在生活中发挥作用的具体语境。如果要了解民间文学的功能和意义,就必须对它的文化、社

---

① ABRAHAMS R D. The Past in the Presence: An Overview of Folkloristics in the Late 20th Century[C]//Folklore Processed: In Honour of Lauri Honko on His 60th Birthday. Helsinki: Studia Fennica,1992:32-33.

② HONKO L. Methods in Folk-narrative Research[C]// Theoretical Milestones: Selected Writings of Lauri Honko. Helsinki: Academia Scientiarum Fennica, 2013:150-151.

③ HONKO L. A Hundred Years of Finnish Folklore Research: A Reappraisal[J]. Folklore, 1979, 90(2):149.

会、经济、生态等背景知识了解得足够清楚。我们过去希望仅通过文本的帮助就可以解决民间文学的变异性问题,这是不对的。现在,我们应该至少要通过实证研究来设法解决这一问题。[①] 第三,从档案到田野:20 世纪 50 年代初,芬兰民间传统委员会宣布持续了 125 年的民俗收集工作现已完成,芬兰拥有世界上最大的民俗档案馆。航柯认为,最近的事实证明这种说法是错误的。在最近的 10～15 年内,芬兰民俗学家对田野调查研究表现出极高的兴趣。档案材料的碎片化和语境信息的缺失使他们几乎放弃档案材料。特别是在 20 世纪 60 年代成长的新一代学者,他们正把收集者和研究者的角色结合起来,呈现出一种统一的研究策略,即把田野调查技巧、可检验的理论假设和与调查对象的个人接触有机结合起来。第四,从人类心智到信息提供者和社区:在航柯看来,当前出现的另一个变化是人们对信息提供者、民俗的生产者、民俗的使用者和民俗的表演者的态度。以前的民俗学所调查的传统持有人一般是不识字的农民或原始的部落或种族,而今天的民俗学家甚至准备去研究教授群体的民俗。神秘的、浪漫的传统来源——民间(the folk)消失了,而它的位置已经被根据社会地位、职业、种族背景、宗教、居住地等因素来决定的社会群体取代。[②] 这种变化在文化哲学上的意义是:民俗是自然而然的,甚至是每一个成员群体生活的一个重要元素。这个群体的成员们未必都认识对方,但是,他们或多或少熟悉本群体的共同传统储备、价值观、规范和符号。熟知这种集体传统是成员资格的真正标准。从这个角度来看,民俗成为一个团结群体的因素,它与世界观和身份、群体中运行的宇宙概念以及自身无法运行的亲近感密切联系。因此,问一个群体是否有民俗是不可能的。相反,我们必须探讨其民俗的性质。民俗不再是一个消失的数量,一个正在被仓促地抢救的过去的遗留物。民俗无法被绑定到特定的体裁或个体的传统特征。实质性的民俗定义必须为一个功能性的定义腾出空间。民俗不再是属于"我们的"东西,它属于正在使用它的人或社区。航柯认为产生这种变化的原因与芬兰社会政治经济的变革是分不开的。20 世纪 60 年代末,由于现代化进程的发展,经济和社会发展的多元化使大多数芬兰年轻人开始产生一种政治意识形态的转变,他们更加关注与社会发展有关的应用型学术研究。

---

① HONKO L. A Hundred Years of Finnish Folklore Research: A Reappraisal[J]. Folklore, 1979, 90(2): 150.

② HONKO L. The Folklore Process [C]//Theoretical Milestones: Selected Writings of Lauri Honko. Helsinki: Academia Scientiarum Fennica, 2013: 29-30.

在总结上述芬兰民俗研究的现行走向时,劳里·航柯指出,过去20年的发展趋势反映了年轻一代的芬兰民俗学家对研究方法的思考。功能分析为民俗学家带来了许多当前重要的语言学和社会学理论,并深受大家喜欢。芬兰的民俗学家现在可能是更好的语言学家和社会学家。在这种情况下,航柯清晰地指出,芬兰的民俗学家不要固守在这些理论和方法上,把它们当作最后的救生圈。定量方法在对传统领域的宏观分析和比较,以及大数据的处理方面,具有非常重要的作用。但是对传统档案材料的内容分析也是不容忽视的。类型分析作为民俗学的身份符号仍具有重要的战略地位。在他看来,民俗学家永远不会像社会学家那样痴迷于数字计算和分析。因此,平衡定性和定量的方法将是未来民俗研究任务之一。[①] 最后,航柯对芬兰的民俗学家提出了更高的要求,即整体研究。他认为传统交流、传统生产、传统生态等角度都是大家今后应该努力的方向。

第三节　芬兰学者眼中的劳里·航柯

如果说本章第一节"劳里·航柯其人"是根据文献资料及其所言所行绘制的一幅个人肖像画,第二节"劳里·航柯眼中的芬兰民俗研究"是为航柯一生矢志不渝的事业的发展状态所画的一幅图景,那么本节"芬兰学者眼中的劳里·航柯"就是他生前的同事、弟子集体为他所画的一幅印象画。诚然,他们难免会由于对劳里·航柯的敬仰之情而呈现出十分完美的"主观原样",而且,这种"同情之理解"有时也难免使读者对劳里·航柯的思想感到模糊;但是在某种程度上,这种新的维度可以使劳里·航柯的形象更加丰满,有助于我们全面、深入、客观地了解劳里·航柯及其学术思想。

首先,它可以清楚地呈现外来者与局内人两种不同的视角及评价内容。这种比较分析有助于拓宽对劳里·航柯学术思想的理解。其次,这种"集体素描"可以帮助建立"盲人摸象"所启示的整体联系。一方面,可以清除对劳里·航柯的学术活动及思想研究的盲区,极大地丰富对劳里·航柯及其学术思想的了解;另一方

---

① HONKO L. A Hundred Years of Finnish Folklore Research: A Reappraisal[J]. Folklore, 1979, 90(2): 151.

面,有助于我们从整体上把握劳里·航柯的思想脉络以及学术思想之间的关联性。最后也是非常重要的一点,通过把客观上劳里·航柯的学术思想及活动与主观上的外来评价有效地结合起来,我们可以在"立德、立言、立行"的整体观照下对劳里·航柯本人有一个更全面而客观的评价。在本文资料的收集、整理和写作的过程中,笔者也深刻地感受到航柯的人格特征、人文情怀、科学精神对其学术思想的巨大影响。正如梁启超曾对学术史的撰写所提出的:"要把各人的时代和他一生经历大概叙述,看出那人的全人格。"①

一、芬兰比较宗教学的开创者

比较宗教学(comparative religion)是以现代视角对世界上曾经存在和尚未衰落的各种宗教信仰及其教义进行起源、结构、特征方面的比较性研究,以找到其彼此间的同一性和差异性,是 20 世纪逐步发展起来的一门新兴学科。在 20 世纪初,由于芬兰一直遭受战争的困扰,芬兰的比较宗教学与北欧其他国家相比建立的时间较晚。在 20 世纪 60 年代初,随着航柯在图尔库大学被任命为民俗学和比较宗教学的教授,芬兰在北欧国家中最后一个设立了比较宗教学的教授职位。但是,这并不意味着在芬兰没有关于这个学科的研究。除了专门研究《圣经》教义的神学院外,关于宗教的杰出成果一直是由芬兰-乌戈尔语族的语言学、韦斯特马克(Edvard Alexander Westermarck)的社会学和民俗学等学科提出的。② 因此,芬兰的民俗学和比较宗教学研究是融合在一起的。还是一名学生时,航柯就已经从事这两个研究领域的学习和研究。他还从老师马尔蒂·哈维奥那里继承了卡尔·科隆的民俗学研究遗产和乌诺·哈瓦的比较宗教学遗产。③ 正如维科·安东尼教授所言,在芬兰学术领域,比较宗教学和民俗学这两个学科的特性之间存在着一种特别的关系:它们都关注传统的研究,而且,在某种程度上共享相同的主题,即一般的民俗文化和民众生活。因此,1963 年图尔库大学为航柯所设立的民俗学和比较宗教学双教授职位正是为他量身定做的。④

---

① 梁启超.中国近三百年学术史[M].北京:东方出版社,2004.

② HULTKRANTZ A. Lauri Honko and Comparative Religion[J]. Temenos,2012,27:11-20.

③ SIIKALA A-L. Lauri Honko:1932—2002[J]. Folklore Fellows Network,2003,24:2.

④ ANTTONEN V. Comparative Religion at the University of Turku and the University of Helsinki: A Brief Survey[EB/OL]. [2024-04-17]. http://www. hum. utu. fi/oppiaineet/uskontotiede/en/research/history/.

随着航柯被任命为教授,芬兰的比较宗教学呈现出了一番新的景象。他主要是从以下几个方面着手对这门学科进行规范和发展的:第一,积极构建学术交流的平台。他的第一次成功是 1965 年《圣地》(Temenos)期刊的创立。这是由芬兰宗教研究学会主办的刊物,航柯是该会会长。目前,它已经成为北欧国家中的权威期刊,也是这些国家中比较宗教学的官方期刊。① 此外,航柯通过组织大量的学术论坛和会议为学者们搭建交流的平台。在这些精心组织的会议中,需要特别注意的是 1973 年在图尔库举行的关于宗教方法论的综合研究讨论会。第二,加强科研骨干和后备人才的培养。作为一名大学教授,航柯关心学生在方法论上的训练、动机和理论能力。由他领导的图尔库大学和赫尔辛基大学的民俗学专业联合博士生研讨会专注于不同的专题研究。这个研讨会不仅使来自赫尔辛基大学和图尔库大学两所学校的年轻学者们联合起来,也激发了对民俗学的原理和方法的广泛讨论。航柯也鼓励妇女(以弗朗茨·博厄斯[Franz Boas]的方式)投身研究事业,这在 20 世纪 60 年代的大学中绝不常见。② 第三,为规范学科的理论和方法提供教材和参考书。1970 年,航柯与尤哈·盆蒂卡尼(Juha Pentikäinen)合作出版的关于文化人类学的教科书满足了学界对外来文化和人类学研究的知识渴求。1972 年,航柯的著作《比较宗教学的视角》为比较宗教学奠定了方法论的基础。1979 年,会议论文集《宗教的科学:方法论的研究》提供了比较宗教学新的研究趋势。第四,树立了可供学者遵循的宗教研究范式。航柯的研究彻底摆脱了传统比较宗教学的历史研究路线,从功能主义、角色理论、传统生态学、类型学等角度考察宗教经验的过程及其心理和社会的因素,并强调“宗教人”在语境中的心理体验与互动。这一方法逐渐成为他的同事和学生共同遵循的研究范式,且成果斐然。在航柯和他的同事们的努力下,比较宗教学在芬兰获得了作为一个学科的权利:赫尔辛基大学借鉴图尔库大学的做法在这个学科上设立了一个教授席位。③

作为芬兰比较宗教学的开创者,劳里·航柯为这个学科倾尽其全部精力。以至于在 20 世纪 90 年代初,当民俗学和比较宗教学在图尔库大学被分成各自独立的部门,而劳里·航柯必须决定自己希望保留这两个学科中哪一个学科的教授职

---

① HONKO L. Editorial Note[J]. Temenos,1965(1):5-6..
② SIIKALA A-L. Lauri Honko:1932—2002[J]. Folklore Fellows Network,2003,24:4.
③ SIIKALA A-L. Lauri Honko:1932—2002[J]. Folklore Fellows Network,2003,24:5.

位时,他果断地选择了比较宗教学。①

二、不断进取的理论家

劳里·航柯一直都以其理论的独创性而出名:他创建了多种方法来进行文化研究。著名人类学家格尔兹(Armin W. Geertz)在《理论的里程碑:劳里·航柯著作选集》的序言中这样写道:"航柯这些令人印象深刻的文献足以证明这位伟大学者的理论兴趣的广度:《民俗学和比较宗教学的体裁分析》《萨满的角色扮演》《传统障碍和传统的适应》《关于仪式过程的理论》《空洞的文本、完整的意义》《作为过程和实践的文本》。劳里·航柯的研究延续了芬兰对理论反思的一种强大传统。"②与此同时,他还指出,劳里·航柯的理论是建立在功能主义、系统论和过程论之上的。

功能主义是航柯理论的最早也是最突出的特征之一。功能主义是 20 世纪初由人类学家布罗尼斯拉夫·马林诺夫斯基(Bronislaw Malinowski)与宗教和民俗研究领域中其他的早期开拓者们一起为文化研究者们打造的一个强有力的理论工具。这个理论直到 20 世纪 60 年代才通过艾丽娜·哈维奥-曼妮娜(Elina Haavio-Mannila)的社会学博士论文《村庄斗殴研究》(1958)被引入芬兰。这种强调共时性的动态研究方式与航柯自己的研究兴趣相吻合。在他的博士论文《植入疾病:原始初民对疾病原因的解释研究》(1959)中,他首次把功能主义运用到自己的研究中,关注精灵入侵的思想在疾病解释和治疗期间所发挥的功能作用,并为此构建了一个理想的模型。在《英格里亚的精灵信仰》(1962)中,他进一步发展了功能主义的研究框架,将角色理论、类型学、社会心理学等理论方法纳入其中。在他看来,"谷仓精灵"的存在特征是由一套功能角色所赋予的。它在记忆、信仰和叙事中被人们体验、描述和谈论,并进一步传承给年轻一代。他不仅描述保持和修改"谷仓精灵"的文化机制,还在客观语境中找到人的认知机制特征。在这一领域,航柯首次提出了人神同性论,在认知宗教研究中具有重要的影响。③ 正如安娜-丽娜·西卡拉所言,这部著作专注于宗教经验被产生的过程、传统被实现的语

---

① HAKAMIES P, HONKO A. Theoretical Milestones: Selected Writings of Lauri Honko[C]. Helsinki: Academia Scientiarum Fennica, 2013: 10-11.

② GEERTZ A W. Preface[M]//The Theory of Culture of Folklorist Lauri Honko, 1932—2002: The Ecology of Tradition. Lewiston: The Edwin Mellen Press, 2013: x.

③ GUTHRIE S. Faces in the Clouds: A New Theory of Religion[J]. Isis, 2000, 91 (1): 302.

境。它在研究中引入了新的研究方法。像卡尔·科隆一样,航柯给读者呈现了一个清晰的容易遵循的方法模型。此外,他还引入了一个新的视角,即强调活态传统的经验研究,并随后引发了一场强有力的田野研究的浪潮。[①] 在这个意义上,它标志着航柯为北欧民俗学引入了功能主义的研究范式,并开始了从文本到语境、从档案到田野的新的研究趋势。

此外,航柯并没有满足于功能主义的简单运用,他的功能主义还蕴含着传统与文化之间的一个本质差别。在他的文化理论中,文化系统是由精选的传统元素组成的,在文化认同的建构和维持中,这些系统被进一步挑选、处理和转换。[②] 在此基础上,他提出了"传统池"等概念。这些概念工具在文化认同、文化意义的阐释上具有重要的作用。另外,航柯借鉴了马克斯·韦伯提出的"理想类型"的概念,批判了丹·本-阿莫斯的观点,即只有主位的体裁才值得研究。反过来,航柯认为,如果我们不将客位的分析的理想类型作为工具的话,我们就无法进入主位的体裁。他还指出,关于某些体裁的存在或缺失的陈述将是不够的。我们还要知道体裁在社会中的分层和密度,以及一个特定体裁的文化中心或边缘。[③]

在功能主义、体裁和传统池等理论探索的基础上,航柯提出传统生态学的系统理论。阿克·胡尔特克兰茨(Ake Hultkrantz)在他的评论中指出:"航柯给生态学的文化理论增加了一个重要的元素。既然主流的生态学的理论已经声明解释文化与它的自然环境之间的相互作用,航柯就引入了一种理念,即环境既包括自然环境,也包括文化环境。传统的观点认为,只有自然(和经济的)条件才能对文化施加选择性的压力。"[④]此外,航柯还发展了一套系统的分析框架,即把传统的适应分为四种形式——环境形态学的适应、传统形态学的适应、功能形态学的适应和生态典型化的适应,并指出了传统过程中的十个具体影响因素,即:(1)迁移;(2)学习;(3)改编(适应);(4)生产;(5)使用(利用);(6)变异;(7)分布;(8)连续性;(9)发展;(10)在一个特定物理环境中消失。传统生态学强调文化的要素处

---

① SIKALA A-L. Lauri Honko:1932—2002[J]. Folklore Fellows Network, 2003(24):4.

② HAKAMIES P, HONKO A. Theoretical Milestones:Selected Writings of Lauri Honko[C]. Helsinki:Academia Scientiarum Fennica, 2013:10.

③ HONKO L. Methods in Folk-narrative Research[C]//Theoretical Milestones:Selected Writings of Lauri Honko. Helsinki:Academia Scientiarum Fennica, 2013:155-156.

④ KAMPPINEN M, HAKAMIES P. The Theory of Culture of Folklorist Lauri Honko,1932—2002:The Ecology of Tradition[M]. Lewiston:The Edwin Mellen Press, 2013:30.

于不断的变化之中。因此,传统生态学的研究引发了关于民俗过程和变异的争论。①

在民俗过程研究中,航柯从民俗的两种概念出发,从整体上动态地把握民俗从古到今发生了的变化,以及在这种变化过程中,为什么对民俗的存在意义有不同的解读。然后,他创造性地提出了民俗的"两次生命说"。② 航柯把民俗过程分为 22 个阶段,前 12 个阶段属于民俗的"第一次生命",剩下的 10 个阶段组成民俗的"第二次生命"。其中每一个阶段都有自己的规律,并且是多线性发展的,这为学者们整体把握民俗过程提供了一个框架。

在民俗变异的研究中,航柯采用历史的视角来考察一个文本在不同时期是被如何解释的。他把民间文学的文本概念的发展概括为三个时期:"前文本"时期、"文本为王"时期和"表演为王"时期。在第一个时期,民间文学被视为历史、神话和艺术的一种源泉,而它的形式是不重要的。第二个时期以文本批评模式和强调民俗的形式变化为特征。但是,这种变异缺乏语境信息,因此,它是人为的,只有学者才看得到。③ 在"表演为王"的第三个时期,文本必须通过注释得到进一步扩展。这些注释涉及表演者与观众之间言语和非言语的互动,诸如手势和身体运动等副语言的表达形式、空间的利用和人工制品(以及不同形式的整体动作或附属动作)。为了阅读这种"扩展文本",还需要"表演记录"和"表演报告"。其中,"表演报告"还包括表演者的生活史、表演语境、文化背景、体裁特征等内容。④ 最后,他总结说表演分析将文本相对化了,并宣称文本是有误导性的,因为民间文学中没有固定的文本。针对表演方法的不足和范式转换的一般规律,另一个范式将来会使表演也变得相对化。

在航柯研究生涯的最后十五年,他的研究主要以史诗研究为主。在史诗研究中,他从概念出发,将史诗划分为短篇史诗和长篇史诗两种类型,然后介绍这两种不同类型的史诗在形式、内容和创作规律上的区别。为了理解长篇口头史诗的创

---

① SIIKALA A-L. Lauri Honko at 60[C]//Folklore Processed: In Honour of Lauri Honko on His 60th Birthday. Helsinki: Studia Fennica, 1992: 27.
② HONKO L. The Folklore Process[C]// Theoretical Milestones: Selected Writings of Lauri Honko. Helsinki: Academia Scientiarum Fennica, 2013: 39-40.
③ HONKO L. Thick Corpus and Organic Variation: An Introduction[C]// Theoretical Milestones: Selected Writings of Lauri Honko. Helsinki: Academia Scientiarum Fennica, 2013: 192.
④ HONKO L. Thick Corpus and Organic Variation: An Introduction[C]// Theoretical Milestones: Selected Writings of Lauri Honko. Helsinki: Academia Scientiarum Fennica, 2013: 198.

作规律，航柯不仅提出了"前叙事"的前文本框架、"大脑文本"、"多重形式"、"文本化"、"个人的传统和集体传统"等概念工具，还提供了一个操作性较强的口头史诗文本化的模型。在《印度日记》中，航柯向我们非常清晰地表达了他是如何提出理论假设，然后再具体来解决《〈西里〉史诗》的记录、出版和研究过程中所出现的问题的。在《文本化〈西里〉史诗》一书中，他介绍了自己如何将过去几十年所发展的理论元素整合在一起。可以说，《文本化〈西里〉史诗》是劳里·航柯成熟理论的结晶。①

最后，我们可以用人类学家格尔兹的话来对这位不断进取的理论家进行总结："他对理论的求知欲和其清晰的方法论为年轻和年长的人都指明了前进的道路。"②

三、执着的田野工作者

正如邦基（M. Bunge）所言，航柯提出了多种可供选择的文化现象的解释，并用经验数据来检验它们。从这个意义上讲，他的方法类似于自然科学的研究设置。③ 还有学者指出，航柯所进行科学研究的方法远离了后现代的文化论述方式，因为这些后现代的著作并不包括任何关于文化现实的严肃的或可检验的论述。④ 航柯自己深知经验数据的价值。他认为，经验细节的丰富多样性永远不会被一个理论覆盖。所以，安娜-丽娜·西卡拉总结道："尽管他强调理论和方法，但他的研究是建立在利用现代技术的完善记录的基础之上的。"⑤

航柯早在学生时代即 20 世纪 50 年代，就跟随导师马尔蒂·哈维奥在芬兰-乌戈尔语族流行的西伯利亚地区进行了广泛的实地考察，并从中掌握了一套科学的田野作业方法。这正如他所强调的："芬兰-乌戈尔语族的研究先驱们在做着出

① KAMPPINEN M，HAKAMIES P. The Theory of Culture of Folklorist Lauri Honko，1932－2002：The Ecology of Tradition[M]. Lewiston：The Edwin Mellen Press，2013：6-7.

② GEERTZ A W. Preface[M]//The Theory of Culture of Folklorist Lauri Honko，1932－2002：The Ecology of Tradition. Lewiston：The Edwin Mellen Press，2013：xi.

③ KAMPPINEN M，HAKAMIES P. The Theory of Culture of Folklorist Lauri Honko，1932－2002：The Ecology of Tradition[M]. Lewiston：The Edwin Mellen Press，2013：11.

④ KAMPPINEN M，HAKAMIES P. The Theory of Culture of Folklorist Lauri Honko，1932－2002：The Ecology of Tradition[M]. Lewiston：The Edwin Mellen Press，2013：11-12.

⑤ SIIKALA A-L. Lauri Honko：1932－2002[J]. Folklore Fellows Network，2003，24：5.

色的田野工作时,第一批法国和英国学派的功能主义者们还仍然在摇篮里。"①
1956年,当他在萨沃北部采访宣称信仰东正教的卡累利阿移民时,他第一次接触
到活态传统。1957年,他对英格里亚地区移民的采访对他的著作《英格里亚的精
灵信仰》的完成发挥了重要作用。自1958年以来,航柯就一直在特维尔的卡累利
阿人中间进行田野调查研究,并开始对当地的挽歌进行研究。对挽歌的兴趣使他
开始与苏联卡累利阿的研究者接触,并与苏联展开越来越密切的合作。20世纪
60年代,他开始在拉普兰地区调查研究萨米人的民间信仰,研究从1963开始,持
续到2000年以后。在他的领导下,许多田野作业组动身去芬兰北部拉普兰的塔
拉达斯(Talvadas)地区,并就与萨米民间信仰有关的不同话题一次又一次地采访
居民。在他第一次担任芬兰学院的研究教授期间,他于1976年到1978年三次到
俄罗斯西部城市卡里宁对特维尔人进行调查研究。20世纪70年代中期,航柯来
到坦桑尼亚进行调查研究。1983年9月,航柯首倡开展中芬民间文学联合考察,
1986年4月,在广西南宁召开中芬民间文学搜集保管学术研讨会期间,航柯在三
江侗族自治县进行了实地考察。1986年至1994年,航柯和夫人安娜利·航柯
(Anneli Honko)在印度学者的协助下,以印度南部西海岸的卡纳塔克邦为田野基
地,对图鲁人(Tulu)的史诗传统进行了长达8年的跟踪调查。②

可以说,航柯田野调查的足迹遍布北欧、非洲、美洲和亚洲,曾在芬兰、俄罗
斯、坦桑尼亚、瑞典、挪威、匈牙利、巴西、墨西哥、中国、孟加拉国、印度等十几个国
家进行田野实地考察。除了热衷于亲身参与田野调查外,他还积极扩展多功能的
联合项目和田野培训课程,把先进的田野工作经验与国际同行分享,造福于学者
和被研究的社区,如1965年在沃伊里举行的北欧民俗学家田野调查课程、1986
年在中国广西南宁召开的中芬民间文学搜集保管学术研讨会、1989年在乌杜皮
和达姆施塔特举办的芬兰-挪威-瑞典联合培训课程、1991年在图尔库举行的国际
民俗学者组织暑期学校等等。

随着视听技术的发展,这种新的记录文化的潜力越来越使航柯着迷。同时,
一些与之相关的本真性问题、民俗主义与伪民俗、版权等问题也引起了他的密切
关注和思考。特别值得我们注意的是,劳里·航柯提出了民俗学者的学术伦理原
则问题。这方面的内容将在后面的章节详细论述。

---

① HONKO L. Tradition Barriers and Adaptation of Tradition[J]. Ethnologia Scandinavica,1973,
20:37.
② 巴莫曲布嫫.劳里·航柯[J].民间文化论坛,2015(5):115-117.

四、优秀的民俗学领导者

丰富而独创的理论思想和科学且扎实的田野经验,再加上丰硕的学术成果,使劳里·航柯成为芬兰民俗学的学术领袖。他不仅成为芬兰民俗学的领军人物,也成为整个北欧民俗学的领导者。1972 年,劳里·航柯成为北欧民俗学会会长,并一直担任至 20 世纪 90 年代初。在他的领导下,该组织得到了空前的发展,使芬兰学派在新的历史时期实现成功转型并继续发挥引领国际学术的作用。①

首先,他对北欧民俗学会进行了一系列富有成效的改革。本着高度专业化的精神,航柯以国际民俗学者组织为基础打造了一个专业化的学术信息交流、研讨、培训、合作的平台。国际民俗学者组织是 1907 年创建于赫尔辛基的致力于推动世界各国民俗学者开展合作和交流的国际性组织。1908 年,该组织被纳入芬兰科学院的管理体系。1910 年,该组织创办了学术著作出版体系"民俗学者交流"(Folklore Fellows Communication)。但是,除了每年坚持出版 3 至 5 部著作外,在此后的几十年间,该组织一度沉寂。② 在航柯的领导下,该组织从规模到专业性上均发生了变化,来自世界各地的优秀学者被分别吸纳为全职会员、荣誉会员和通讯会员。此外,航柯通过定期组织专家研讨会使学术交流活动常态化。航柯利用自己担任其他学术组织或机构负责人的机会,将国际民俗学者组织专家研讨会与其他机构所组织的国际大会安排在一起。比如将一个关于"口头和半文学的史诗"的专家组作为 1995 年 1 月在迈索尔举行的第 11 届国际民间叙事研究学会大会的一部分;或者将专题讨论会"《卡勒瓦拉》和世界传统的史诗"作为 1999 年 8 月第 5 届国际民俗学者组织暑期学校的一部分。另外,每年出版 4 期学术动态《时事通讯》(Newsletter),免费向会员寄送,适时发布科研学术动态和前沿性学术成果的发表和出版信息。后来,在此基础上又出版了《民俗学者网络》(Folklore Fellows Network,FFN),并通过国际互联网及时进行在线发布。最后,提高"民俗学者交流"的学术出版物的质量和影响力。在其担任"民俗学者交流"书系出版委员会主席及主编长达 30 年的时间里,"民俗学者交流"共出版了

---

① 巴莫曲布嫫.劳里·航柯[J].民间文化论坛,2015(5):115-117.

② 巴莫曲布嫫,朝戈金.国际民俗学者组织(FF)简介[EB/OL].(2005-02-14)[2024-04-17].http://www.chinesefolklore.org.cn/blog/index.php?action/viewspace/itemid/29855.

67 部专题研究著作,在国际民俗学界产生了极其深远的学术影响。① 在 20 世纪 80 年代,北欧民俗学会采用了一个日益国际化的视野,并为发展中国家的民俗学发展效力。因此,它成为北欧国家和世界其他地区之间的一个桥梁。除了邀请客座讲师和组织专题讨论会外,还与亚洲和非洲的国家以具体的研究项目的形式建立了联系。北欧民俗学会的全球化视野以及对发展中国家的研究体现的是航柯对文化传统在一个快速变化的世界中的命运的担忧。他为联合国教科文组织所做的工作是富有成效的,其中就包括促成《关于保护传统文化和民俗的建议案》的出台。②

其次,1990 年,当航柯从北欧民俗学会会长的岗位上退休,并成为芬兰科学院的学术教授后,他创办了国际民俗学者组织暑期学校。这是为民俗学家们开设的一个国际培训课程。1991 年在图尔库举行的第 1 届培训中共有来自 24 个国家的 30 名学员参加。航柯创办这一课程的初衷是把它视为对他负责起草的联合国教科文组织《关于保护传统文化和民俗的建议案》(1989)的实施,即来自不同国家的专业民俗学家们一起研究和分享田野工作中的技巧和民俗研究的经验。从 1991 年到 1999 年,航柯不仅亲自组织和领导 5 届国际民俗学者组织暑期学校活动,还担任培训课程的主讲人,积极与国际同行交流学术思想。2002 年 7 月 15 日,就在第 6 届国际民俗学者组织暑期学校召开之前不久,他与世长辞了。这让参会学者痛惜不已。令人欣慰的是,他创办的这一暑期学校模式还继续存在着,并以高水平、密集化的讨论课程和强化训练,为世界各国培养了一批批从事民俗学研究的专门高级化人才,其中的大部分成员已经成为各国民俗学研究领域的中坚力量。③

最后,航柯除了长期担任北欧民俗学会会长以外,还在芬兰和世界学术共同体中都发挥着显著的作用。他是芬兰文学学会的秘书会成员(1975—1988)、比较宗教学研究的芬兰学会成员(1969—1990)、芬兰科学和文字学会的董事会成员(1987—2002)及主席(1989—1990)、国际民间叙事研究协会主席(1974—1989)。身兼数职的他虽忙于组织各种国际和地区间学术会议,但是总给人精力充沛的感

---

① 已出版研究著作可参见 http://www. folklorefellows. fi/folklore-fellows-communications/complete-catalogue/。

② SIIKALA A-L. Lauri Honko: 1932—2002[J]. Folklore Fellows Network,2003,24:5.

③ 巴莫曲布嫫,朝戈金. 国际民俗学者组织(FF)简介[EB/OL]. (2005-02-14)[2024-04-17]. http://www. chinesefolklore. org. cn/blog/index. php? action/viewspace/itemid/29855.

觉。正如格尔兹所言："他可以用他的风度和权威填满整个会议室。"①也难怪他生前的得意门生和助手劳里·哈维拉赫提在其讣告中总结道："作为一个富有革新精神的科研机构的创办者,一位启发灵感的理论家,一位不知疲倦的国际会议、研讨会和培训学校的组织者,他获得了国际性的学术声望。"②

五、诲人不倦的教师

当我们把目光集中在劳里·航柯的学术思想、田野实践和领导才能的时候,一个容易被大家忽视却让芬兰民俗学仍在受益的关键点是他作为博士生导师的作用。当航柯在 1963 年被任命为图尔库大学民俗学和比较宗教学的教授时,他只有 31 岁。当时,他还在赫尔辛基大学负责博士生的论文指导工作。因此,他后面有较长的一段时间在指导民俗学和比较宗教学的博士论文。③ 其中的大部分学生都成为芬兰民俗学和比较宗教学的中坚力量。

航柯指导的第一个博士也是他的助手尤哈·盆蒂卡尼。盆蒂卡尼的博士论文是《北欧夭折孩子的丧葬风俗》(1968)。这篇论文主要通过体裁分析、过程分析和传统生态等工具进行文化研究,被视为芬兰范式在文化研究中的一次成功应用。这个范式是航柯在他的《英格里亚的精灵信仰》(1962)中所建立的。① 航柯和盆蒂卡尼合作出版了《文化人类学》(1979)。这本书被再版了许多次,在研究芬兰文化研究的学者中影响较大。

安娜-丽娜·西卡拉可以被认为是航柯最有影响力的学生。1978 年,西卡拉完成了她的博士论文《西伯利亚的萨满的仪式技巧》。这是对几个西伯利亚的萨满文化中信奉萨满教的降神会和入会幻象的一个系统分析。从某种意义上说,西卡拉的研究复制了航柯的博士论文《植入疾病:原始初民对疾病原因的解释研究》(1959)中的研究场景:一个理想类型的治疗会诊的模式从各种经验的例子中分离出来。毕业后,西卡拉继续着她在民俗学和宗教人类学中的事业,出版了几部重

---

① GEERTZ A W. Preface[M]//The Theory of Culture of Folklorist Lauri Honko, 1932 –2002: The Ecology of Tradition. Lewiston: The Edwin Mellen Press, 2013: xi.

② HARVILAHTI L. Professor Lauri Honko (1932—2002) in Memoriam[J]. Asian Folklore Studies, 2004, 63(1): 125-129.

③ KAMPPINEN M. Religion from the Viewpoint of Tradition Ecology: Lauri Honko's (1932—2002) Contribution to Comparative Religion[J]. Temenos, 2014, 50(1): 15.

④ KAMPPINEN M. Religion from the Viewpoint of Tradition Ecology: Lauri Honko's (1932—2002) Contribution to Comparative Religion[J]. Temenos, 2014, 50(1): 16.

要的文化研究理论著作,比如《解释口头叙事》(1990)、《回归文化——南库克群岛的口头传统和社会》(2005)。①

1986年,民俗学家萨图·阿波完成了她的关于芬兰童话故事的博士论文。这本书的英文版于1995年出版,题为《芬兰童话故事的叙事世界——芬兰西南部民间故事的结构、中介和评价》。像安娜-丽娜·西卡拉一样,她成功地把传统的民俗研究问题与航柯所遵循的认知范式所提供的新概念结合起来。作为赫尔辛基大学的民俗学教授,萨图·阿波一直影响着新一代的民俗学家和学生们。②

马蒂·堪皮宁在1987年成为航柯的博士生,并在1989年完成了他的博士论文《亚马逊地区的民族医学》,他也是航柯思想的坚守者和捍卫者。在他的博士论文研究中,他运用了航柯关于健康行为系统、传统生态学、文化和传统、疾病解释的思想。堪皮宁的研究不仅受到航柯的启发,还受到他逐字的指导。航柯去世后,他发表了系列文章总结航柯对比较宗教学的贡献,并与帕卡·哈卡米斯合作出版了《民俗学家劳里·航柯的文化理论:传统的生态学》。

在20世纪90年代,另一位值得一提的杰出民俗学家劳里·哈维拉赫提的博士论文也是受航柯指导的。他的博士论文是关于英格里亚的口头史诗的产生机制。哈维拉赫提运用并进一步发展了帕里和洛德的口头程式理论,他提出了一个口头史诗产生规则的计算机模型。在这方面,他的工作接近于认知和计算机的语言学。

1996年是航柯退休前的最后一年,由他指导并顺利通过的博士论文有玛尔蒂·尤诺纳赫(Martti Junnonaho)的《超验的冥想、圣光使命和印度教克利须那派运动研究》(1996)、塔拉·科普萨-斯科恩(Tuula Kopsa-Schön)的《芬兰吉普赛人的文化认同研究》。在航柯去世之后,他的两名学生也顺利地完成了他们的博士论文:玛菊特·胡克宁(Marjut Huuskonen)的《萨米人的环境故事的地理形态适应》(2004)和突宜佳·哈瑞(Tuija Hovi)的《芬兰灵恩运动中宗教世界观众的研究》(2007)。

这些学生及他们所继承的航柯的学术思想无疑是劳里·航柯留给芬兰民俗学的弥足珍贵的精神遗产。这也是芬兰民俗研究的一种积极传统。不幸的是,安

---

① KAMPPINEN M. Religion from the Viewpoint of Tradition Ecology: Lauri Honko's (1932—2002) Contribution to Comparative Religion[J]. Temenos, 2014, 50(1): 20.

② KAMPPINEN M. Religion from the Viewpoint of Tradition Ecology: Lauri Honko's (1932—2002) Contribution to Comparative Religion[J]. Temenos, 2014, 50(1): 27.

娜-丽娜·西卡拉已于 2016 年 2 月 27 日逝世。萨图·阿波、马蒂·堪皮宁、劳里·哈维拉赫提、帕卡·哈卡米斯还在为芬兰民俗学发挥余热,以爱突尼密顿·弗洛格和乐天·塔尔卡为首的新一代民俗学家必将继承这一优良传统,开创芬兰民俗学更加美好的未来。

第三章

劳里·航柯学术思想的理论探讨

第一节　方法论体系

正如学界同人所言,劳里·航柯的学术研究范围甚广,除了信仰、神话、仪式、挽歌、民间医药、叙事传统和史诗的专门探讨外,还涉及口头文类、民俗过程、文化认同、传统生态、有机变异等理论问题。劳里·航柯一生所编、著的各种著述多达300余种,其中所使用的语言包括德语、芬兰语、法语、瑞典语和英语。[①] 为了从整体上全面把握劳里·航柯学术思想,首先需要对他的方法论体系进行系统的分析。方法论体系是帮助了解他的学术思想的重要工具和框架。

"方法"起源于希腊文,由"Κατμκοτη"(沿着)和"Οδικ"(道路)组成,即沿着正确的道路前进。在中国古代,"方法"一词有规矩、规则的意思。今天我们所说的方法,就是主体依据对客观发展规律的认识而为自己规定的活动方式和行为准则,是人们实现特定活动目的的手段或途径,是主体接近、把握以至改造客体的工具和桥梁。在科学的探索活动中,研究方法为人们提供规范、原则等,最终影响甚至决定着主体对客体认识的广度、深度和正确程度。方法论是关于方法的理论,它以多种多样的方法为研究对象,探讨方法的基本原理和基本原则,为人们正确

---

① 巴莫曲布嫫.劳里·航柯[J].民间文化论坛,2015(5):115-117.

认识事物、评价事物和改造事物指明方向。①

从总体上说，科学方法论有三个不同的层次：第一，哲学思维方法；第二，一般科学方法；第三，具体科学方法。劳里·航柯的方法论体系指的是他在进行民俗学或比较宗教学等文化实体的研究活动时，在运用各种各样的方法时所遵循的基本理论和基本原则，以及在此基础上形成的方法体系。它主要由哲学思维方法、相关学科的研究方法和民俗学或比较宗教学的研究方法三方面构成。

一、哲学思维方法

"工欲善其事，必先利其器"，研究方法的选择往往决定了研究思想的广度和深度。劳里·航柯学术思想之深邃、博大与他精深的哲学思维密不可分。与许多学者一样，格尔兹曾在《民俗学家劳里·航柯的文化理论：传统生态学》的序言中指出，航柯的理论是建立在功能主义、系统论和过程论之上的。② 而劳里·航柯学术思想中所体现的系统思维、过程思维和功能主义等思维特征不仅与诞生于20世纪中叶的系统论、信息论和控制论等科学思维工具有关联，而且在某种程度上与马克思主义哲学的一些重要理论和原则是相契合的。

(一)系统思维

所谓系统的观点，就是把一个系统内部的各个环节、各个部分看作是互相联系、互相影响、互相制约的；把一个系统的内部和外部环境看成是互相联系、互相影响、互相制约的③。一般来说，系统可以分为以下几类：自然系统与人造系统、封闭系统与开放系统、动态系统与静态系统、可控系统与不可控系统、可适应系统与不可适应系统、简单系统与复杂系统。系统观点的主要内容是：首先，系统是一种普遍现象，不论自然界、人类社会还是思维领域都具有系统性；其次，系统是各要素之间、要素与整体之间相互联系、相互作用的矛盾统一体，具有从要素的量的组合达到系统整体的质的飞跃的总效应。① 因此，系统方法就是把研究对象放在其所属系统的运行过程中加以考察。运用这种方法时，要注重系统内部各要素之

---

① 《马克思主义与社会科学方法论》编写组. 马克思主义与社会科学方法论[M]. 北京：高等教育出版社，2012：4.

② GEERTZ A W. Preface[M]//The Theory of Culture of Folklorist Lauri Honko，1932—2002: The Ecology of Tradition. Lewiston：The Edwin Mellen Press，2013：x.

③ 冯国瑞. 系统论、信息论、控制论与马克思主义认知论[M]. 北京：北京大学出版社，1991：98.

① 冯国瑞. 系统论、信息论、控制论与马克思主义认知论[M]. 北京：北京大学出版社，1991：106.

间、系统内部与外部环境之间的联系、影响和制约，并从动态的运行过程中把握其规律性。作为一种指导思想，系统论与马克思主义关于物质世界普遍联系的哲学原理也是相通的。

在他的博士论文《植入疾病：原始初民对疾病原因的解释研究》(1959)中，航柯起初的任务是去研究芬兰女巫的飞镖传统，但是，他很快就发现这个主题被扩大到对流行疾病的病原学的解释方面。通过分析档案材料和民族志报告，他追溯了芬兰传统对疾病解释的文化变异。然后，他认为应该把这一研究纳入巫术人士在具体治疗过程中利用传统文化中的疾病解释系统(如可利用的宗教和其他文化资源)来产生积极效果这一行为系统中去考察。他还总结了这种治疗解释和实践背后的文化知识系统。在他看来，女巫在治病过程中的飞镖传统可以被视为民间医药的一部分。而民间医药又是医疗保健系统的一部分。在仪式的帮助下，它在对患者身心失调的治疗和集体生活秩序的恢复上是非常有价值的。在他1982年的论文《民间医药和医疗保健系统》中，他还构建了一个健康行为系统的模型。在他看来，健康行为是一个关系到诸多因素的系统行为，如传统的资源、治疗方法的选择、健康专家、家庭成员等等。

在对传统的概念以及传统与文化之间的关系的把握上，航柯采用了一种明显的系统思维方法。在他看来，"传统是以一种不成熟的状态存在着，它就像存放在博物馆、档案馆和'人类思维的图书馆'中的材料一样，等待着被别人选中、激活并从而转化为文化"①。在他1986年的文章《关于传统和文化认同的研究》中，他试图区分传统与文化："换句话说，传统将意味着文化的潜力或资源，而不是这个群体的实际文化……如果你愿意，'文化的元素'可以在这里被视为'传统'的同义词。但是，'文化'一词包含的东西又不仅仅是民众，也就是秩序，将不同元素组织成一个综合的功能主体，即一个系统……文化并不存在于事物之中，而存在于人们看待事物、使用事物和思考事物的方式之中。"②然后，他在此基础上提出了"传统池"和"文化系统"思想，并最终形成了系统的传统生态学的理论。

劳里·航柯的系统思维在传统生态学的理论中表现得最为集中和明显。传统生态学就是在生态学的基础上把文化环境纳入环境系统。传统的观点认为，只

---

① HONKO L. Traditions in the Construction of Cultural Identity and Strategies of Ethnic Survival [J]. European Review，1995，3(2)：135-136.
② HONKO L. Studies on Tradition and Cultural Identity：An Introduction [J]. Scandinavian Yearbook of Folklore，1986，42：10-11.

有自然条件才能对文化选择施加选择性的压力;航柯却举例证明了选择性的压力也可以来自文化环境。在文化内容从一种环境转移到另一种环境的过程中,航柯总结了传统是如何适应不同的语境的,并主要区分了四种不同的适应方式以及其中的变异机制。

因此,在某种程度上,航柯的系统思维是贯穿其整个学术思想的。这种系统思维是以文化的概念为基础,探讨文化内容在不同的环境中发生了什么样的变化,以及在具体的语境中,它的意义又是如何被实现的。这就要涉及功能。

(二)功能思维

在系统科学里,结构与功能是一对基本范畴。系统的结构与功能之间存在着辩证的关系。结构是功能的基础,功能是结构的表现。组成系统结构的要素不同,系统的功能相应也不同。相同的要素按不同的结构方式组成的系统往往表现出不同的系统功能。在社会领域,"许多人协作,许多力量结合为一个总的力量,用马克思的话来说,就造成'新的力量',这种力量和它的一个个力量的总和有本质的差别"①。英国社会学家斯宾塞(Herbert Spencer)最早提出社会有机体论,即社会与生物体是一个相似的有机体,并把人或事物所引起的社会后果称为功能。后来,涂尔干(Emile Durkheim)在此基础上强调,社会是超越个人的客观实体。另外两位英国人类学家拉德克利夫-布朗(Alfred Reginald Radcliffe-Brown)和马林诺夫斯基也大力提倡功能研究。值得注意的是马林诺夫斯基的文化功能论即功能主义的观点,在他看来,"文化是包括一套工具及一套风俗——人体的或心灵的习惯,它们都是直接地或间接地满足人类的需要。一切文化要素,若是我们的看法是对的,一定都是在活动着,发生作用,而且都是有效的"②。他还指出,一个物质的性质不在于它的形式,要把它放入所处的文化系统才能发现它的性质和功能。在谈到习俗在社会体系中的功能时,他认为,一种风俗之所以能够存在,是因为它对社会关系起着调节作用,维护社会结构稳定并因此被人们接受和认可。而且,习俗中的仪式活动具有创造功能,它能创造出一种使社会处于稳定状态的文化系统。我们可以在航柯的学术著作中清晰地发现这些功能主义的思想。

下面以航柯《文本化〈西里〉史诗》(1998)西里仪式中所使用的槟榔花为例来

---

① 中共中央马克思恩格斯列宁斯大林著作编译局.马克思恩格斯选集[M].3卷.北京:人民出版社,1995:469.

② 马林诺夫斯基.文化论[M].费孝通,等译.北京:中国民间文艺出版社,1987:14.

解读航柯的功能主义思想。槟榔一般被用于满足各种建造和补充营养的目的。但是,在西里仪式中,基于它的功能角色,槟榔花获得了多重含义。首先,这种花表现了一种神话的起源,根据这一起源,西里这个人物是从槟榔花蕾中诞生的;其次,它被用在一种治疗仪式中,扮演生育符号的角色,它被用来模仿男性和女性的性器官,被用来鞭打西里仪式的参与者以增强他们的生育能力。槟榔花被赋予了不同的功能角色,因此,这种花的"意义"构成了一个系统(如图 3-1)。

图 3-1　槟榔花的意义的四种来源

如图 3-2 所示,槟榔花的意义可以通过多种方式来实现,这些意义是在实际使用中被实现的。当槟榔花从一种普通植物变为一种仪式工具时,对于它的使用者来说,它就具有神话和其他意义。槟榔花的意义可以被理解为它的潜在功能的集合。

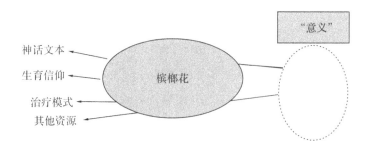

图 3-2　槟榔花的意义及功能的集合

在他的论文《空洞的文本、完整的意义:关于民俗中的意义转换》(1984)中,航柯认为,民俗学(或宗教研究)中所调查的文本只有结构意义(或形式意义),只有当它们的功能角色被实现时,才能在使用环境中获得它们的完整意义。形式的意义是由脚本、图式和其他属于传统池的模式所携带的,而转换意义是在文化实体的实际使用中被发现的。共享的文化知识使"空洞的文本"具有获得"完整的意义"的可能性。而研究实际行为的学者可以记录这种完整的意义。[①] 由此,我们可以发现,在航柯的学术研究中,功能主义对他的文化理论影响深远。在功能主义的影响下,文化实体的意义是建立在它们的功能角色之上的,而且必然存在着一个意义载体的蓄水池使它的意义实现成为可能。然后,文化实体的意义在具体的使用环境中被实现。

功能主义为航柯的传统生态学理论提供了核心基础,并在《文本化〈西里〉史诗》中发挥到极致。作为一种普遍方法论的框架,功能主义贯穿航柯的所有著作。功能主义也极大地激发了航柯对田野调查的兴趣。

(三)过程思维

"过程"是指一个事物发生、发展和灭亡的历史。世界发展不会被一个过程代替,也不会永世长存。马克思主义的过程论的基本思想就是:客观世界不是彼此孤立、一成不变的事物的简单堆积,而是普遍联系和永恒发展的统一体;人的思想是客观事物在头脑中的反映,是不断运动、变化和发展的;客观事物和人的思想有其内在必然规律,不以表面偶然为转移;在世界变化发展中有势不可当的前进的趋势。过程论的指导意义是:要求我们用历史的、发展的眼光看事物,要看到事物随时代和实践的发展而不断改变自己的形式,增添新的内容。唯物辩证法的过程论充分体现了革命的批判精神,它要求我们用历史的、发展的观点认识和解决问题,认识和把握事物发展的历史必然性和全过程,坚持用变革的发展观指导实践。

过程思维是系统思维和功能思维的必然结果。在《民间医药和医疗保健系统》一文中,航柯指出,在复杂的医疗保健系统中存在大量不同的治疗方法。在追求健康行为的过程中,对健康生活的追求为治疗方法的选择提供了必要条件。健康追求者通过不同的选择网络找到适合自己的方法(如图 3-3 所示)。

在这一健康行为过程中,个体行动者是载体,也是创造和维持这一过程的积极实体。在《文本化〈西里〉史诗》(1998)中,航柯详细地描述了口头史诗被创造和处理的过程。特别是在其绪论《作为过程和实践的文本:口头史诗的文本化》中,他详细列出了这一过程中处理口头史诗元素的 24 个不同阶段。这一过程开始于从集体传统池中选择合适元素,然后转移到个体歌手的大脑文本和创作能力,并

---

① KRIKMANN A. On Denotative Indefiniteness of Proverbs: Remarks on Proverb Semantics 1[M]. Academy of Sciences of the Estonian SSR Institute of Language and Literature, Preprint KKI-2, Tallinn, 1974: 23-24.

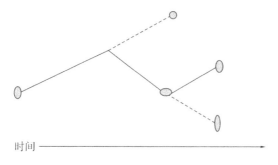

时间 ————————————

图 3-3 健康行为过程

进一步发展到史诗的表演、记录和编辑出版。在这一过程中,有无数的可能进程,而且它可能产生的产品也是众多的。这一过程本身也系统地解释了口头史诗是如何因不同的目的被创作、保存、表演和利用的。在《印度日记》中,航柯向我们非常清晰地表达了他在这一过程中是如何一步一步做出不同的选择来实现自己的目的的。同样,在关于仪式、民俗过程、传统生态学的研究中,航柯也运用了过程思维,可以说,过程思维贯穿他几乎所有的著作。

但是,系统思维、功能思维和过程思维并不是孤立的。在航柯的文化理论和实践研究中,它们是相互关联的。因此,"概括地说,航柯的文化理论是建立在三个相互关联的理论概念之上的:功能主义、系统和过程。它们一起为航柯的理论提供了基础。这个理论从内容和语境、文化实体及其功能角色、依存性和时序过程这些角度来解释文化现实。航柯的文化理论超越了它的时代,因此,它对当前和未来都有重大的影响"①。

最后需要指出的是,除了系统、功能、过程思维,航柯的学术思想在某种程度上也具有实用主义的倾向。正如阿克·胡尔特克兰茨在评论航柯的贡献时所指出的,航柯思维中的实用主义表现在理论的丰富使用上。② 他不拘一格地从社会学、人类学、语言学、认知科学等学科中吸引和借鉴相关理论和方法。此外,作为一个实用主义者,航柯把理论构建为科学理解的工具。在他看来,这些工具应该接受检验,而且,如果它们不能通过检验,它们要么应该被抛弃,要么被更好的理

① KAMPPINEN M,HAKAMIES P. The Theory of Culture of Folklorist Lauri Honko, 1932—2002: The Ecology of Tradition[M]. Lewiston: The Edwin Mellen Press, 2013: 24-25.

② KAMPPINEN M,HAKAMIES P. The Theory of Culture of Folklorist Lauri Honko, 1932—2002: The Ecology of Tradition[M]. Lewiston: The Edwin Mellen Press, 2013: 8-9.

论代替，或被发展到可以通过检验的程度。[1] 航柯的实用主义也表现在他对应用研究的兴趣上。他非常关心时下的热点问题，并常常告诫年轻学者如何利用自己的民俗和宗教的专业知识来使这个世界变得更加美好，或至少让它成为一个具有文化多样性的更有趣的地方。其中一个最突出的例子是他对联合国教科文组织《关于保护传统文化和民俗的建议案》的贡献。这份建议案从起草到出台历经 8 年。在这 8 年中，航柯考虑的不仅是对传统、民间文化和文化多样性的科学理解以及如何解决在实际保护中出现的问题，还包括如何建设更广泛的适合民间文化保护的研究基础设施。后来他创办的国际民俗学者组织暑期学校正是基于此而建立的。在航柯的世界中，理论不仅是探索和理解这个世界的工具，也是改变这个世界的工具。[2]

二、相关学科的研究方法

在系统思维、功能思维、过程思维和实用主义等思想的影响下，航柯积极地从相邻学科引入研究方法，以丰富自己的方法论体系。

（一）社会学方法

社会学是系统地研究社会行为与人类群体的科学，起源于 19 世纪三四十年代，是从社会哲学演化出来的现代学科。社会学是一门具有多重研究方式的学科，主要有科学主义的实证论的定量方法和人文主义的理解方法，它们相互对立、相互联系，发展并完善了一套有关人类社会结构及活动的知识体系，并以运用这些知识去寻求或改善社会福利为主要目标。自 20 世纪中叶以来，多样化的语言、文化的转变也同时产生了更多更具诠释性、哲学性的社会研究模式。

早在他的博士学位论文《植入疾病：原始初民对疾病原因的解释研究》（1959）中，航柯就采用了社会学的角色理论来进行分析，并构建了一个理想的分析模型。在《萨满的角色扮演》（1969）一文中，航柯重点分析了萨满作为医学专家、宗教专家、行动者所扮演的不同功能角色及其文化意义。在《文本化〈西里〉史诗》（1998）中，他注重对西里仪式的不同参与者在治疗仪式中所扮演的多重角色的分析。在

---

① KAMPPINEN M. The Role of Theory in Folkloristics and Comparative Religion[J]. Approaching Religion, 2014, 4(1): 3.

② KAMPPINEN M. The Role of Theory in Folkloristics and Comparative Religion[J]. Approaching Religion, 2014, 4(1): 7.

田野调查中,他揭示了研究者、研究机构与资助商、研究社区与信息提供者之间的不同角色,并由此提出了研究伦理的问题。在联合国教科文组织的《关于保护传统文化和民俗的建议案》中,他重点研究了遗产保护过程中政府、学者、当地社区、非遗传承人等各自不同的功能角色。

特别值得一提的是,航柯运用著名社会学家马克斯·韦伯的"理想类型"的概念来批判一直存在的民间文学体裁的"植物学家观",即民间文学研究者的主要任务是像一位自然博物学家对生物多样性进行登记分类一样去将笑话、故事等口传的体裁进行识别、登记和分类。在他看来,体裁是唯名论的实体,是科学的概念体系特征,而不是真实的存在物。体裁之间的区别在于,在口头传统的交流语境中,它们分别具有什么样的立场和意义。每一种体裁的理想类型是在其共同特征的基础上被构想出来的。然后,航柯在此基础上进行了体裁的分类、分析和互动等进一步研究。体裁也成为他后续进行民俗和比较宗教研究的一个重要分析工具。

此外,航柯的学术研究具有非常明显的实证主义倾向。模型、图式等分析工具大量出现在他的著作中。早在 20 世纪 70 年代初,航柯就指出艾里阿斯·隆洛特不能只被看作是不同《卡勒瓦拉》文本的一个"编纂"者,他也可以被看作是一部长篇史诗的歌手。他发展了一种"用借来的诗行来演唱"的方法,而不是用他自己的诗行来生产诗行。[1] 直到 20 世纪 90 年代,通过在南印度对《〈西里〉史诗》进行了长达 8 年的实地考察后,他才证实了自己的理论假设。此外,航柯在实地考察中所提出的参与观察、个案研究等方法也与社会学中的基本研究方式是相通的。

(二)语言学方法

如前所述,劳里·航柯早在赫尔辛基大学读书期间就接受了大量芬兰-乌戈尔语族相关研究的训练和实践,并继承了乌诺·哈瓦的学术传统。因此,语言学的理论与方法对他产生了一定的影响。

在他的博士学位论文《植入疾病:原始初民对疾病原因的解释研究》(1959)中,航柯采用了语言学的主位观点进行分析。[2] 在《关于意义的民俗研究:一个介绍》(1983)和《空洞的文本、完整的意义:关于民俗中的意义转换》(1984)两篇文章

---

① HAKAMIES P, HONKO A. Theoretical Milestones: Selected Writings of Lauri Honko[C]. Helsinki: Academia Scientiarum Fennica, 2013: 9.

② HAKAMIES P, HONKO A. Theoretical Milestones: Selected Writings of Lauri Honko[C]. Helsinki: Academia Scientiarum Fennica, 2013: 4.

中,航柯都利用了语言学中的语义学的理论和框架;①在《民俗学的体裁理论》(1989)中,航柯利用了语言学中主位(emics)和客位(etics)的概念将体裁分为传统承载者的主体体裁和研究者制定的客位类型的体裁,并由此批评了丹·本-阿莫斯只强调传统承载者的主位视角。他认为这是"在一粒沙子中看世界"。航柯认为,这两种视角都是重要的,特别是在进行跨文化的文本对比时;②在《民间叙事研究中的方法——它们的地位与未来》一文中,航柯利用语言学中的横组合结构和纵聚合结构这组概念工具阐释了弗拉迪米尔·普洛普(Vladimir Propp)和阿兰·邓迪斯(Alan Dundes)的结构分析之间的差异及存在的问题,民俗学家完全可以利用横组合、纵聚合结构相混合的结构分析技巧,并借鉴符号学和控制论的观点,把结构分析与信息阐释、叙事结构与叙事规范等整合起来。

特别值得一提的是,劳里·航柯在《文本化〈西里〉史诗》(1998)中提出了一个新的概念:"多重形式"(multiform)。阿尔伯特·洛德曾使用过这个术语,但是,它作为一个形容词来表示多种形式(multiple forms)的。航柯想引入一个概念:它将表示诗行的集合,至少由 2 个诗行、至多由 120 个诗行组成。多重形式是一个句法的要素,它通过其特性的开头词被识别。它可以从诗歌的一个地方转移到另一个地方,也可以从一首诗歌转移到另一首。作为口头史诗的一个单位,多重形式具有双重属性。一方面,它具有内容;另一方面,它具有语言的属性。这种语言属性能使歌手认出并使用多重形式,把它作为可以在不同的语境下被激活的一个半独立的包裹。③

综上所述,语言学的理论与方法在劳里·航柯学术思想的方法论体系中占有重要的地位。

(三)认知心理学方法

认知心理学是 20 世纪 50 年代中期在西方兴起的一种心理学思潮,并从 20 世纪 70 年代开始成为西方心理学的一个主要研究方向。它研究人的高级心理过程,主要是认知过程,如注意、知觉、表象、记忆、思维和言语等。在文化研究中,最

---

① HAKAMIES P,HONKO A. Theoretical Milestones:Selected Writings of Lauri Honko[C]. Helsinki:Academia Scientiarum Fennica,2013:12.

② HAKAMIES P,HONKO A. Theoretical Milestones:Selected Writings of Lauri Honko[M]. Helsinki:Academia Scientiarum Fennica,2013:11.

③ KAMPPINEN M,HAKAMIES P. The Theory of Culture of Folklorist Lauri Honko,1932 - 2002:The Ecology of Tradition[M]. Lewiston:The Edwin Mellen Press,2013:71.

早使用认知范式的是被称作第一个理智主义者的人类学家爱德华·泰勒（Edward Burnett Tylor），在他看来，文化行为是由于文化信仰和欲望而产生的。人们对现实有不同的观念，所以就产生了不同的习俗和制度。像路先·列维-布留尔（Lucien Lévy-Bruhl）、马林诺夫斯基、埃文斯-普里查德（Edward Evans-Pritchard）和爱米尔·涂尔干等人类学家都做出了类似的理智主义文化预设。在他们看来，可以通过信仰、欲望等解释文化行为的认知过程。后来，人类学家开始对信仰、欲望和行为的民众心理系统背后的认知机制感兴趣。特别是20世纪70年代后随着认知心理学在哲学、计算机科学和语言学中的兴起，"模式""脚本""图式"等认知概念开始取代文化研究中的"意义""文化""民族精神""心态"。①

在航柯的理论和方法中，"模式""脚本""图式"等概念处于中心地位。② "文化模式是被广泛共享的关于这个世界的预设的和理所当然的模式……被一个社会的成员们共享，而且，这些模式对于他们对这个世界以及他们在这个世界中的行为的理解发挥了巨大的作用。"③在航柯的理论中，形式化和抽象化的文化模式属于传统池。它们在使用语境获得具体的意义。比如，灵魂的观念在治疗期间获得了它的完整含义。实际的灵魂模式是以传统池中的形式化的模式为基础的。这些形式化的模式包括距离作用模式、因果关系模式、空间组织模式和人体模式。

脚本指的是一个按时间先后顺序组织起来的事件链。脚本是过程的模式：一方面可以被看作平行的事件；另一方面可以被看作事件的描述（如图3-4所示）。

图 3-4　脚本示意图

早在《植入疾病：原始初民对疾病原因的解释研究》中，航柯在论文结尾处就构建了一个治疗活动的脚本。这个脚本包括了民间治疗的主要元素和事件链，从疾病症状的确定到疾病的痊愈。在《文本化〈西里〉史诗》中，航柯提出了一个明显类似于脚本的概念"大脑文本"。大脑文本不仅包括口头史诗的不同表演中被使

①　SHORE B. Culture in Mind：Cognition，Culture and the Problem of Meaning[M]. Oxford：Oxford University Press，1996：25.

②　KAMPPINEN M，HAKAMIES P. The Theory of Culture of Folklorist Lauri Honko，1932—2002：The Ecology of Tradition[M]. Lewiston：The Edwin Mellen Press，2013：56.

③　QUINN N，HOLLAND D. Culture and cognition[M]//Cultural Models in Language and Thought. Cambridge：Cambridge University Press，1987：4.

用的文本元素,还包括大脑图像和其他非文本的元素。在《沿着丝绸之路的史诗:大脑文本、表演和书面的汇编》中,航柯认为,大脑文本应该被理解为各种元素的一个流动集合,从程式和部分文本到其他代表性的元素。大脑文本就像脚本一样把史诗的习得(集体的传统池)、表演(个体歌手的大脑文本和能力)、记录和编辑出版这一事件链过程统一起来。

总之,航柯自己利用了几个认知心理学的概念,尽管他并不认为自己就是一位认知主义者。但是,"他可以被看作是认知范式的先驱者和贡献者之一;他的传统生态学将为未来的文化的认知研究提供工具"①。

除了上述主要的相关学科的理论和方法外,航柯的学术著作还涉及模因论、传播学、生态学等领域的理论和方法,由于篇幅的关系就不一一介绍了。在哲学思维的指导下,综合利用其他相关学科的理论和方法,劳里·航柯构建了一套文化研究(民俗学和比较宗教学)的理论工具、理论体系和研究方法。

三、劳里·航柯的文化研究方法

概括地说,劳里·航柯的文化研究方法就是以传统池、文化系统等理论工具为基础,在传统生态学的系统理论框架下,研究文化实体在不同的使用语境下由于功能角色的实现而呈现的意义。这套方法是用来研究文化系统的结构、功能、类型、属性和动态演变过程与发展规律的。

(一)理论工具

1. 传统池与文化系统

文化研究方法是以文化理论为指导的,有什么样的文化理论就会产生与之相适应的方法。文化理论建立在文化的概念、结构、类型、属性、功能等基础之上。"传统池""文化系统"正是航柯进行文化研究的重要理论工具。在他看来,传统指的是文化的潜力或资源,而不是这个群体的实际文化。传统是文化的构成元素。文化指的是将不同的元素组织到一个具有整体功能的系统中。正如航柯所说:"传统以一种不成熟的状态存在着。它就像存放在博物馆、档案馆和'人类思维的

———————————

① KAMPPINEN M,HAKAMIES P. The Theory of Culture of Folklorist Lauri Honko,1932—2002:The Ecology of Tradition[M]. Lewiston:The Edwin Mellen Press,2013:63.

图书馆'中的材料一样,等待着被别人选中、激活并从而转化为文化。"①在他看来,当谈到传统或民俗时,最好只考虑不需要系统化的材料库、现存的模式、特征、元素。换句话说,我们正在论述一个现存的仓库。人们从中选择元素,并根据要求使它们适应活态的传统体系,即文化。在这个过程中,传统获得了系统的性质,并成为一种起作用的文化的一部分。②

传统池的核心思想是:传统池包括文化形式的基础材料、地方特有的文化模式和特定社区的具体内容。文化系统则指的是在特定情境下从传统池中吸取资源应用于功能角色的实现。航柯把传统池与文化系统之间的互动推广到一般的文化动力学上,这成为他文化理论的一个核心元素。他还认为,传统池是累积的,它并不是一个固定的实体。这个池子中有稳定和不稳定的元素;既有形式的元素,也有像"多重形式"那样的语言元素。

作为理论工具,传统池和文化系统为航柯开展文化研究,特别是应用研究,提供了重要基础。例如在联合国教科文组织的民俗保护研究中,他关注的是不同的文化团体如何从传统池中挑选重要的材料。在文化认同的研究中,这有助于我们理解:民俗传统如何被吸收并投入新颖的用途;超自然的传统元素如何形成有组织的宗教系统;国家认同如何获得"宗教似的"特征。③ 传统池在航柯的《文本化〈西里〉史诗》中得到充分的利用。他写道:"每一位表演者都可以根据一次新的表演现场的需求和潜力以一种富有想象力的方式来利用、改变和重新组织这个池子……被一个以上的歌手共享的任何东西都属于这个传统池。这个池子拥有多种传统,它是表达形式和体裁的一种共存。它们大多处于休眠的状态,其中,只有部分内容被个体使用者激活。"④总之,传统池与文化系统这一理论工具在某种程度上体现了航柯对文化实体(传统或民俗)的稳定性与变异性的认识,以及一种建构的文化观。

2. 个人与集体传统

关于个人传统与集体传统的关系问题,航柯在《英格里亚的精灵信仰》(1962)

---

① HONKO L. Traditions in the Construction of Cultural Identity and Strategies of Ethnic Survival [J]. European Review, 1995, 3(2): 135-136.

② HONKO L. The Folklore Process [C]//Theoretical Milestones: Selected Writings of Lauri Honko. Helsinki: Academia Scientiarum Fennica, 2013: 36-37.

③ KAMPPINEN M, HAKAMIES P. The Theory of Culture of Folklorist Lauri Honko, 1932—2002: The Ecology of Tradition[M]. Lewiston: The Edwin Mellen Press, 2013: 26-27.

④ KAMPPINEN M, HAKAMIES P. The Theory of Culture of Folklorist Lauri Honko, 1932—2002: The Ecology of Tradition[M]. Lewiston: The Edwin Mellen Press, 2013: 26-27.

中提出了一种社会建构观。在他看来,当个人在社会语境中使用、重复使用和控制文化的元素时,后者就获得了集体的特征。在其后期的著作中,他也多次强调当文化的元素在社会语境中被处理时,某些元素就获得了其自身的一种稳定性和生命力。① 与一般的文化元素相比,民俗材料所具有的特征更体现了这种集体的"力量"。它们可以被视为波普尔的第三世界的公民、共享的理念和文化模式。而且,它们不可以被还原为任何被实现的个人实践或物质基础。② 集体的传统具有两个重要特征:第一,一个元素在传统中经常被使用;第二,它的使用语境表明,它是约定俗成的。然后,我们有理由根据这些特征做出一种假设,即它们表达了特定社区的世界观或价值体系。③

在口头传统的表演中,表演的风格或言语的选择等特征往往能告诉观众一些场景的信息。理查德·鲍曼(Richard Bauman)的表演理论和约翰·迈尔斯·弗里的"言语力量"(word power)也一直强调这一点。弗里认为,模式化的民俗表达具有"言语力量",也就是说,有能力激发观众去寻找刚听到的那些言语的多重意义。在内在传统的理论中,弗里还指出,传统的表达方式(如果它们是短语、场景或故事范型的话)与更大的意义网络联系在一起时,它们比同样的个人的表达调动了更多的意义。在民间文学中,这种集体的表达方式激活了转喻的、联想的意义网络,并利用了见微知著的原则。虽然,观众只得到部分信息,但他们可以利用自己的文化理解来充实它的意义。①

航柯非常重视集体的传统的重要性。但是,他并没有排斥个人在其中的重要性。他所关注的是个体在社会互动中所创造的集体传统的系统性,像合同一样的社会事实或模式化的口头传统的使用正是从这些互动中产生的。航柯的研究往往以个体为中心,集体的维度被作为一个解释的框架。他所关注的是作为传统载体的个人如何能动地参与到社会互动之中,而且,在这一过程中他们所使用的文

---

① KAMPPINEN M, HAKAMIES P. The Theory of Culture of Folklorist Lauri Honko, 1932—2002: The Ecology of Tradition[M]. Lewiston: The Edwin Mellen Press, 2013: 58-59.

② TUOMELA R. The Philosophy of Social Practices: A Collective Acceptance View[M]. Cambridge: Cambridge University Press, 2002: 123.

③ SIIKALA A-L. Interpreting Oral Narrative, FFC 245[M]. Helsinki: Academia Scientiarum Fennica, 1990: 145.

① FOLEY J M. The Singer of Tales in Performance[M]. Bloomington: Indiana University Press, 1995: 6-7.

化元素又是如何被集体的传统处理的。[①]

正是在借助传统池与文化系统和个人与集体传统等理论工具来把握文化的稳定性与变异性、集体性等本质特征的基础上，航柯提出了自己的文化理论——传统生态学。

(二)传统生态学

航柯的传统生态学思想主要反映在《传统生态学：怎么样和为什么？》(1972)、《传统障碍和传统的适应》(1973)、《四种形式的传统适应》(1981)和《反思传统生态学》(1985)这四篇学术论文中。特别是在最后一篇反思性的论文中，他对传统生态学有一个简洁的总结。他写道："传统生态学研究传统元素、传统的系统、文化的结构和固有性质在时间、空间、人口、社会和环境中的适应和使用。这是通过在传统过程中观察以下因素来完成的：(1)迁移；(2)学习；(3)适应；(4)生产；(5)使用(利用)；(6)变异；(7)分布；(8)连续性；(9)发展；(10)在一个特定的物理环境中消失。"[②]这十个因素中的每一个因素都包括一些研究话题，因为它为我们开展传统的研究提供了一个大致的研究框架。

传统生态学的基本思想是：应该在文化的具体语境下研究它们的特征。也就是说，文化内容的属性和意义是由文化的生态环境决定的。当一个文化实体(民俗或宗教)从一个环境来到另一个环境时，传统的变异、发展和消失是基于它们的适应机制。这些变异是由个人在不同环境下选择传统的文化资源的不同决策导致的。他提出了四种不同的适应类型：环境形态学的适应(传统适应了它的自然环境)、传统形态学的适应(传统适应了它的文化环境)、功能形态学的适应(或小的变异)和生态典型化(传统的内容和使用与生活条件、文化气质和群体的历史相协调)。

在《文本化〈西里〉史诗》中，航柯深入研究了传统的功能适应。在录音的环境中，歌手戈帕拉·奈克(Gopala Naika)用七天七夜完整地表演了《〈西里〉史诗》。在剧场表演时，为了使这个口头传统适应表演的语境(观众的期望)，奈克对史诗内容进行了改编且使用了一部分不同的大脑文本。在治疗仪式中，这个大脑文本的部分内容又被改编以达到治疗的目的。歌手奈克针对不同的环境可以进行各

---

① KAMPPINEN M, HAKAMIES P. The Theory of Culture of Folklorist Lauri Honko, 1932—2002: The Ecology of Tradition[M]. Lewiston: The Edwin Mellen Press, 2013: 74-75.

② HONKO L. Rethinking Tradition Ecology[J]. Temenos, 1985, 21: 71.

种功能的改编。因为,他不仅有这个大脑文本供他支配,还有不同的使用语境下所需的实践知识。同样,环境形态的适应也是有作用的,住所附近的自然形态是《〈西里〉史诗》的神话事件所发生的地方,因此,通过将它定位在具体的地方,传统就适应了当地的物理环境。

航柯非常重视这种生态典型化的文化区域研究,他指出,民俗母题很少是独一无二的。但是,我们有时会发现一个地区或社会群体的传统氛围的独特性:从别处知道的母题以一种特殊的方式被组织起来并被巧妙地融入一个民族的生活方式和环境。民俗的微观研究和区域研究的任务就是阐明这种独特性如何产生并如何进入民俗所融入的环境。当区域文化的复兴已经成为一种人类需要和一个政治事实时,这一任务在我们这个时代可能也具有某种实用价值。① 在把握了航柯的理论工具及传统生态学理论后,我们不难概括出航柯的文化研究所遵循的一套研究范式。

(三)研究范式

自 20 世纪 60 年代,托马斯·库恩(Thomas Kuhn)在《科学革命的结构》中提出范式的认知论方法起,范式逐渐成为考察历史和当代学术成就动向以及自然与社会科学知识生产的主要工具。民俗学研究领域也同样深受其影响。20 世纪 70年代末到 80 年代初,北欧民俗学界狂热地吸收了库恩的思想,无一例外都在进行"研究之研究"。这与劳里·航柯教授的积极推动是分不开的。② 航柯认为,范式指学术领域的世界观及其对个体学术思想的影响,获得系统化研究资料、进行分析和提出问题的途径。③ 在航柯看来,范式具有以下性质:范式是关于真实存在的科学图景;范式为具体研究提供解决办法;范式通过程序和技术自证来超越前人的程序和技术;范式可以生产新的知识;范式所涵盖的事实是有限的,而且,它终将穷尽其一切逻辑可能性,并被另一种范式代替。④ 航柯深知范式是不断变化的,不可能有绝对不变的研究范式。所以,在他学术生涯早期,航柯就意识到了范式对自己的束缚。因此,他很早就与芬兰传统的历史地理的研究范式划清了

① HONKO L. Methods in Folk-narrative Research[C]// Theoretical Milestones: Selected Writings of Lauri Honko. Helsinki: Academia Scientiarum Fennica, 2013: 165-166.
② 佩尔蒂·安托宁.陈研妍.劳里·航柯论民俗研究中的范式札记[J].民俗研究,2009(1):8.
③ HONKO L. Research Traditions in Tradition Research [M]//Trends in Nordic Tradition Research. Helsinki: Finnish Literature Society, 1983: 13-14.
④ 佩尔蒂·安托宁.陈研妍.劳里·航柯论民俗研究中的范式札记[J].民俗研究,2009(1):9

界限。

正如佩尔蒂·安托宁所述,航柯"不仅鼓励范式的探讨,还建立和捍卫了许多范式的立场,而他自己也是一个范式的领导者"[①]。虽然,他并没有具体指出航柯所建立的范式是什么,但是,通过航柯的研究著作以及航柯对范式的理解,我们可以大体上概括出一套他的文化研究的范式,即在系统思维、过程思维、功能思维等哲学世界观的引领下,在传统生态学的框架内,对特定文化实体(民俗学的或比较宗教学的)在具体的使用环境下如何利用系统资源实现功能角色,以及由此所产生的意义和价值的研究途径。此外,航柯的研究范式还强调对研究对象的概念的科学界定,然后在其内涵和外延的基础上进行整体划分和归类,也就是说,把研究对象视为一个由不同部分组成的功能整体进行研究。最后,航柯的研究范式强调把研究前的理论假设和现代技术下的田野调查结果结合起来,以提高研究的科学性。在某种程度上,传统生态学的理论及其研究最能体现劳里·航柯的这种研究范式。

第二节　传统生态学

一、理论缘起

劳里·航柯在 20 世纪 70 年代提出传统生态学(tradition ecology)这一概念,并指出生物生态学的概念可以有效地应用于文化研究中。类比推理的方法被广泛地应用在自然和社会科学研究中,在他看来,当我们对文化现象进行解释时,也可以用类比推理。[②] 这一概念的提出并不是偶然的,既有其深刻的理论渊源,又有其重要的现实基础。

(一)历史的理论渊源

生物学(biology)是自然科学六大基础学科之一,是研究生物的结构、功能、

---

① 佩尔蒂·安托宁,陈研妍.劳里·航柯论民俗研究中的范式札记[J].民俗研究,2009(1):14.
② KAMPPINEN M. Religion from the Viewpoint of Tradition Ecology: Lauri Honko's (1932—2002) Contribution to Comparative Religion [J]. Temenos, 2014, 50(1): 13-14.

产生和发展的规律，以及生物与周围环境的关系等的科学。在生物学中，生态理论主要描述并解释有机体与其环境之间的关系以及由源源不断的营养物质、有机和无机的因素所组成的生态系统。从民俗学的学术史上看，1926 年，弗里德里希·兰克(Friedrich Ranke)首次提到了"民间故事的生物学"，它指的是对故事生命的观察，特别是关于谁讲述故事、什么时候、什么地点、对谁讲以及为什么讲。①1931 年，瑞典民俗学家赛多(C. W. von Sydow)抱怨"学者们没有研究传统的生物学"②。在同年的一篇关于民间故事的体裁分类的文章中，他指出："在植物学中，'oicotypes'这个术语用来指同一物种的实体因自然选择适应了一定的自然环境而形成的特殊植物类型。在传统的领域，一个广泛传播的传统(如故事或传说)因适应特定的文化区域而形成的特殊类型也可以用'oicotypes'表示。在民族学和民俗学中，可以把它分为高阶或低阶的类型(国家级、省级、教区等等)。"③20 世纪60 年代，琳达·戴格(Linda Dégh)在调查民间文学生物学时，把"生物学"这一术语与德语地区的叙事传统联系起来，致力于对叙事的民族志描述。这种民间叙事的生物学关注叙事的地点和方式，同时研究叙述者的年龄、性别、职业、祖先和叙事风格。马克思·露西(Marx Lucy)的"童话的生物学"不仅包括叙述者、传统社区、语境和风格，也引入了故事产生和发展、叙事传统和社会系统之间的相互作用。④ 在 20 世纪 60 年代末和 70 年代初，民俗学的方法论坚定地转向语境，作为对追溯遗传-历史的关系的以文本为取向的民俗学的平衡，功能分析、故事讲述活动和表演研究开始出现。⑤ 在航柯看来，当时对活态传统的理想模式的追求引导学者们具有一种比以往任何时候都更细致、更长久和更灵活的传统观。当民俗学试图揭示民俗表演的语境和功能时，它并没有发展出任何真正的关于人、环境和传统之间的关系的理论。理查德·鲍曼虽然提出了六种不同语境的理解方式，并把文本固定在周围的社会现实中，但是，他所关注的重点是文本，而不是社会环境。他应该尝试以社会环境为基础构建一个理论。⑥

在本学科内找不到出路的时候，航柯把目光转向了生态人类学。20 世纪 50 年代主流的生态人类学认为，只有自然条件才可以对文化施加选择性的压力。文

---

① HONKO L. Rethinking Tradition Ecology[J]. Temenos, 1985, 21: 56.
② VON SYDOW C W. Selected Papers on Folklore[M]. Copenhagen: Ayer Co Pub, 1948: 11.
③ VON SYDOW C W. Selected Papers on Folklore[M]. Copenhagen: Ayer Co Pub, 1948: 243.
④ HONKO L. Rethinking Tradition Ecology[J]. Temenos, 1985, 21: 56.
⑤ HONKO L. Rethinking Tradition Ecology[J]. Temenos, 1985, 21: 55.
⑥ HONKO L. Rethinking Tradition Ecology[J]. Temenos, 1985, 21: 61.

化反映了它们的自然环境和其他物质的条件。① 这种范式可以被称作环境决定论，即它旨在通过环境条件来解释文化事实。在 20 世纪 80 年代初，这种环境决定论又向前迈了一步。有学者提出通过基因、思想和文化之间的有效联系来解释文化特征。在 80 年代末，生态人类学开始研究人类种群与其环境的物理和生物因素之间的相互作用。在詹姆斯·安德森(James Anderson)看来，与其他物种相比，人类种群更有活力、更可控、更专横和更能传播。人类种群在能量循环中保持中心地位。② 这意味着生态人类学开始朝着生物学化、对能量循环和人类种群加以关注等方向前进。这显然是作为文化学者的航柯所无法接受的，因为，它既没有把民俗或民俗的某个事象当作一个移动的、功能性的、能思考的有机体，也忽视了民俗的使用者、表演者和听众的能动性。民俗学界呼唤一种新的理论来解释人、环境和传统之间的关系，以及这种相互关联的互动过程中文化的功能、变异、意义等问题。这正是航柯的传统生态学理论产生的理论根源。

(二)现实的研究基础

如果说民俗学理论发展史为航柯的传统生态学理论的产生提供了历史机遇的话，20 世纪 60 年代末到 70 年代初的一次具体的研究项目则为这一理论的产生提供了现实基础。当时，航柯正在对从田野调查中收集的来自 14 个芬兰-乌戈尔语族的民间诗歌进行编排和比较研究。在他看来，这些诗歌不仅是在展示自己，也讲述了它们所代表的文化。他在思考这种比较研究的目的到底是什么：是强调传统的发展还是当下的生存状况和意义？

当时，学界盛行的第一种办法是运用传统-现象学的比较方法，即把语境、结构和功能相似的现象或元素组织在一起，这种方法不用考虑它们之间是否有遗传关系。根据这种方法，这 14 个芬兰-乌戈尔语族的民间诗歌可以分为歌唱世界的起源、治疗病人、主持婚礼、埋葬和回忆死者、安排宴席、讲述英雄的故事等内容。反映职业生活的民歌包括狩猎、捕鱼、饲养牲畜、游牧、农耕或其中的组合等主题。在航柯看来，这种分组方式带有全球性的文化普遍性，没有任何芬兰-乌戈尔语族的历史特征，它们是人类文化基本相似的模子或框架，世界上任何文化都可以提供类似的材料，因此，这种比较和分类是在普世的框架下发生的。现象学的分类

---

① KAMPPINEN M, HAKAMIES P. The Theory of Culture of Folklorist Lauri Honko, 1932—2002：The Ecology of Tradition[M]. Lewiston：The Edwin Mellen Press, 2013：30.

② HONKO L. Rethinking Tradition Ecology[J]. Temenos, 1985, 21：60.

是永恒不变的，与文化变迁无关，但是具体的诗歌传统是历史性的，它们有开头、发展和结局：在某个时候，它们开始存在、发展并最终消失。①　显然，这种方法不能让他满意。

当时的第二种办法是传统-历史学的比较方法，即文化借贷（cultural loans）。这种方法只讨论借贷的方向，而且，一旦借方和贷方关系明确下来，事情就结束了。这种不考虑借贷的性质以及借来的元素在接受方的文化中的使用，只采用单向直线发展的传统大事记的做法是不能让航柯满意的。在航柯看来，传统历史学必须被看作一系列由人口、文化制度、传统形式等以及伴随的同化所造成的扩张和衰退，在这一过程中，不仅有文化渗透，还有文化融合。现代的传统-历史学不能基于传统单方面的受惠或保护而被书写。传统受到维护它的文化制度、社会的结构变化以及历史事件的影响。②

在现有的传统研究方法无法满足他的研究要求时，航柯通过观察和思考得出以下结论：第一，某个个体、社区或地区的传统的独特性无法主要通过语境的因素来描述，更重要的是传统被处理的方式以及传统与同一系统内其他元素结合在一起的方式；第二，活态传统必须被看作是系统的，但是，这种活的系统在研究者的论文中是找不到的，因为维护和协调它们的物质因素可能是个体的意识、社区内的互动以及界定和统一一个文化区的某些影响；第三，民俗的语境不仅包括相对持久的自然环境，也包括不断变化的情境语境，另外，社会机制则位于两者之间，它确保民俗按照环境的条件有一个长期的生命，而特定社区或地方的民俗的独特品质可能被隐藏其中。而传统生态学的方法则试图证明传统在其内部运行并流传下来的这种系统，并揭露其中的独特品质。正是在这种理论和现实的双重期待下，劳里·航柯的文化研究理论——传统生态学应运而生。

二、理论形成过程

（一）萌芽与形成期

早在1972年《传统生态学：怎么样和为什么？》这篇文章中，劳里·航柯就引入了"传统的生态学"（ecology of tradition）这一术语。他当时指出，生物生态学

---

① HONKO L. Rethinking Tradition Ecology[J]. Temenos, 1985, 21: 63.
② HONKO L. Types of Comparison and Forms of Variation[J]. Journal of Folklore Research, 1986, 23(2/3): 110-111.

的概念可以有效地应用于文化研究中。① 在航柯看来,当我们为文化现象创造解释时,我们应该用类比推理。类比解释在一般的科学中被广泛使用,因此,人文学科的研究领域也应该采用这种方法。

类比解释主要是指解释模型从一个研究领域转移到另一个领域。源模型(M1)最初在生物生态学中被用于理解生物的系统。现在,该模型被掏空了它的生物学的内容,并被转移到宗教和文化的研究中。源模型被用来构建目标模型(M2),它反过来应该提供对文化系统的理解(如图 3-5 所示)。

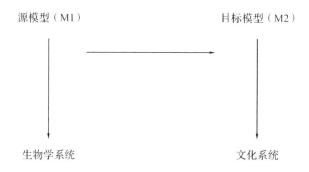

图 3-5 类比解释模型

一年之后,在《传统障碍和传统的适应》一文中,劳里·航柯用"传统生态学"(tradition ecology)这个术语来代替"传统的生态学"。在他看来,传统生态学这一概念是以生态学为核心。而他主要是想利用生物生态学和经济生态学的解释来勾勒出文化特征的潜在解释。② 在这篇文章中,他系统地引入了"传统阻碍"(tradition barrier)、"适应"(adaptation)和"生态位"(ecological niche)等概念,并用它们解释传统的供应和需求以及不同文化的动力特征。此外,他还提出自己对环境概念的理解。在他看来,环境包括"感知环境"(perceived environment)、"有效环境"(effective environment)和"整体环境"(total environment)。整体环境既包括感知环境和有效环境,还指那些既不被人感知,又不影响人的因素。他还特别谈到了"生活环境"(habitat)和"微环境"(指一个特定的行为情境)。事实上,"微环境"与理查德·鲍曼提出的情境语境是一样的。③ 特别值得一提的是,航柯

---

① HONKO L. Perinne-ekologiaa: Miten ja miksi? [J]. Sananjalka, 1972, 14(1): 96.

② KAMPPINEN M, HAKAMIES P. The Theory of Culture of Folklorist Lauri Honko, 1932—2002: The Ecology of Tradition[M]. Lewiston: The Edwin Mellen Press, 2013: 34.

③ HONKO L. Methods in Folk-narrative Research[C]// Theoretical Milestones: Selected Writings of Lauri Honko. Helsinki: Academia Scientiarum Fennica, 2013: 165.

把这些概念与传统池结合起来,探讨个体和社区在选择自己的文化特征时如何在传统池中使用他们的文化资源。这充分表明劳里·航柯的传统生态学理论已经基本形成。

（二）发展期

在1981年发表的论文《四种形式的传统适应》中,劳里·航柯系统地阐述了传统生态学中最重要的一个因素——适应。在他看来,一般的迁移模式可以基于传统如何适应不同的语境而被研究。相应地,传统的变异、发展和消失是基于它们的适应机制。在这篇文章中,他通过列举几个民间文学的研究个案,具体地阐明了适应是如何发生的。此外,他还区分了四种不同的适应形式:

其一,环境-形态学的适应（milieu-morphological adaptation）。这种适应也称作"外部的"适应,指的是传统适应了它的自然环境。当传统从一个环境被转移到另一个环境时,它需要适应新的背景、当地的人们和语境。在这一过程中,有两种主要的趋势:通俗化（familiarisation）和地方化（localisation）。通俗化指用更熟悉的概念替代外来的概念;地方化指传统被置于自然环境中,并因此产生了"传统领域"（tradition territories）。一个民间叙事经历了通俗化和地方化,即异质的自然环境被转化为传统社区里精神环境中众所周知的特征系统,而且,故事与感知环境中的一个地区产生关联。①

其二,传统-形态学的适应（tradition-morphological adaptation）。这种适应也称作"内部的"适应,指的是传统适应了它的文化环境,即外来的或新的传统必须适应民俗本身的形式世界。这是民俗的表达方式在环境中的固定。它涉及的现象包括对传统的审查,使它符合社区的价值观、行为规范和伦理以及围绕某种民间文学中流行的或中心的人物元素的组合。

其三,功能性的适应（functional adaptation）。这种适应也称作"暂时的"（momentary）或"情境的"（situational）适应。在这种适应中,传统被固定在一个特定的社会行为情境即一个微环境中。在航柯看来,叙述者的个性、观众的构成、社区利益的实际焦点、最近发生的事件和对未来的希望都会介入其中并产生变化,正是这些变化赋予这种叙事以意义。这种叙事可能以前在不同的微环境中被讲述过许多次,但是,功能角色在新的讲述中由于功能的适应而实现了,它就能够

---

① HONKO L. Methods in Folk-narrative Research[C]// Theoretical Milestones: Selected Writings of Lauri Honko. Helsinki: Academia Scientiarum Fennica, 2013: 165-166.

传达新的信息和意义。①

其四,生态型和生态典型化(ecotype and ecotypification)。航柯在这里讨论的问题是:什么使某个地方或社会群体成为传统典型? 航柯认为,这个答案不可能是独特的主题和母题,而应该是生态型。然后,他从学术史的角度,厘清了赛多、亚伯拉罕(Roger Abrahams)、沃尔夫(Eric Wolf)、洛夫格伦(Orvar Löfgren)等人的生态型的概念演变。最后,他指出生态型应该包括以下元素:(1)迫使生态型进入几个领域,并产生渗透效应;(2)有一个比较高的频率和代表性;(3)仍然是富有成效的且能够自我复制;(4)表现出较强的环境适应力;(5)抵制外来的不同元素;(6)表现出鲜明的特征。②

(三)成熟期

在 1985 年的论文《反思传统生态学》中,劳里·航柯首先对四种不同的传统适应形式进行总结。他认为环境-形态学的适应和传统-形态学的适应可以说是"大的"或"主要的"变异,也是我们看得见的。这些持久性的变化构成了下一步变异的基础。当一个传统经历过渡期,从一个社区来到另一个社区或改变它的体裁和功能时,这种变异往往就发生了。这种非常明显的变化可以在相当短的时间内发生,但是,一旦这种适应已经完成,它就会保持一定的稳定性。功能性的适应可以被看作是"小的"或"次要的"变异,这种变异形式与功能适应联系在一起,它无法从一次表演中幸存下来而进入另一次表演。在每一次表演之后,它将重新回到起点。但是,在传统的生命中,它是特别重要的。它是根据情境的独有特色产生的变异,与特定语境下的社会功能和交际功能有关,也导致了意义的产生。此外,航柯把"生态典型化"界定为传统的内容和使用与一个群体的生活条件、文化气质和历史相协调的一种适应。在他看来,正是这种适应赋予了特定地区和地方典型性特征。这种传统氛围的独特性体现在:从别处知道的母题以一种特殊的方式被组织起来并被巧妙地融入一个民族的生活方式和环境。

在这篇文章中,劳里·航柯还提出了一个可供学者效仿的传统生态学的研究模式和框架。在他看来,传统生态学的任务可以被简要地表述:"传统生态学研究传统元素、传统的系统、文化的结构和固有性质在时间、空间、人口、社会和环境中

---

① HONKO L. Methods in Folk-narrative Research[C]// Theoretical Milestones: Selected Writings of Lauri Honko. Helsinki: Academia Scientiarum Fennica, 2013: 165-166.

② HONKO L. For Forms of Adaptation of Tradition[C]// Theoretical Milestones: Selected Writings of Lauri Honko. Helsinki: Academia Scientiarum Fennica, 2013: 188.

的适应和使用。这通过在传统过程中观察以下因素来完成：(1)迁移；(2)学习；(3)适应；(4)生产；(5)使用；(6)变异；(7)分布；(8)连续性；(9)发展；(10)在一个特定的物理环境中消失。传统生态学是在特定的传统持有人和社会群体或在一个给定的区域中，考虑影响传统的独特性的因素和变化，并试图理解这一选择和生产的过程。"①

正如马蒂·堪皮宁所言，传统生态学是一个如此通用的理论框架，以至于它可以被用在不同的研究领域：民族医药、口头史诗和一般传统。② 因此，我们可以把这一理论框架的提出视为劳里·航柯的传统生态学走向成熟的标志。

三、核心思想

(一)环境的界定——多重语境的问题

劳里·航柯的传统生态学的环境概念总是与人类及其活动有关。在航柯看来，作为人类的各种活动和角色扮演的一个平台，这种环境既具有物质的维度，也有非物质的维度。因为，人类对环境的定义是从对环境的感知开始的。对他来说，他不感兴趣的领地，没有被他命名的领地或并不带有任何信仰、愿望、表达、传统的领域，根本就不是他理解的真正的环境，它们就像地图上的白色区域一样。因此，我们的环境概念可以看作是对环境的一种不断征服，这既是与环境的物理接触(如在它里面行走)同时进行的，也是在观察和思想的层面上展开的。③ 同一个城镇对不同的人来说可能意味着不同的事情，这正与莎士比亚所说的"一千个读者眼里有一千个哈姆雷特"一样。

但是，人类与环境的关系并不是主观决定的，它是一种相互作用的过程。这种作用可以分为积极的、消极的两种。为了解释这种相互作用的过程，我们需要把环境纳入一个系统即整体环境。整体环境作为一种研究工具，可以概括被研究的这个人或群体的整体概念。整体环境中，有些并不真正影响人类的生活。真正影响人类的环境领域与人类是否感知到这种影响无关。它可以被称作"有效环境"，这种环境必须在与研究对象的关系中被理解。因此，首先，研究者要关注信

---

① HONKO L. Rethinking Tradition Ecology[J]. Temenos, 1985, 21: 71.

② KAMPPINEN M, HAKAMIES P. The Theory of Culture of Folklorist Lauri Honko, 1932 - 2002: The Ecology of Tradition[M]. Lewiston: The Edwin Mellen Press, 2013: 8.

③ HONKO L. Rethinking Tradition Ecology[J]. Temenos, 1985, 21: 67.

息提供者所呈现的环境以及他观察环境、对环境进行分类、用言语描述环境和表达环境的方式。研究者要试图帮助他使其对环境的言语描述更系统化,而不添加任何无法被证明的在信息提供者意识中存在的环境描述。其次,在信息提供者与环境的关系中,除了感知以外,还有具体的行动。这种行动经常与对自然及其资源的开发和环境的塑造有关。这一点可以用生态学中的生态位概念来更精确地详细说明。总之,人类的环境概念是从主观的感知到客观的概念、行动及其结果。①

此外,人类对环境的观察、谈论以及在具体环境内部采取行动,这些都不是在真空中发生的,而是在特定的社会语境下产生的。因此,我们需要在一个特殊的物理平台即特定的情境中理解人类的行为。这就是"微环境"。在航柯看来,这种微环境与理查德·鲍曼的情境语境是相似的。在这种具体的微环境中,总会有不断变化的次级因素。而且,看似以同样的方式在同样的地点不断重复自身的微环境也未必总是一样的。这种主观与客观、整体与部分、静态与动态相结合的多维环境也体现了劳里·航柯的多重语境观。为了便于理解上述的多重语境的问题,航柯还为我们提供了一个图式(如图 3-6 所示)。通过这幅图,我们可以深刻地把握他的多重语境思想以及它们之间的内在逻辑。

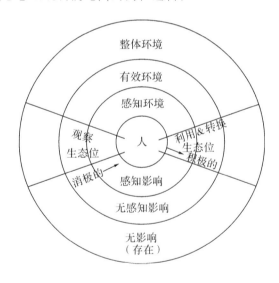

图 3-6 环境的形式②

---

① HONKO L. Rethinking Tradition Ecology[J]. Temenos, 1985, 21: 68.
② HONKO L. Rethinking Tradition Ecology[J]. Temenos, 1985, 21: 68.

（二）人、文化与环境的关系——多重适应的问题

面对这种多维环境，人类该如何适应并融入这种生态系统？或者说，传统生态学视野下的传统和文化是什么？运用传统和创造文化的人是怎么样的？人、文化与环境之间的关系又如何？这些都是航柯需要思考的问题。为了便于理解这些问题，航柯为我们设计了一幅图以展示生态系统中的文化（如图 3-7 所示）。

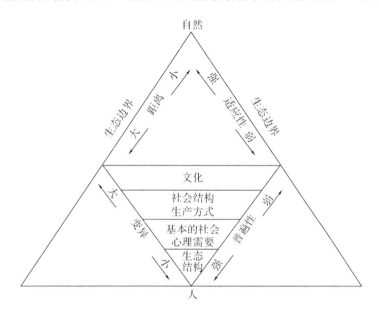

图 3-7　生态系统中的文化①

从图 3-7 中，我们可以发现文化分析中的一些常用成分，如文化表现形式、社会结构、生产资料、基本人类需要、生物基因型和自然条件等。人和自然分别位于这幅图的上下两端。相对于自然，人为文化的生产和适应设置了生态边界。最上面的三角形代表了自然和文化之间的关系。其中，有两个变量：（1）人类社会中结构和形式的数量及其在文化分析中的普遍适用性；（2）文化与自然环境的距离和依赖性。自然是人类的一个重要资源，也是人类无休止地追求扩展技术系统（即文化）的一个永久的阻碍。通过这种技术系统，人类在某种程度上可以规避挑战自然秩序时所产生的直接后果，并摆脱大自然强加的束缚。在相对原始的狩猎和捕鱼文化中，人及其文化与自然的"距离"是最小的，并最好地适应了自然；而技术发展所带来的现代都市文化远离自然，并最差地适应了自然。自然环境与文化层

①　HONKO L. Rethinking Tradition Ecology[J]. Temenos，1985，21：70.

面的依赖性也因此更弱。

在这幅图下面的三角形中，也有两个变量：(1)变异的程度；(2)人类社会中结构和形式的普遍性。同时，这里包括四个层面：(1)文化。文本具有的特征是丰富的表达形式和独特性，而且文化形式的普遍性较弱。(2)社会结构和生产方式。在这个层面上，形式的数量开始减少，而且它们的普遍性开始增强。(3)基本的社会心理需要。在文化分析中，它似乎是相对永恒不变的。(4)生态结构。这里的变异最小，因此普遍性最强。

在这里，我们可以发现文化所具有的令人惊讶的持续时间和恒久功能的结构。永恒的表达系统、人生礼仪的形式、神和精灵的名字等等都是这种文化结构的例子。因此，文化往往有一种时间滞后性，即社会和生产方式的变化不会立即反映在文化系统中，以至于文化中的某些过时的元素因无法满足功能需要而被立即替换。在航柯看来，传统生态学正是利用这种持久的文化结构和表达系统的研究，来揭示它们内部所发生的变化，并把它与社会经济的联系同时描述出来。[1]我们经常见到一个表达系统几乎没有什么变化，而通过它所传达的意义却改变了。意义的改变则反映了在其他系统中发生的变化。

最后，劳里·航柯指出，传统和文化这两个概念是在同一层面上运行的，但这并不是说它们是等同的。文化更趋向于结构，即文化将传统安置其内，并连接各种不同的系统。同时，传统所具有的特征是其使用者的多重性以及时间滞后性。[2] 在这种情况下，劳里·航柯提出了四种不同形式的多重适应的必要性。

(三)传统的系统性与意义生成——语境下功能实现的问题

在研究传统在多重语境下的多重适应问题时，劳里·航柯创造性地指出了传统的系统性与意义生成即在特定语境下功能实现的问题。这也是经常被学界同人忽视的问题。在他看来，当学者在田野作业中以外来者的身份和眼光看待传统的变异现象时，他所看到或理解的只是现象学上的变体(或异文)。而这种变体事实上并不是来自他所理解的文化，而是来自一个传统系统。这种变体是产生这一民俗事象并维持这一系统的人或社区所体验的系统变异的结果。在这种系统变异中，变体处于彼此相互关联的"活的"关系中，即它们被看作是互相联系或互相依赖的，因为它们受系统内的相似条件和规则的控制。从这个意义上说，它们共

---

① HONKO L. Rethinking Tradition Ecology[J]. Temenos，1985，21：66.
② HONKO L. Rethinking Tradition Ecology[J]. Temenos，1985，21：66.

同构成了同一智力宇宙或根据智力和经验的关系来界定的宇宙的一部分。① 正是在个体的心理以及在社区的价值观和行为规范体系中,传统的系统才有它们存在的基础。传统的系统并不是学者用言语表达和界定的产物,而是传统持有人和传统社区的现实组成部分。而且,这个系统也会因为现实的其他因素的部分变化而不断改变。因此,系统的边界是无法清晰界定的。

除了从宏观上系统把握传统的系统性外,劳里·航柯还指出,在关于集体传统、个人的曲目和表演的微环境的研究中,尤其要注意在不同的变异形式中进行区分。在传统的生产和表演过程中,叙述者的个性、观众的组成、传统社区当前的利益、过去所发生的事件、对未来的希望与恐惧等因素都发挥了一定作用。而且,传统生态学更强调个体和社区在这一过程中的重要性。正是特定的个人或社区在特定的时间和微环境下对传统元素的选择、组合和解释,使得传统的多重适应在多重语境下顺利实现。在这一过程中,虽然相同的故事在一些变化的情境和微环境中被讲述了好多次,但是实际的叙事却可能带来一种新的信息。传统具体语境下的功能实现也导致了小的变异和转换的意义的形成。

为了解释传统的系统性与意义生成的关系,航柯特别将自己关于芬兰新年的研究作为例子。在这项研究中,劳里·航柯通过大量借鉴档案资料,创建了一幅关于新年在一个农业环境中的重要性的整体图景。其中,各种信仰、实践和仪式被组织成一个系统,并以一种丰富而连贯的方式反映了引导人们反复出现的行为背后的情感、思想和哲学。看似孤立且经常表面上微不足道的民俗元素被组织在一些,构成一个新年传统的整体,并强调新年的第一天的特殊重要性和意义。这样的研究看似非常完美,但是与劳里·航柯所提倡的传统生态学的方法还相差甚远。因为,这个系统到底是谁的系统?熟悉这一系统的传统,并以其所有的丰富性来运用它的人们在哪里?在航柯看来,他们根本不存在。传统生态学需要关注的是在一个特定的活态民俗社区中传统的适应、组合、解释和功能实现的问题,即传统在微环境中的功能实现并生成意义的问题。

四、理论贡献

在梳理了劳里·航柯的传统生态学理论的发展脉络和核心思想后,我们不难发现这一理论为文化研究(民俗学和比较宗教学)作出了巨大的理论贡献,并具有

---

① HONKO L. Rethinking Tradition Ecology[J]. Temenos, 1985, 21: 74-75.

较强的现实意义。

（一）微观与宏观的动态结合

首先，航柯在传统生态学中构建了一个多维的环境观，并把文化实体置于这样一种多重的语境中进行考量。这种多维环境中有整体环境、感知环境、有效环境和微环境。这样就突破了表演理论的语境研究的局限性，从而实现了宏观研究和微观研究的整体结合。另外，传统生态学把文化实体中的传统（或民俗）元素纳入一个功能性的整体系统进行考量，并注重传统的个体使用者和社区的选择性作用。而且，这个整体系统内部又具有一个开放的组合形式，这样有助于我们既从宏观上把握文化实体的整体形象，又能深刻地理解其现实语境下的动态流变，从而实现微观与宏观研究的动态结合。

（二）历时与共时的双重演绎

如果说，以历史地理学派的方法推进的早期文化研究（尤其是民俗学研究）是历时性的研究，并注重民俗变体（异文）的历时性变异特征及规律的话，在20世纪60年代和70年代所兴起的表演理论所推进的当代文化研究则是一种共时性的研究，并注重民俗在使用和表演的语境中的变异特征和规律。劳里·航柯的传统生态学理论则是一种强调历时与共时研究的双重演绎。在传统生态学的框架下，传统的变异、发展和消失不是随机的，而是基于它们的适应机制。其中，环境-形态学的适应（即传统适应它的自然环境）和传统-形态学的适应（即传统适应它的文化环境）就是一种历时的变异；而功能性的适应则是共时的变异。在航柯看来，这几种变异形式并不是孤立产生的，历时与共时的双重演绎才是研究文化变迁中的关键因素。

（三）档案研究和田野调查的完美结合

自20世纪六七十年代起，以"表演为王"的语境研究深受民俗学界同人的喜爱。学者们开始走出书斋，来到田野。但是，航柯却认为，以理查德·鲍曼和丹·本-阿莫斯为代表的语境理论存在明显的缺陷：（1）参与术语总是倾向于"文本"，这经常会导致对文本生产者的过度曝光，并以牺牲一个更平衡的传统交流及其所处的微环境为代价；（2）不同语境类型之间缺乏系统内的联系研究。他们并没有把自己所参考的人口因素、自然、相邻民族的规模和距离、接触的频率和持续时间、人口和社区的流动、自然生态、技术创新、政治和文化的霸权、价值观和行为规范系统、角色分层、社会制度等作为理论工作的主要对象。虽然他们也意识到个案研究中一个系统的变化可能依赖于另一个系统的发展或变化,但是他们不清楚个案研究中文化实体所属的系统到底是什么,以及这些系统之间的关系到底是怎么样的。[1] 而传统的档案研究在历史的维度中正可以弥补这方面的不足。因此,在他看来,传统生态学的理论要求有新的田野调查的方法和策略,应注重把档案研究和田野调查结合起来,综合利用。

传统生态学除了具有重大的理论贡献外,它还契合当下时代发展的现实,并因此具有超越时代的现实意义。一方面,在全球化的今天,文本碎片化使不同的文化系统有更多的生存空间;信息和通信技术使行为主体将文化内容变得越来越个性化和人格化;地方文化的多样性开始彰显其价值;人口跨文化的流动使得文化认同、国籍、种族等的界限以及神圣与世俗的界限开始消弭……这些变化使得具有新的意义且周期更短的文化系统不断被构建出来,传统池也变得更有活力。另一方面,民族主义、原教旨主义等所宣扬的认同符号的作用也变得更加突出。传统生态学为我们走近和解释这些文化的流动性质提供了一个非常有价值的理论框架和方法。正是在这个层面上,有学者指出"他的文化理论超越了它的时代,因此,它对当前和未来都有重大的影响"[2]。

---

① HONKO L. Rethinking Tradition Ecology[J]. Temenos, 1985, 21: 76-77.

② KAMPPINEN M, HAKAMIES P. The Theory of Culture of Folklorist Lauri Honko, 1932—2002: The Ecology of Tradition[M]. Lewiston: The Edwin Mellen Press, 2013: 29.

第四章

劳里·航柯学术思想的专题研究

第一节　民俗过程

传统生态学理论的日渐成熟为劳里·航柯的民俗过程思想的产生提供了条件。民俗过程正是传统生态学原理的一次成功应用。在传统生态学的视野下,劳里·航柯把民俗(或传统)视为一个有生命的有机体。

一、研究缘起

正如第三章第一节关于劳里·航柯的方法论体系中所介绍的,过程思维一直是他世界观和方法论的一个重要指导因素。虽然这种过程思维在他前期的《植入疾病:原始初民对疾病原因的解释研究》(1959)和《英格里亚的精灵信仰》(1962)中都有具体的显现,但是,在1979年的《关于仪式过程的理论》这篇学术论文中,航柯才第一次把过程作为自己的研究对象。此外,1979年联合国教科文组织向各成员发出的调查问卷揭开了世界范围内"民俗保护"的序幕。作为民俗学家,劳里·航柯一直致力于联合国教科文组织的工作。在1981年,他主持了该组织的一个关于界定文化传统及其创造者的权利的研究项目,后来,他又以与会专家的身份分别于1982年与1985年参加该组织的民俗保护专题会议。在1985年的

《〈卡勒瓦拉〉过程》一文中,劳里·航柯对这部芬兰史诗的发现、收集、整理、编辑、出版、研究等整个过程进行了思考。

特别值得一提的是,在该组织1987年6月召开的会议上,航柯当选为政府专家特别委员会(The Committee of Governmental Experts)的主席,并负责《关于民俗保护致成员的建议草案》(Draft Recommendation to Member States on the Safeguarding of Folklore)的起草工作。在1989年10月召开的第25届联合国教科文组织全体大会上,《关于保护传统文化和民俗的建议案》(Recommendation on the safeguarding of Traditional Culture and Folklore)获得通过,这份建议案包括了民俗的定义(definition of folklore)、民俗的确认(identification of folklore)、民俗的保存(conservation of folklore)、民俗的收藏(preservation of folklore)、民俗的传播(dissemination of folklore)、民俗的保护(protection of folklore)和国际合作(international co-operation)等各方面内容。这些内容以及亲自参与起草《关于民俗保护致成员的建议草案》的经历促进了劳里·航柯对民俗过程的整体思考。在1990年的《民俗过程》一文中,他用芬兰语系统地阐述了自己的民俗过程思想。一年之后,在芬兰图尔库举办的第1届国际民俗学者组织暑期学校的培训课程中,劳里·航柯把"民俗过程"作为培训课程的主题,并关注民俗事象被考察的所有方面,即包括其被发现与定义,田野作业与档案化,分析与理论化,回收与应用,本真性与所有权,复兴与商业化利用,文化与政治的功能,国家、社会、民族与地方的认同,以及在传统社会、现代社区与民族国家中解放性的民俗工作的出现。[①]在这次培训期间,担任授课教师的劳里·航柯系统地介绍了自己的民俗过程的思想,并引起极大的反响。在1998年,英文版的《民俗过程》一文正式发表,这篇稍做修改的学术论文标志着劳里·航柯的民俗过程的思想的成熟。

二、核心思想

当我们回顾学术史时,民俗的概念一直在发生变化。当我们为分析引入和发展新工具时,每一个时代都将自己的意义赋予这些核心概念。在人文学科中,概念的变化通常是细微的,因为,新思想在最终进入流通前需要时间才能变得成熟。所以,当我们在追溯今天的民俗观与五十年前所流行的有什么差异时,需要注意旧观点往往还在延续。在航柯看来,这些代表不同社会阶层研究工具的概念之间

---

① 王杰文.北欧民间文化研究(1972—2010)[M].北京:学苑出版社,2012:138.

的关系和整合一直较少被学界关注。因此,他决定根据自己的观察和思考对民俗学中的民俗概念以及研究者对它的态度和研究方法的变迁进行考察。

（一）民俗的当代变迁

1.“民”的变化

劳里·航柯认为,第一个基本变化是对信息提供者、民俗的生产者、民俗的使用者和表演者即“民”的态度平等化趋势。几十年前,民俗学所关注的传统持有人(bearers)是不识字的农民或原始的民族,而今天的民俗学家甚至准备去研究比如教授这类群体的民俗。因此,作为整体的“民”已经消失了,取代它的是根据社会地位、职业、种族背景、宗教、居住地等因素划分的不同社会群体。虽然,民族在某种程度上也是一个成员群体,但是,宏大群体(macro-groups)显然在民俗学中不占主流了。因为,随着浪漫主义时代的远去,民众与民族之间的神秘纽带已经被割断了。① 民俗学研究对象中的“民”已经从一个整体的民族转变为多元化的成员群体。

2.“俗”的变化

伴随着“民”的变化,“俗”的性质也发生了相应的变化。在航柯看来,“俗”不再是一个正在消失的物体、一个正在被仓促抢救的过去的遗留物,而是每一个成员群体中日常生活的一个重要元素。但是,这并不是说一个随机的人群表达方式就可以被视为民俗,民俗的成员群体必须以一个整体性的方式发挥作用,群体中至少有几个主要成员必须经常进行交流,这在某种程度上是民俗存在的最基本条件。② 民俗在团结群体方面的作用仍是十分重要的。这个群体的成员们即使未必都认识对方,但是,他们或多或少都熟悉本群体的传统的共同储备、价值观、行为规范和象征符号。因此,熟知本群体的集体传统往往成为成员身份确认的真正标准。集体传统也为各种不同的成员塑造个性化的个体传统奠定了基础。航柯还指出,民俗无法再与特定的体裁或个体的传统特征绑定,这些实质性的民俗定义必须让位于功能性的定义。这种新变化将民俗的范围拓宽到如此广泛的程度以至于与旧的、以体裁为导向的民俗观有着断裂的危险,而且,当代的民俗学家必

---

① HONKO L. The Folklore Process［C］// Theoretical Milestones：Selected Writings of Lauri Honko. Helsinki：Academia Scientiarum Fennica，2013：29-30.

② HONKO L. The Folklore Process［C］// Theoretical Milestones：Selected Writings of Lauri Honko. Helsinki：Academia Scientiarum Fennica，2013：30.

须鼓足勇气去跨越新旧不同的民俗观之间的巨大鸿沟,避免将自己局限于依靠原始材料的历史特征,也要避免在缺乏互相联系的文化表现形式的情境下进行零星的田野作业。① 总之,"民"和"俗"的变化也将带来民俗研究方法的相应更新。

3. 民俗研究方法的变化

在追溯芬兰的民俗学学术史时,航柯认为 18 世纪芬兰的启蒙运动和浪漫主义时期的学者并不是专门地凝视过去,他们也在执行一种社会命令。在他们的帮助下,这个国家开始意识到自己的历史、语言和文字,而且,新兴的社会阶层——资产阶级作为农民社会的后代也获得了社会合法性。在这种情况下,从 19 世纪起,民间传统的研究就开始具有意识形态的内容。民俗学家们开始在人类心灵的档案馆的经验材料中寻找来自古代的信息。20 世纪初,民俗学家们开始意识到这种观点的局限性,因为当这些经验材料涉及无地的农民阶层或是城市的工人时,中间的间隙无法被填补。许多文化要素从未根据它自己的生存条件被记录下来,最多只是作为一种意识形态的事后想法而被占用。尽管如此,航柯认为我们也不能从今天的角度出发认为对民间诗歌的浪漫的兴趣就是幼稚的,因为它承担了相当重要的社会目标。今天的学者在某种程度上是右倾的,他们往往忽视时下的社会需要。

在航柯看来,在"民"从国家到成员群体的转变中,民俗学已经离功能性的传统体系研究更近了一步。② 这意味着今天的民俗学家们应该感兴趣的不是传统产物本身,而是它们被使用和控制的系统。只有熟悉了这一点,我们才有可能去谈论传统的生命。航柯还说,这个系统不是在民俗事象本身中被发现的,而是在生产、使用和维护它的人中发现的。在这种情况下,田野作业以及与研究社区的经验接触在研究中具有重要的作用。他甚至认为,避免田野作业经历的民俗学家今天也许不能再支配他的学术想象力了。③ 此外,当民俗研究方法的重点从民俗本身转变为对人和功能社区的理解时,民俗学家们除了在涉及民俗的工作中把握环境、语境和意义的重要性以外,还要保持自身身份的独特性。与过分关注社会

① HONKO L. The Folklore Process[C]// Theoretical Milestones: Selected Writings of Lauri Honko. Helsinki: Academia Scientiarum Fennica, 2013: 30.

② HONKO L. The Folklore Process[C]// Theoretical Milestones: Selected Writings of Lauri Honko. Helsinki: Academia Scientiarum Fennica, 2013: 32.

③ HONKO L. The Folklore Process[C]// Theoretical Milestones: Selected Writings of Lauri Honko. Helsinki: Academia Scientiarum Fennica, 2013: 32.

或经济结构的人类学家和民族志学者相比,民俗学家应该坚持分析固定的传统元素的来源价值,并注重文本结构和文本变异的研究。

在这一转变的过程中,民俗学家明确自己在科学界和民俗界两个领域所承担的多重角色。第一,民俗学家与其信息提供者之间有一种个人的角色关系;第二,在学术研究的规则限制内,他在知识生产方面扮演一种指导性的角色;第三,他与资助其研究项目并声明了条件的科学界之间具有一种义务性的角色关系。航柯指出,研究者与其信息提供者之间这种非对称的关系可能会成为实现某些研究目标时的一个障碍,而且,民俗学家也可能以错误的方式服从信息提供者。因此,在这种情况下,民俗学家应该采取"对话人类学"的态度。民俗学家应该把信息提供者当作享受平等地位的研究合作者,在实际的研究中,他们应该有意识地鼓励信息提供者自发地叙事和自我表达,以加强其作为自己文化的解释者的权威,并指向一种平衡的对话。民俗学家要通过日益巩固的信任关系从信息提供者的角度理解他所赋予传统体系的意义,而不是根据民俗学家自己的知识储备去理解这种意义。在劳里·航柯看来,过于强调民俗研究者及这门学科的作用是不对的,研究者只是文化分析中的工具和参谋而已,他工作的主要目的不是描述他自己的世界,而是描述信息提供者或他的研究合作者的文化世界。只有保持这种基本态度,民俗研究才能获得崭新的理解水平和维度。①

(二)从民俗的定义看民俗的当代变迁

劳里·航柯对民俗的当代变迁的分析是以民俗的定义为基础的。

1. 联合国教科文组织的民俗定义

劳里·航柯在这里提到的第一个民俗定义是在 1989 年 10 月召开的第 25 届联合国教科文组织全体大会上通过的《关于保护传统文化和民俗的建议案》中的定义。在这份建议案的开头,民俗被界定为:"民俗(或传统文化和大众文化)是一个文化社区以传统为基础的创造物的总和,是被一群个体表达并确立为一个社区的期望的反映:因为它反映了这个社区的文化和社会认同。它的标准和价值观是通过模式或以其他方式口头传播的。它的形式包括语言、文学、音乐、舞蹈、游戏、

_____

① HONKO L. The Folklore Process[C]// Theoretical Milestones: Selected Writings of Lauri Honko. Helsinki: Academia Scientiarum Fennica, 2013: 33.

神话、仪式、风俗、手工艺、建筑和其他艺术。"①

在航柯看来,这个定义的关键创新之处是把一个社区的期望作为民俗的中心,而不是像过去那样把民俗传递的过去的信息作为决定性的因素。虽然后者的可能性并没有被排除,但是,只有社区认为民俗中所反映的过去的重要的东西才构成民俗的核心,而不再重视局外人(如民俗学家)的价值评价。在列举民俗的形式和具体领域时,这些术语都是从文学文化的范畴中借用的。但是,其中的关键信息是:民俗不再是最古老或流传最广的知识(lore),而只是与社区的文化认同和社会一致性有直接联系的知识。② 这就意味着必须从具体的功能性的生活社区的视角来思考民俗。但是,社区的概念及其认同是一个变量,所以,我们不能像以往那样期待民俗表现出永恒性。民俗的永恒性表现在社会对这种材料的解释、处理方式和重视程度上。

另外,航柯指出这个定义中也包括一个以前非常普遍的内容,即以传统为基础的创造物的总和。但是,它同样是以社区及其文化中被认可、被适应和不断产生的物质为基础的。在航柯看来,一个社区确实有权声称某个东西是不是传统,但是,研究者也有权运用他自己的知识进行记录和分析。当涉及一个非常有文化意识的社区如一个宗教社区时,这种矛盾确实可能产生。在这种情况下,研究者要讲究策略:既不能宣传一些这个社区宁愿忽视的东西而去冒犯它,也不能在分析结果的完整性或科学规范性上妥协。

2. 北欧民俗学界的民俗定义

劳里·航柯提到的第二个民俗定义是近来在北欧民俗学界普遍流行的民俗定义。它是由北欧几所大学的民俗学讲师所组成的团队在 1986 年卑尔根举行的北欧民俗学会会议上所提出的。这里,民俗被界定为:"民俗是由人的创造力和想象力所形成的集体的传统知识。在某些情况下,这种知识通过文化表现形式变得显而易见。而且正是通过这些形式,民俗才得以传播。民俗是通过带有个人特征的表演情境而不断被重新创造的。民俗主要是通过话语和行为进行传播。但是,即使在诸如食物、衣服、艺术和建筑物等人工制品中,人们也可以发现民俗的思想和象征符号。由口头传播所造成的形式和内容的变异是民俗真实可信的特征。

<hr/>

① HONKO L. The Final Text of the Recommendation for the Safeguarding of Folklore[J]. NIF Newsletter, 1989, 2-3: 8.

② HONKO L. The Folklore Process[C]// Theoretical Milestones: Selected Writings of Lauri Honko. Helsinki: Academia Scientiarum Fennica, 2013: 34.

即使在书面和大众媒体的形式是民俗的情况下，变异仍然可能发生。传统与民俗这两个术语部分重叠，传统是一个比民俗更广泛的术语，但是民俗表演可以包含不属于传统的元素。民俗反映了不同民间群体的世界观，并强化了这些群体的认同。"①

在航柯看来，这个定义与联合国教科文组织的定义的相同点是：它们都对民俗的功能怀有浓厚的兴趣，而且都强调与民间社区的世界观相联系的民俗。但是，这两个定义的最大区别就是，北欧民俗学界流行的这个定义表明研究者的注意力开始转向民俗在传播过程中内容和形式上的变异。变异成为民俗的主要区分标志。这意味着民俗产物不可能有主本（master copy）。其中的一些变异是在不同的创造之间的相互影响下产生的，并根据这个产物的文化模式、语境、表演者、制作者及其技巧和意向而改变。② 在这方面，早期的研究有一个严重的缺陷，即没有从异文以及不同类型的变异的证据价值的角度来讨论一种比较方法。航柯认为，我们似乎正在远离历史-地理的重建和在个别民俗产物中所发生的变异的研究，而走向一种类属（generic）模式和语境信息的变异分析。在分析一个活态传统时，把民俗和其他材料区分开来是毫无意义的。在他看来，在谈到民俗或传统时，最好只考虑不需要系统化的材料库、现存的模式、特征和元素。换句话说，我们试图论述一个现存的传统材料仓库，而且，人们根据自己的要求从中选择元素使它们适应自己的或成员群体的活态的传统体系（即文化）。在这个过程中，传统获得了系统的性质，并成为一个在具体语境下起作用的文化的一部分。此外，航柯还指出，我们更应该注意这种选择的另一个阶段，即与文化或社会的认同有确切联系的重要民俗元素。

（三）民俗过程的定义及关注点

通常，我们会把"民俗过程"理解为民俗事象在自然环境中的生活或者由其所引发的过程。从交流、意义生成、表演以及与社会、经济或宗教的相互作用的角度看，民俗过程往往还指民俗事象在其中所扮演的角色。但是，劳里·航柯的民俗过程研究的兴趣点并不在此。总的来说，他的研究重点在以下几个方面：第一，信息提供者、研究者和传统之间的关系；第二，传统社区和科学界所坚持的观点；第

---

① SKJELBREDA H B. The Nordic Perspective on Safeguarding Folklore: NIF's 4th Nordic Conference on Archives and Documentation in Bergen[J]. NIF Newsletter, 1986(4): 21.

② HONKO L. The Folklore Process[C]// Theoretical Milestones: Selected Writings of Lauri Honko. Helsinki: Academia Scientiarum Fennica, 2013: 36-37.

三,个人的努力和其他人的努力;第四,民俗本身(或传统的元素)在其使用者手中的命运;第五,传统在新的分类体系和存在形式中的转换;第六,试图保存、研究和理解民俗;第七,尝试以不同的方式使民俗出名、保护它、从中获益、使它复兴和强调它的意义。①

在航柯看来,这是民俗的发现和使用的基本方案,也是基于传统社区和科学界之间存在的众多利益交叉点而提出的。通过这种视角,研究者在研究过程中的地位和责任可以得到全面的呈现。此外,航柯把这一民俗过程划分为 22 个阶段。前 12 个阶段属于民俗的"第一次生命";剩下的 10 个阶段组成了它的"第二次生命"。每一个阶段都有它自己的顺序。整个过程是进化发展的,也是多线性的。因为阶段之间的顺序在现实中可以是不同的,比如某个阶段可能与另一个阶段平行或被遗漏。特别值得一提的是,在"第二次生命"中的阶段还可以被进一步划分。这样可能会增加平行阶段的数量,也可能使问题更复杂化。

总之,航柯眼中的民俗过程是任何文化中的民俗的一个一成不变的生命史。它开始于民俗概念诞生之前,并在民俗的文化意义的现代评价中结束。此外,它也可以被称作民俗学甚至其他涉及传统的学科的一个伦理故事。因为,它提出了普遍的科学实践所忽视的伦理问题。航柯认为,我们的民俗观建立在理想化的陈规之上。比如,我们往往把农耕文化看作一个独立的、自给自足的、运作良好的和谐系统,而很少对其内部的层次、矛盾和斗争进行分析。更令人担心的是,经常出现允许几乎一个人就代表了整个农村的生活方式的情况。劳里·航柯从政治经济学的视角得出这种陈规是由那个世纪的资产阶级塑造而成的。这是一个高度活跃的群体,并迫切需要祖先和一段古老的历史来与世袭贵族的身份保持平衡。因此,"自由农民"的概念获得了神话般的力量,并蔓延到古代历史中和现在。

在劳里·航柯看来,民俗还可以揭示不适合自由农民的理想世界的故事,如主人与仆人、牧师与信徒之间的逸事。正如本格特·霍尔贝克所指出的,大多数民俗是"弱势群体的游戏":有时是令人毛骨悚然的,有时是来自有序社会的边缘的令人痛苦的生平传记。② 劳里·航柯认为,这是那些受尽压迫却没有丧失他们的活力和幽默感的人的声音。它们是具有创造力、自由和尊严的回声。而且,像

---

① HONKO L. The Folklore Process[C]// Theoretical Milestones: Selected Writings of Lauri Honko. Helsinki: Academia Scientiarum Fennica, 2013: 38-39.

② SKJELBREDA H B. The Nordic Perspective on Safeguarding Folklore: NIF's 4th Nordic Conference on Archives and Documentation in Bergen[J]. NIF Newsletter, 1986(4): 23-24.

这些反映中下层阶级的社会抗议的档案材料太少了。在航柯看来,造成这种供不应求的局面的原因主要有以下五个:第一,忽视具体的语境信息;第二,收集者所持有的社区概念通常是上述陈规的一个变体;第三,研究者没有能力解读民俗的社会信息;第四,在材料建档时,相关社会背景被破坏,比如同一个社区的信息被分散在许多不同的地方;第五,关于某些特定群体的收集材料太少了。针对这种情况,航柯指出民俗过程研究的关注点应该是读懂和研究民俗的存在意义。民俗学家的社会背景和目标往往会决定收集和研究的过程。在航柯看来,研究结果应该更多地反映被研究的社区的文化事实,而不是研究者自己的观点。

（四）两次生命说

1. 民俗的第一次生命

在民俗的"第一次生命"中,劳里·航柯从整体上阐述了民俗的发现、理解和使用的过程,前 3 个阶段涉及民俗的发现过程,它具体包括:(1)民俗的第一次生命;(2)从内部对民俗的部分认可;(3)民俗的外部发现者。中间 4 个阶段涉及民俗的理解过程,它具体包括:(4)民俗的定义;(5)从内部和它的使用进行一种文化描述;(6)从外部和它的使用进行一种文化描述;(7)从民俗工作看人际关系的出现。最后 5 个阶段涉及民俗的使用过程,它具体包括:(8)民俗的收集和记录;(9)民俗的建档和保存;(10)从科学界到民俗社区的反馈;(11)传统社区和科学界的工作项目的创建;(12)科学的民俗分析。

首先,从民俗的发现过程来看,第一个阶段"民俗的第一次生命"(阶段 1)的特点是:这是一幅民俗在一个纯洁的、自然的、和谐的状态下的理想化的图景。民俗社区几乎感觉不到它的存在。它不受人们关注、认可和重视。它既没有名字,也没有等级。它是日常发生的一切事情中的一个有机组成部分。民俗按照自己的条件自由地运行,没有任何破坏性的内部冲突或外部压力。它们在文化系统中履行自己的职能。航柯指出,这种自然的、最初的民俗生命的假设只不过是研究工具而已,并不是一种真实的文化状态。在第二个阶段"从内部对民俗的部分认可"(阶段 2)中,传统的意识开始出现,即一个社区的某些成员开始认识具体的民俗事象,并给它命名。这些成员主要是传统的专家,如吟游诗人、萨满、挽歌歌手等等。他们对神秘的知识有更全面或更好的掌握。专家们通常对某些传统的元素拥有所有权,正是他们首先借助了各种记忆技巧和书面笔记来掌握它们。航柯还指出传统意识的其他表现形式可能是不同的职业、教派团体以及节日。只要人们开始持续关注一种传统形式被表演的地点或时间,只要民俗要素开始成为禁忌或秘密,传统意识的种子就被播种了。① 这种结果可能是一个主位类型的初级民俗分类系统。而且,在文化焦点和传统意识之间产生了一种联系。在第三个阶段"民俗的外部发现者"(阶段3)中,有人从外部进入传统社区,并指出其文化(可能是物体、诗歌或习俗)的某些特征和价值。然后,这个物体或习俗的使用者或诗歌的演唱者开始有兴趣把它看作是传统的一部分。这种兴趣来自外部,但是它已经渗透到这个社区。正是在这一阶段,为了保存它,传统被安全地存放在这个社区之外的某个地方。这个物体可能被购买,并存放在博物馆里;这首诗歌可能被记录下来,并存放在档案馆里;这个习俗也许被文字描述出来,它的重要特征被拍照,或者像现在这样被记录在视频里。实际上,这个物体或这首诗歌已经远离了它一直生活且不断变化的口头交流的过程。在航柯看来,它们可以说是死在了档案馆里。

其次,从民俗的理解过程来看,第一个阶段是"民俗的定义"(阶段4)。传统意识的增长使人们需要知道:什么是真正的或最好的传统。民俗的定义通常受到传统社区和科学界相互作用的影响。由于传统意识是选择性的和局部的,所以,民俗的定义也从一些优先领域开始。这些领域可能是对集体身份至关重要的元素,它们往往对表演和解释传统的个人和社区具有象征性的价值。比如,18世纪的芬兰民俗局限于诗歌、民间故事、谚语和谜语等方面,而习俗、仪式、传说等往往不属于民俗的范畴。直到19世纪中叶,传统才获得应有的地位。科学界所制定的民俗定义同样具有选择性和局部性,它以不稳定的速度被各种突如其来的念头推动,民俗的范围也被不断地扩大。而且,没有看得见的最终定义。② 当民俗的定义被确定之后,人们开始产生文化意识。第二个阶段"从内部和它的使用进行一种文化描述"(阶段5)是尝试使自己所在的社会群体或地域群体背后的传统体系形成一幅整体的图景。人们需要知道它们是什么以及它们代表什么。社区内描述的第一种形式是根据一种刻板印象而形成的理想文化,它代表了这个社区的核心价值观和行为规范。理想的文化是界定群体身份的一种方法。社区内描述的第二种形式是记忆文化,它是指仍然存在于人们的意识之中的个人经历和生活

---

① HONKO L. The Folklore Process[C]// Theoretical Milestones: Selected Writings of Lauri Honko. Helsinki: Academia Scientiarum Fennica, 2013: 39-40.

② HONKO L. The Folklore Process[C]// Theoretical Milestones: Selected Writings of Lauri Honko. Helsinki: Academia Scientiarum Fennica, 2013: 41-42.

解释。在收集的过程中,关于记忆文化如何被激活的观察确实存在。一开始就声称已经忘记老的诗歌的人可能会在接下来的访谈中提出相当多的曲目。记忆文化也可能是社会的,抗战老兵的回忆就是其中一个例子。但是,一般而言,记忆文化的重点是个体的心理需要。社区内描述的第三种形式是向往的文化,即"我们的"群体文化并不像过去那样,而是它正在形成的样子。外来的移民群体并不寻求理想的或记忆的文化保护,也不保护旧有的价值观,而是选择一条有利于寻求相互理解、有利于公开对话的适应路线。作为一个群体,他们总是有选择性地保留传统体系中具有良好特征的元素,并清除任何可能产生问题的元素,以便适应周围的新社会。在第三个阶段"从外部和它的使用进行一种文化描述"(阶段6)中,描述这种文化的人是致力于满足他们自己的学术兴趣的外来者。这些外来者不仅包括科学界的学者,还有商人和文化启蒙者。他们往往出于宗教、经济或当地传统理想的动机而来。这些外来研究者关于民俗的描述可以被称作文化占有(cultural seizure)。一个传统社区捍卫或承担它自己的文化的营销责任的能力通常是很差的,特别是在生活条件相对原始的情况下,因此,外来者的责任是巨大的。航柯认为,这也是讨论科学研究伦理的一个极好的起点。而如何看待科学界与传统社区的关系也成为第四个阶段"从民俗工作看人际关系的出现"(阶段7)的内容。在个人层面上,研究者应尝试与他正在研究的文化成员们建立良好的人际关系。只有这样,他才可能在心理上被对方接纳,并获得一种文化内的地位或存在的权利。在工具层面上,研究者应尽力去成为获取知识的一种工具,并谨慎地运用自己的权利,而不要忘记他的兴趣不在于他所代表的研究传统,而在于通过传统体系对信息提供者的现实进行描述。在义务层面上,研究者需要控制自己的行为,将自己的研究结果汇报给行政长官和赞助人,并满足他们的愿望。最后,科学工作者应该尽最大的努力提供帮助以缩小研究人员和信息提供者之间的文化差距,并通过扮演助手或磋商者的角色来鼓励传统社区形成它自己的文化意见和决策。

最后,从民俗的使用过程来看,第一个阶段是"民俗的收集和记录"(阶段8)。在航柯看来,关于收集的技巧和目标的著作已经颇丰,但是,在谈到民俗过程时,我们还应该考虑"我将收集什么?""我将什么时候收集它?""我将收集多少?""我将为谁收集它?"这些相对简单的问题。它们有助于对收集的方法论和伦理的理解。他还提出,研究者应该明白自己调查的目的是集拢文本,还是寻找材料来说明文本所存在的意义世界。在第二个阶段"民俗的建档和保存"(阶段9)中,航柯指出保护和保存民俗收集所产生的文档是档案工作的职责。档案馆最终为材料使用的方式负责是一个基本原则。但是,关于存放档案材料的地点选择、复本的制作和存放以及民俗使用的控制等问题,不仅要尊重民俗社区的权利,也要尊重研究者/收集者和个体的信息提供者的权利。在航柯看来,收集者有权要求建档后材料更容易获得,而且应该保护它们以避免物理退化;当材料被使用时,它的来源应及时地被提及。对研究者来说,他不仅要检查材料,而且要确保他在合理的范围内优先使用它。在某些情况下,研究者必须征求收集者和(或)信息提供者的许可来使用这个材料。① 在第三个阶段"从科学界到民俗社区的反馈"(阶段10)中,航柯指出,随着教育水平的提升,信息提供者开始成为省作家协会和地方文物保护协会的成员,并负责档案保管工作。地方当局往往会支持民俗工作,但也想要获得回报。与以往的研究相比,个体的信息提供者现在更加谨慎地关注研究结果。这一切都要求科学界在面对目标社区的反馈时要有一种新的态度。② 在个体看来,最简单的反馈形式是收集者/研究者将收集过程中拍摄的照片送给受访者。更高级别的反馈是关于实地考察的一篇文章,最好是在当地报纸上发表。研究者有义务把材料副本送给当地社区,而把关于研究出版的报道或材料选集存放在当地图书馆或学校等场所也是建议采取的行为。另外,利用现代技术拍摄的视频影片也是不错的反馈材料。成功的反馈有助于传统社区和科学界建立良好的关系。如果双方关系恶化,或被研究的社区担心这项研究会产生不利的后果的话,传统社区有权拒绝研究者进入。在这种情况下,研究者必须服从社区的决定。因此,尽可能早地获得当地社区的许可对研究者来说是十分重要的。在第四个阶段"传统社区和科学界的工作项目的创建"(阶段11)中,航柯指出,如果传统社区能独立生存,并有自己的代表人物和机构的话,它也可能会有自己的文化目标和政策。它们可能是社区自发制定的,也可能是吸收了各种政府指导的方针政策所形成的。有时,这些工作计划可以与科学活动联系起来。科学研究有时可能引发关于收集或出版、当地档案馆或博物馆建设的想法。此时,研究者应该意识到任何有关民间文化和传统社区内部利益的当前受到关注的项目,并在某种程度上把自己的研究与它们联系起来,并尽可能寻找机会推动这个社区去开展民俗工作。

---

① HONKO L. The Folklore Process[C]// Theoretical Milestones: Selected Writings of Lauri Honko. Helsinki: Academia Scientiarum Fennica,2013:45-46.
② HONKO L. The Folklore Process[C]// Theoretical Milestones: Selected Writings of Lauri Honko. Helsinki: Academia Scientiarum Fennica,2013:46-47.

必须指出的是,研究者需要明确学界和民俗社区的关注点是不一样的。在最后一个阶段"科学的民俗分析"(阶段 12)中,航柯指出,这是最能展现民俗学家的能力及其对民俗过程作出贡献的阶段。民俗学家能够根据传统材料产出新的知识,而且,这种新知识并不是对民间材料或开展民俗工作同样感兴趣的其他学科所能生产的知识。正是这一特性最终证明民俗学家存在的合法性。最后,劳里·航柯认为研究者的研究领域和传统社区关于理论工作存在不同的方式。研究者的"个人理论"(研究偏好、习惯、半自动的理解模式等等)往往是通过在传统社区中所获得的印象和经验来塑造的。

2. 民俗的第二次生命

民俗的"第二次生命"指的是民俗从档案馆或其他藏身之地的深处复活。在此过程中,曾离开民俗过程并被储存起来的材料再次获得影响力。民俗的"第二次生命"指的是材料在一种不同于它的最初语境的环境下的再利用。航柯指出,这种再利用机制不同于最初的文化机制,因此,我们无法谈及民俗过程本身的延续。相反,它涉及有影响力的新领域的开放,并将比往常更大的群体引入这种正在讨论的知识。在民俗的"第二次生命"中,民俗的科学研究、博物馆展览、视频影片、仿本真性的表演、叙事、舞蹈和音乐等等都可能指向原生态文化,并让它被大家理解,但是,它们运行的条件并不是这个材料所源于的民俗交流的那些条件。表演的机制、舞台、观众和目标都是不一样的。不过,表演也会是优秀的,而且它可以增加人们对传统的理解。①

总的来说,航柯把民俗的"第二次生命"分为 10 个阶段,具体包括(接续"第一次生命"的 12 个阶段):(13)民俗的第二次生命;(14)民俗社区的解放;(15)文化政策中民俗的使用;(16)民俗的商业化;(17)传统文化和民俗的保护;(18)学校中的传统文化和研究培训;(19)在执行民俗项目中满足传统社区的需要;(20)对民俗表演者的支持;(21)民俗工作中的国际交流;(22)民俗在现代世界中的地位的界定。

这 10 个阶段主要涉及民俗对于不同主体在不同场合下的再利用过程。在第一个阶段"民俗的第二次生命"(阶段 13)中,航柯指出,在民俗的再利用中,人们对民俗的"第二次生命"已经发展出一种不以为然和吹毛求疵的态度,却没有意识

① HONKO L. The Folklore Process[C]// Theoretical Milestones: Selected Writings of Lauri Honko. Helsinki: Academia Scientiarum Fennica, 2013: 48.

到在民俗的自由适应中总是有一种变化的元素，而且，在民俗的"第二次生命"的表演中，这种变化的信息可能也会传递给观众。在航柯看来，与独立的传统表现形式相比，民俗的"第二次生命"中的许多民俗表现形式作为研究对象都没有得到它们应有的正面评价，比如"民俗主义"成了一个带有贬义色彩的术语。因此，航柯建议，我们最好全部忘掉"民俗主义"这个术语，并尽力把民俗的"第二次生命"中活动的研究价值恢复到接近它们无可争议的文化价值。①

在第二个阶段"民俗社区的解放"（阶段14）中，航柯指出，民俗社区的解放指的是民俗社区有独自承担民俗工作的责任，并在处理政府和利益相关方的关系以及在启动它自己的研究项目时，有可以利用的代表人物、倡导者、活动家和工作机构，也就是说民俗社区与科学界以及其他外部的社区之间不对称性的降低。与此同时，航柯还说，谁真正代表这个社区可能是微妙的，但是无论如何，在解放的过程中，这个传统社区开始承担文化主导的角色。

第三个阶段"文化政策中民俗的使用"（阶段15）主要涉及传统社区与它的"老大哥"即占主导地位的多数派或监督机构之间的关系。航柯认为，在这种不对称的关系中，这个社区可能为了政治或经济的利益而赞同一个与它本身并不和谐的项目。而且，在这个社区内部，关于文化政策的路线以及传统文化在其中扮演的角色这方面的斗争也会经常发生。其中，个人利益会具有相当大的影响。

在第四个阶段"民俗的商业化"（阶段16）中，航柯讨论了民俗的销售价值问题。许多民俗活动要么完全要么部分是由商业利益所主导的。版权的问题在世界知识产权组织中与民俗一起被广泛讨论。在著作权法中有一项专门为公共领域的事象提供某种程度的保护的条款。他们也一直有为民俗作品特别立法的计划，但是，在对被保护的民俗"作品"以及使用它的权利持有人进行界定时，他们遇到了困难。一个解决办法是将磁带税的部分收入分配给民俗作品。这将意味着任何一个买一盒空白磁带的人在某种程度上将购买民俗的使用权，而且，传统社区也将至少获得间接补贴。但是事实上，民俗作品的销售收入大部分以各种方式落入了企业、表演者、唱片公司和出版商的口袋，因为这些主体才是受著作权法保护的。此外，旅游业也是民俗的一个主要用户，也是其再利用的一个发起者。各种兴趣和娱乐社区也给我们带来了相当大的惊喜。但是，在民俗的工业化生产

---

① HONKO L. The Folklore Process［C］// Theoretical Milestones: Selected Writings of Lauri Honko. Helsinki: Academia Scientiarum Fennica, 2013: 49.

中,又产生了新的问题。比如说,什么样的民俗可以扛得起被展示甚至是出售的压力呢?什么样的民俗容易成为它自身的一个拙劣的模仿作品呢?①

在第五个阶段"传统文化和民俗的保护"(阶段17)中,航柯指出最近联合国教科文组织发送给其成员的《关于保护传统文化和民俗的建议案》搁置了版权这一微妙的问题。建议案的重点是关于民俗材料的积极保护、记录和保存,也注意到它的再利用和复兴。这份建议案的目标是实现对民俗的文化价值的认识,并加强地方民俗工作的基础设施建设。尽管这份建议案是写给成员方政府的,但是传统文化的保护并不是要服务于各国权力机构的利益,而是强调任何社会和民族的群体对它自己的传统文化的权利,也特别适用于少数民族。与那些有帝国主义和殖民主义背景的发达国家相比,发展中国家、欧洲的一些小国家和社会主义国家对这份建议案更有兴趣。与此同时,他也指出,它不大可能对芬兰的民俗工作产生革命性的影响。但是,作为一种观念的塑造者,它代表着以一种更加开放的心态来参与到充满曲折的民俗活动领域中。因此,它在芬兰也是受到欢迎的。

在第六个阶段"学校中的传统文化和研究培训"(阶段18)中,航柯指出,民俗和传统文化在学校课程教育中发挥着重要的作用。这并不是说民俗成为严格意义上的学习过程的一部分,而是指个人通过积极参与在一个生活环境中学习他的集体传统。在这种情况下,学习和使用融为一体。在民俗的教学中,强迫学生学习往往效果不佳,而宣传一种自愿的、比较性的、多功能选择性的民俗观是更切实可行的。另外,在民俗的教学中,文化代沟容易被放大。因此,每一代人都应该通过自己的兴趣重新发现传统文化,并与社区过去的历史保持联系。另一个重要的教育层面是研究者的培训。航柯指出,这种研究培训应该尽可能做到国际化,这可以阻止学者过度关注于一些相对狭窄的领域。

在第七个阶段"在执行民俗项目中满足传统社区的需要"(阶段19)中,航柯指出,在执行民俗项目中,满足传统社区的需要是民俗过程的重要组成部分。科学界和民俗社区的利益往往是一致的。一方面,复兴民俗、创造具有真正风味的民俗节日、鼓励爱好者承担长时间的项目,这些努力受益于科学界所积累的知识。另一方面,其中一些合作形式可以为民俗学家提供工作机会。比如,一个传统社区可能会给一本关于本地的民俗书的编辑者相对自由的权利,同时还提供心理甚

---

① HONKO L. The Folklore Process [C]// Theoretical Milestones: Selected Writings of Lauri Honko. Helsinki: Academia Scientiarum Fennica, 2013: 51.

至经济上的支持。①

在第八个阶段"对民俗表演者的支持"(阶段 20)中,航柯指出,民俗的再利用很容易变得枯燥和充满书卷气。但是,民俗表演中有一种创造性的元素必须被尊重。这种创造性的元素在民俗的两次"生命"中都是很重要的。而且,民俗在"第二次生命"中所获得的知识在评价"第一次生命"中的民俗的表演时也绝不是无足轻重的。因此,航柯强调,表演者的权利值得保护。表演者所作的贡献也必须得到承认。

在第九个阶段"民俗工作中的国际交流"(阶段 21)中,航柯指出,由于现代通信技术的发展,民俗过程的国际交流问题变得日益突出。当我们在一位见多识广的向导的陪伴下到世界各地旅行时,会发现越是住得远的人,越需要我们解释自己的传统。有时,在旅途中,我们有机会摆脱作为旅游者的角色,并更近距离地审视自己的文化,这样会加强对自己文化的敏感度。关于民俗主题、表演和出版物的展览正成为国际交流项目的标准事象。民俗的国际交流促使芬兰与能使其利益最大化的国家建立了双边交流协定,并给芬兰提供了出口专业技能和建立持久的国际关系的渠道。最后,他指出,除了技术性的援助之外,芬兰还计划开展民俗工作培训的文化项目。

最后一个阶段"民俗在现代世界中的地位的界定"(阶段 22)是民俗过程的最终结果。在航柯看来,这个时候对民俗的研究日益与各种文化认同有关,无论它是国家的、种族的、社会的、区域的还是其他方面的。正是得益于更紧密的国际合作,民俗的"第二次生命"的现象以一种更加自觉和受控制的方式逐渐开始适应当代文化空间。民俗将保留其作为意识到自身文化差异的共同语言的权利。与莫扎特相比,民俗能更广泛地被理解。因为,对于各方来说,民俗都有可供利用的文化对应物和理解模式。特别是对于少数民族和小型社区来说,它们的传统是当今令人有点麻痹的文化霸权的一个重要的解毒剂。虽然民俗无法削弱国际高雅文化的地位,但是它的重要性必须被认可,它必须被预留空间。完全标准化的民俗传闻或原始传统的关于死亡的民俗预言都将被证明是不成熟的。②

最后,航柯总结道:民俗过程清晰界定了我们每一个人自身所处的位置。一

---

① HONKO L. The Folklore Process[C]// Theoretical Milestones: Selected Writings of Lauri Honko. Helsinki: Academia Scientiarum Fennica, 2013: 52.

② HONKO L. The Folklore Process[C]// Theoretical Milestones: Selected Writings of Lauri Honko. Helsinki: Academia Scientiarum Fennica, 2013: 53.

旦我们知道自己的位置,并能掌控更广泛的民俗文化实体,我们就更容易在生命各阶段产生的各种情境中找到成熟的且伦理上可行的解决方案。而且,我们也不会盲目地夸大自己角色的重要性或妄自菲薄。对于每个人来说,我们都可以在传统文化领域找到自己的元素和快乐。

第二节　史　诗

在劳里·航柯的学术研究中,史诗研究一直贯穿其整个学术生涯。在某种程度上,史诗研究是劳里·航柯研究时间最长、学术成果最多、学术影响最突出的领域之一。综观劳里·航柯的史诗研究史,我们不难发现他的研究在不同的历史时期在史诗的研究兴趣、研究内容和研究方法等方面存在着明显的差异。这既与国际范围内"史诗研究"领域的前沿性成果与理论水平发展密切相关,也与航柯个人的文化研究理论水平和学术旨趣的发展密不可分。

鉴于上述原因以及受篇幅所限,本文主要从两个维度对劳里·航柯史诗学术思想进行考量。第一,通过追溯和梳理劳里·航柯的史诗研究史,了解其在不同的发展时期的关注点、研究内容和研究方法;第二,重点概括和阐述劳里·航柯的史诗学术思想的理论贡献与创新之处,并从互文性角度把他所提出的一些核心概念(如"大脑文本""多重形式")与同时期国际范围内前沿性的学术成果(如米尔曼·帕里、阿尔伯特·洛德和约翰·弗里等人的相关理论思想)进行互文性分析。

一、史诗研究综述

总的来说,根据劳里·航柯不同时期在史诗的研究兴趣、研究内容、研究方法和特征等方面存在的明显差异,可以把他的史诗研究历史分为起步期、发展期、成熟期和辉煌期这样四个不同的阶段。起步期指的是从劳里·航柯的第一篇公开发表的有关史诗的论文《〈卡勒瓦拉〉的起源问题》(1958)开始,直到1980年标志着劳里·航柯新的学术旨趣和研究方法的论文《〈卡勒瓦拉〉的象征与现实》(1980)出现以前的这段时间;发展期指的是从1980年到标志着劳里·航柯系统地提出自己的史诗观的论文《〈卡勒瓦拉〉:过程观》(1990)出现以前的这段时间;成熟期指的是从1990年到标志着劳里·航柯系统地提出自己的史诗创作理论的专著《文本化〈西里〉史诗》(1998)出现以前的这段时间;辉煌期指的是从 1998 年劳里·航柯两卷本的《〈西里〉史诗》和《文本化〈西里〉史诗》的公开出版以及劳里·航柯建立图尔库大学卡勒瓦拉研究所,并主持"东波罗的海地区传统史诗"项目直到 2002 年他突然去世这段时期。

1. 起步期(1958—1980 年)

早在 1958 年,劳里·航柯就发表了自己的第一篇关于史诗的学术论文《〈卡勒瓦拉〉的起源问题》(1958);三年之后,他又陆续发表了《民族史诗》(1961)和《芬兰的民族史诗》(1961)这两篇学术论文;到了 1969 年,他的另一篇学术论文《〈卡勒瓦拉〉和芬兰文化》(1969)也正式公开发表。在这四篇学术论文中,劳里·航柯主要利用了当时国际范围内史诗研究领域的历史学和文学的方法,即把史诗视为一种历史、神话和艺术的源泉,同时,他十分重视史诗与现实之间的关联。劳里·航柯感兴趣的内容是《卡勒瓦拉》史诗文本中所包含的信息,而不是文本本身的形式和边界。正如安娜-丽娜·西卡拉所言,劳里·航柯最初所涌现出来的对史诗的兴趣是为了获得对民族史诗《卡勒瓦拉》和古代的《卡勒瓦拉》韵律的诗歌的神话元素,以及它们与不成文的民族宗教之间的联系的一种理解。[①] 可以说,起步期的史诗研究多少带有一点工具主义的性质,劳里·航柯在这方面也并没有产生创造性的思想。

2. 发展期(1980—1990 年)

真正促使劳里·航柯对史诗产生兴趣的是 1976 年美国人威廉·威尔逊(William Wilson)的博士论文《现代芬兰的民俗和民族主义》。威尔逊认为,芬兰的民族主义和民俗研究深深地交织在一起,也许比在任何其他国家更为深刻。通过把学者们的意见与流行的政治教条进行比较,他发现其中有许多相似之处。令他感到震惊的是芬兰民俗学家们的行为,即在二战中作为官方战争宣传的信差。威尔逊还声称,在芬兰民俗研究的最开始,关于《卡勒瓦拉》的创造的真相就被隐藏在芬兰的公众视线之外。[②] 这些观点使劳里·航柯深受触动。正如他在文章中所说,"他的书应该被认真对待。它已经跨越大西洋,进入芬兰的一个文化真空的领域。因为,一直以来都没有关于民间诗歌的文化—政治的使用的讨论或认真

① SIIKALA A-L. Lauri Honko: 1932— 2002[J]. Fabula, 2003, 44(1-2): 143.
② HONKO L. A Hundred Years of Finnish Folklore Research: A Reappraisal[J]. Folklore, 1979, 90(2): 149.

的研究,也没有关于不同的政治集团对《卡勒瓦拉》和芬兰民俗研究的态度的讨论或认真的研究"①。

这极大地激发了劳里·航柯从语境方面对史诗进行研究的热情,也刚好契合他的文化研究的旨趣和方法。在他的《〈卡勒瓦拉〉的象征与现实》(1980)、《〈卡勒瓦拉〉与神话》(1984)、《暴政和神话》(1985)、《〈卡勒瓦拉〉的起源和本真性》(1985)、《〈卡勒瓦拉〉:神话或历史》(1987)、《〈卡勒瓦拉〉:本真性、阐释和认同的问题》(1987)等一系列相关文章中,劳里·航柯分别从文化政治的角度对《卡勒瓦拉》史诗创作的真正本质进行剖析,并指出这与芬兰当时作为民族国家谋求独立与寻找民族认同的时代背景密切相关。航柯还发现,对于"传统"的兴趣从来都是来自"传统"所属社区的外部。"传统"的解释很少是生产与使用这些"传统"的人们自己的阐释。换句话说,"传统"往往是因为其他用途——比如作为档案资料、学术资料、政治资源等——才被关注的。《卡勒瓦拉》也不例外,当时的政治与文化精英们发起了相关的搜集和整理活动,并试图在完全不同于史诗传统所固有的语境中使用它们。②

在这一时期,激发劳里·航柯对史诗的研究兴趣的是 1985 年《卡勒瓦拉》创作 150 周年庆。最值得注意的事件之一是航柯邀请了来自不同国家的知名史诗学者们参加在图尔库举行的专题讨论会。由他编辑的会议论文集《〈卡勒瓦拉〉和世界史诗》(1987)正式出版,并在《卡勒瓦拉》研究方面创立了一种新的趋势,即把芬兰的民族史诗与其他世界史诗放在一个系统中相提并论。在他的学术论文《〈卡勒瓦拉〉在比较史诗研究中的地位》(1984)、《隆洛特:维吉尔还是荷马》(1984)、《认同的模式:国际的〈卡勒瓦拉〉》(1986)、《在史诗镜子中的〈卡勒瓦拉〉》(1987)、《〈卡勒瓦拉〉和世界史诗:介绍》(1990)中,劳里·航柯把《卡勒瓦拉》纳入史诗体系进行对比研究。航柯总结了芬兰学者主要从民俗学、文学和文化政策三种视角出发分别对作为民间史诗、隆洛特的史诗和民族史诗的《卡勒瓦拉》所进行的分析,并以此解决史诗的本真性、阐释和文化认同等问题。

把《卡勒瓦拉》作为一个民俗文化实体纳入史诗体系,并结合它的政治、经济等多重语境进行考量的研究方法无疑在某种程度上契合了在前面章节所介绍的劳里·航柯的传统生态学的方法。正是在这种传统生态学理论的指引下,劳里·

---

① HONKO L. A Hundred Years of Finnish Folklore Research: A Reappraisal[J]. Folklore, 1979, 90(2): 150.

② HONKO L. The Kalevala and Myths[J]. NIF Newsletter, 1984, 4: 9.

航柯开始对《卡勒瓦拉》的过程思想展开思考。在他的学术论文《〈卡勒瓦拉〉过程》(1985)中,他已经开始展开这方面的研究。这也在客观上为他后来系统的史诗过程观的提出奠定了基础。

3. 成熟期(1990—1998 年)

1990 年,在他编辑的《世界史诗中的宗教、神话和民俗:〈卡勒瓦拉〉及其前身》(1990)中的一篇学术论文《〈卡勒瓦拉〉:过程观》中,劳里·航柯系统地阐释了自己的史诗过程观,这也是他的史诗研究步入成熟期的标志之一。在史诗的过程观中,航柯提到了史诗的双重"文本化"的问题。这一过程涉及两个层面:一方面是口头史诗歌手的"口头—文本化"的过程;另一方面是史诗记录者的"书面—文本化"的过程。航柯在双重"文本化"的基础上提出了"口头文本的范式",即口头史诗的初级与次级文本化的过程模型。另外,航柯还重点考察了史诗的"口头形态"与"书面形式"之间的关系问题,并提出"口头性"与"文学性"之间的界限是模糊的与流动的。他批判了传统的浪漫主义观念所坚持的"书面文本"中心主义,并认为史诗研究者如果想要了解口头传统如何创造口头文本,就必须得悬置"集体创作"的神秘性观点,必须转向关注特定时空语境中特定歌手的具体的创作事件与行为。[①] 最后,航柯把世界范围内的史诗分为"文学的"、"半文学的或者以传统为导向的"和"纯粹口头的"三种类型,并把史诗文本看作一个过程、一种实践。

虽然凭借其传统生态学理论和民俗过程思想,劳里·航柯提出了一套系统的关于口头史诗的理论观点,但是他并没有揭示出口头史诗的生成机制与创作规律,而且他的理论观点也缺乏现实的材料支撑。在这种情况下,"航柯效仿了米尔曼·帕里和阿尔伯特·洛德的做法,并成功地找到了一个活态的史诗——《〈西里〉史诗》来和荷马文学史诗进行比较"。[②] 在其《印度日记》(1995)中,航柯非常清晰地介绍了他是如何利用自己过去几十年所发展的文化研究理论来解决《〈西里〉史诗》的记录、整理、编辑、出版以及具体研究过程中所出现的问题的。在《沿着丝绸之路的史诗:大脑文本、表演和书面编纂》(1996)中,他创造性地提出了自己的一套理论分析工具,如大脑文本和多重形式等等。与此同时,劳里·航柯也利用他的传统生态学的理论来继续深化对文化认同的理解和认识,像传统池和体

---

① 王杰文. 表演研究:口头艺术的诗学与社会学[M]. 北京:学苑出版社,2016:277.
② HAKAMIES P. Innovations in Epic Studies by Lauri Honko[J]. Approaching Religion, 2014, 4(1):13.

裁分析等理论工具分别被运用在他的《〈卡勒瓦拉〉:阐释和认同的问题》(1990)、《史诗和认同:国家的、地区的、集体的和个人的》(1996)这两篇学术论文中。其中,航柯具体说明了伟大的史诗是怎样在认同价值的不同层面上,即在国家/地区/集体或个人之上表现其作用的。①

4. 辉煌期(1998—2002年航柯去世)

1998年,由劳里·航柯和他的团队在印度卡纳塔克邦历时八年的田野考察所收集和整理的、由戈帕拉·奈克所表演的两卷本《〈西里〉史诗》公开出版。这部史诗仅比《伊利亚特》少5个诗行,并用图鲁语和英语同时出版。与此同时,航柯的专著《文本化〈西里〉史诗》也公开出版。这本标志着劳里·航柯学术思想达到顶峰的专著浓缩和利用了航柯在过去几十年里所发展起来的文化研究元素和他在传统生态学中所组织的元素。② 在他后来的《作为过程和实践的文本:口头史诗的文本化》(2000)和《图鲁口头史诗的文本化中的文本和语境》(2000)两篇学术论文中,劳里·航柯系统地阐述了关于口头史诗创作的理论,并提供了可供操作的口头史诗文本化的模式。在其主编的《口头传统中的厚集成、有机变异和文本性》(2000)中的《厚集成和有机变异》一文中,劳里·航柯利用传统生态学的视角阐述了口头传统在多重语境下的变异规律。“厚集成”指的是相互影响的传统元素结合所形成的一个有机整体。他指出材料的多样性不是“厚集成”的唯一标准,材料的可通约性和可比性同样重要。它们是具有社会交换的可能性的个人和群体所保存的传统体系的一部分。③ 相对于“人为的变异”,“有机变异”指的是传统元素适应具体的文化物理等多重语境所发生的“历时性”变异和“功能性”变异的有机结合。在此基础上,劳里·航柯提出了口头传统生态学的设想,并认为这对了解一个地区和社会群体的传统氛围的独特性以及民俗中的微观研究和区域研究具有重要的意义。另外,劳里·航柯还有针对性地提出了材料收集的策略、变异性与稳定性、文本性和文本化等问题。特别值得一提的是,劳里·航柯还看到了史诗研究中一种新的范式的产生,即强调视频、音频和静物照相机等多种记录形式,并利用它们去满足以下兴趣:第一,史诗口头的精确文本;第二,史诗表演的

① 劳里·航柯,孟慧英. 史诗与认同表达[J]. 民族文学研究,2001(2):89.

② KAMPPINEN M, HAKAMIES P. The Theory of Culture of Folklorist Lauri Honko, 1932—2002: The Ecology of Tradition[M]. Lewiston: The Edwin Mellen Press, 2013: 8.

③ HONKO L. Thick Corpus and Organic Variation: An Introduction[C]// Theoretical Milestones: Selected Writings of Lauri Honko. Helsinki: Academia Scientiarum Fennica, 2013: 201.

细节;第二,史诗演唱融入一个更广泛的仪式过程。①

在劳里·航柯史诗研究的辉煌时期,他担任图尔库大学卡勒瓦拉研究所所长。该所主要关注世界史诗、叙事和仪式诗歌的研究的计划、执行和出版工作。1999 年,航柯主持了"东波罗的海地区传统史诗"研究项目。他试图借助《西里》史诗》文本化的成功经验,在更广阔的历史地理范围内,丰富和修正他所提出的史诗和口头传统的理论。2001 年,由劳里·航柯和安迪·尼曼(Andy Nyman)合编的《从波罗的海到印度的史诗和史诗研究》由芬兰文学学会出版,这是劳里·航柯生前最后一部口头史诗研究学术成果,也是他生前最后一部学术成果。

二、理论创新

(一)口头史诗的创作理论

正如芬兰学者帕卡·哈卡米斯所言:"劳里·航柯对口头史诗研究的兴趣源自他对芬兰民族史诗《卡勒瓦拉》及其编纂者艾里阿斯·隆洛特如何创作一部以口头传统为基础的文本化的史诗的兴趣。"隆洛特自己在《卡勒瓦拉》第二版的序言中写道:根据他的材料,他本可以编写出至少 7 种不同的《卡勒瓦拉》史诗。既然对航柯来说,他不可能再就口头史诗的文本化问题去问隆洛特了,那么,他只好选择亲自去解答口头传统是如何被加工成一部史诗的这一问题。在这一点上,航柯效仿了史诗研究学者米尔曼·帕里和阿尔伯特·洛德。"他们俩都想了解古希腊史诗是如何诞生的,并因此在 20 世纪 30 年代来到巴尔干半岛研究口头史诗的活态传统。"②劳里·航柯不仅效仿了帕里和洛德的具体做法,而且将他的主要理论创新也建立在这两位史诗研究学者的贡献和互动的基础之上。帕里和洛德所着力解决的问题是:产生口头史诗和其他口头传统的系统是什么? 航柯的回答是:存在着一个包含所有必需元素的大脑文本。

1. 大脑文本(mental text)

帕里和洛德以及后来的约翰·迈尔斯·弗里在口头史诗研究中的主要贡献是被称作"表演中创作"的这一框架。在帕里和洛德看来,口头史诗的表演者们并

---

① HARVILAHTI L. Textualising An Oral Epic: Mission Completed[J]. Approaching Religion, 2014,4(1): 20.

② KAMPPINEN M, HAKAMIES P. The Theory of Culture of Folklorist Lauri Honko, 1932—2002: The Ecology of Tradition[M]. Lewiston: The Edwin Mellen Press, 2013: 50-51.

没有逐字地背诵这些歌,而是在他们的大脑中有一个能够在不同语境中表演的生成系统。因此,作为个体的歌手过去并没有任何主文本(master text)可用。与此同时,伴随着帕里和洛德的新颖观点,民俗学的重点从文本的研究转向了表演者和表演的研究。

口头程式理论中关于创作的核心概念是故事范型(story pattern)、主题(theme)和程式(formula)。正是这三个元素在不同的表演中产生了文本。故事范型是故事内容和情节的整体组织,情节决定了内容和故事中主题的序列。主题是由程式组成的。反过来,程式是由单词和片语(phrases)组成的相对稳定的结构。程式为歌手提供了史诗的具体语言。在表演中,歌手首先记住故事的范型、开场的主题和最后的主题的关键程式。然后,他将遵循故事情节,挑选出相关的主题,并产生构成这些主题的程式和片语。当洛德在对"这一首歌"(the song,仅指代某一首歌的一个特定变体)和不同的表演者在演唱时的"特定的歌"(individual song,指在具体场景中表演的歌)进行比较时,他突出了其中的一个明显特征,即"一般的歌"(the general song,指不同变体中同一首歌的主要内容)指的是关于某人做了什么或某一个英雄发生了什么,而"特定的歌"是"一般的歌"在具体情境下详细且可变化的实现形式。[①] 在洛德看来,对于歌手来说,仅掌握故事情节是不够的,他必须以图像的形式熟记片语。每一位歌手都有他自己的歌,而且这种歌在连续的表演过程中变得更加稳定。如果这首歌是这位歌手的标准曲目的话,这首歌的稳定性也就增加了。尽管事实上具体的片语层面的实现可以发生变化,但是这种稳定性是在关于主题的层面和整首歌的层面的思想组合上被创造和维护的。[②]

继帕里和洛德之后,约翰·弗里进一步发展了表演中创作的理论。他的关键术语是"故事范型"。他利用故事范型来指这首歌的整体情节及其主题内容的组织。因此,弗里的故事范型指的是与洛德的"一般的歌"一样的实体。对于弗里来说,故事范型是相当抽象的情节类型。比如,"英雄的归来"可以在不同的英雄的故事中被实现。[③] 在区分叙事的三个组成部分即程式化的措词、主题的结构和故事范型方面,弗里效仿了洛德的做法。弗里认为,从口头程式理论来看,它们被看

---

① LORD A. The Singer of Tales[M]. New York: Atheneum, 1971: 99.
② LORD A. The Singer of Tales[M]. New York: Atheneum, 1971: 100.
③ FOLEY J M. The Singer of Tales in Performance[M]. Bloomington: Indiana University Press, 1995: 175-177.

作是传统的叙事的构成要素。①

　　故事范型、情节、一般的歌和其他口头程式理论的核心概念都有助于指出口头史诗的表演背后的结构或系统。而且，这将使我们明白口头史诗是现场创作的。与这种通常的观点相一致，在《文本化〈西里〉史诗》中，劳里·航柯指出，为了理解口头史诗的生产，我们必须假定一个前叙事、前文本的框架，它起到一个结构的作用，相关的意识和无意识的元素被安排在这个结构中。这个框架就是大脑文本。

　　大脑文本包括故事大纲（storyline）、文本元素（textual elements）或情节（episode）、史诗场景的图像（images of epic scenes）、多重形式（multiform）、它们的再生产的规则（rules for their reproduction）和相关语境的信息。在航柯看来，大脑文本可以适应不同表演需要而产生变化，比如在史诗的不同部分都被需要的情境下，或者在需要神圣的或渎神的场景的情况下。在歌手的职业生涯中，大脑文本被不断地发展。而且，其中的一些巧妙的处理会在有策划、有意识的建构中产生。每一次表演都是一个大脑文本的一次单独的实现，但是，文本本身或任何文本的表演并不是一个不可改变的主文本。大脑文本表现得就像传统池，因为它的组成部分可以根据不同的目的而进行组合和重组。航柯的大脑文本的观念源于对这一过程提供一个系统的解释的需要，即文本是被部分地记住，然后在表演中得到进一步的处理。程式理论并没有那么多地被固定在史诗的程式规模部分，而更多是被固定在充满内容的情节上。洛德和航柯都否认：存在任何最初的主文本，而所有的被表演的个案都可以从这个文本中演绎出来，另外，对其后来所有的实现而言，这个主文本都充当了一个典型的范式。

　　航柯的故事大纲是大脑文本的一个组成部分。它相当于洛德的"这一首歌的故事"（the story of the song）的观念。这种歌的故事是指歌手心中的歌。在歌手的职业生涯中，它被详尽地阐述。航柯和洛德都认为，歌手可以在不同的表演中修改这些歌，却知道他正在表演的是一首相同的歌。航柯指出，在歌手的一生中，大脑文本一直发生变化。但是，大脑文本一直保持其高阶的功能特性。可以通过这些表演来研究大脑文本，而且它们的系统特性必须在经验观察的基础上被推断出来。大脑文本不是对这些不同表演的一个总结，而是产生这些表演的一个系

---

　　① FOLEY J M. The Singer of Tales in Performance[M]. Bloomington：Indiana University Press，1995：52-53.

统。① 洛德对这种歌的发展的描述是非常相似的:一位年轻的歌手开始演唱这些歌,并逐渐构建那种仍然可以被改变的故事范型。但是,在大量表演的过程中,它们变成一致的和可预测的。

值得一提的是,航柯将他的大脑文本的理论建立在对一个非常有经验的歌手戈帕拉·奈克的研究上,而洛德和帕里则拥有一个不同年龄和具有不同经验的巴尔干半岛的各种歌手的集合。航柯在印度的田野工作的关注点是经过一段漫长的学习过程,这位才华横溢的歌手是如何展示他的演唱曲目的。而洛德更重视个体歌手的发展过程。在洛德看来,这一过程有三个阶段。在第一个阶段,这位年轻的歌手只是倾听更有经验的歌手演唱,并记住这些故事、它们的中心人物和主题。与此同时,他学会了史诗韵律的模式、程式和片语。② 在第二个阶段,他开始以程式的形式来演唱和练习大脑内容(mental contents)的表达形式。从其他歌手那儿学到的、社会共享的程式的集合是成为一名歌手的主要工具。学习演唱史诗要求模仿那些已经掌握这些技巧的那些人。第二阶段的高潮在于这位年轻歌手的公开表演。③ 在第三个阶段,歌手通过增加新的歌来构建他的曲目。此外,通过添加细节和为同一首歌在不同的场合准备不同的版本,他赋予这些歌独特性。在这一成熟的阶段,歌手如此熟悉这个传统以至于他能够随意地增加或削减主题。仅凭学习新的故事,他就能产生新的歌。然后,这些新歌并不是逐字被复制,而是用来传达这个故事及其内容。

洛德对成为一名歌手的过程的描述强调了这种故事(the story)作为学习的中心工具的作用。像大脑文本一样,这种故事是一个产生表演的系统。但是,当它适应不同的表演时,会受到表演的语境的影响,并随着时间的推移而发生变化。它被程式激活,而且只要它经常被表演,它就会保持稳定。很少被表演的曲目则面临着更新极少及其组成部分退化的风险。特别是歌的结尾部分往往会被遗忘。④ 在航柯看来,对表演有直接影响的大脑文本的两个重要组成部分,第一是故事大纲,第二是表演策略。⑤ 故事大纲构成了表演的主要内容,即表演的情节是什么。表演者必须知道:叙事中有什么样的事件和情节相继发生,以及有什么

---

① HONKO L. Textualization of Oral Epics[C]. New York: Mouton De Gruyter, 2000: 18.
② LORD A. The Singer of Tales[M]. New York: Atheneum, 1971: 21.
③ LORD A. The Singer of Tales[M]. New York: Atheneum, 1971: 22-24.
④ LORD A. The Singer of Tales[M]. New York: Atheneum, 1971: 119.
⑤ HONKO L. Textualising the Siri Epic[C]. Helsinki: Academic Scientiarum Fennica, 1998: 314-315.

样的次要情节。故事大纲构成了大脑文本的核心骨架,而且在歌手的职业生涯中,它可以被修改和完善。航柯的关键信息提供者戈帕拉·奈克强烈地意识到《〈西里〉史诗》的故事大纲,而且他热切地与航柯讨论故事大纲的变化。另外,他也与航柯讨论他的表演策略。这位有才能的歌手意识到了表演伦理问题,即什么样的表演适合于一种神圣的仪式中的神话的文本,而什么东西是不恰当的。表演策略可以被视作大脑文本中的一个积极的元素,它引导表演,为歌手提供了指导路线。戈帕拉·奈克的大脑文本不仅涵盖了故事大纲及其变体,也包括了在不同语境下的表演伦理的语境知识,他的大脑文本已经产生了各种史诗版本。其中,一些版本是在节日中表演过的,一些版本是唱给口头史诗的收集者们听的。

戈帕拉·奈克唱给航柯及其研究团体听的版本可能是他创作史中最详细的故事大纲的版本和大脑文本的版本。这正是长篇史诗的特征:当有外人在现场记录史诗艺人的演唱过程时,史诗的篇幅往往比其在自然生态中演唱(即正常演唱,没有人通过视频或音频的方式记录)的长度要长。因为,在记录的语境中,歌手不必和其他的表演者竞争,或考虑时间表以及可能不耐烦的听众的兴趣。[①] 针对长短不同的史诗版本,航柯指出:短篇史诗长的也只有 1000 个诗行,可以差不多被逐字地记忆,且表演时只发生轻微的变化;而一部长篇史诗有数万诗行,不能被逐字地记忆,因此需要另一种大脑的处理方式。[②] 洛德也曾说过,长篇史诗是在表演中创作的。

航柯的大脑文本的概念被设计用于提供一种关于这种创作是如何发生的解释,即需要什么样的资源来进行这种创作。在戈帕拉·奈克的例子中,他是一位有经验的歌手和仪式方面的专家。大脑文本在不同的语境下允许有不同的表演。这部史诗的最长版本演唱了 7 天,而在治疗仪式上所唱的一些版本可能只有几分钟。为了解释这种表演的多样性以及戈帕拉·奈克关于表演的反思性的评论,航柯假定大脑文本是一个系统。从这个意义上说,他正是利用了经典的溯因推理和最佳解释的推论,即通过假定一个机制来解释有疑问的现象。这种机制将使这个现象变得明白易懂。[③] 但是,是否所有假设的大脑文本的组成部分都会得到经验

① BAUMAN R. Story, Performance and Event: Contextual Studies of Oral Narrative[M]. Cambridge: Cambridge University Press, 1986: 145.

② HONKO L. Textualising the Siri Epic[C]. Helsinki: Academic Scientiarum Fennica, 1998: 36.

③ KAMPPINEN M, HAKAMIES P. The Theory of Culture of Folklorist Lauri Honko, 1932 - 2002: The Ecology of Tradition[M]. Lewiston: The Edwin Mellen Press, 2013: 57.

证据或理论思考的同等支持,这当然是另一回事。航柯的独特之处在于他把大脑文本构建为一个系统的属性的集合;然后,大脑文本可以被当作一种启发式的用来构思、理解和解释经验现象的工具。如前所述,大脑文本表现得就像传统池:它允许不同材料的组合和重组,而且这些可能性的实现是由语境来决定的。

总的来说,我们很难说清洛德的"这一首歌"的概念和航柯的"大脑文本"的概念之间的主要区别是什么。大脑文本背后明显有航柯文化研究中的过程思维和传统池等一系列概念的支撑。此外,虽然表演理论中的创作和航柯在发展关于口头诗学的接受、记忆和表演时所运用的观点差不多,但是大脑文本背后明显有认知心理学的理论支撑。认知理论的实施无疑将对表演中的接收、记忆的储存和重构有一个更详细和更严密的描述。因为认知理论不仅可以用来解释人类思维如何处理不同的信息构造,并把它们存储在记忆中,也可以用来填补表演理论中去语境化和再语境化之间的差距。从这个意义上说,航柯以大脑文本为核心构建的口头创作理论是对表演理论的一种发展和深化。

2. 多重形式

劳里·航柯在《文本化〈西里〉史诗》(1998)中所引入的另一个创造性的概念是"多重形式",它是作为一个实词而被使用的。阿尔伯特·洛德在使用这个术语时,是把它作为一个形容词即"多重的形式"(multiple forms)来表示"主题"的特性。但是,航柯想引入一个概念:它将表示片语的集合,至少是由 2 个片语且至多由 120 个片语组成。另外,航柯所使用的多重形式是一个可重复的表达单元。因此,它是一个通过表现其特性的开头词而被识别的句法成分。它可以从同一首歌的一个地方被转移到另一个地方,或者说它也可以从一首歌转移到另一首歌。总之,在航柯看来,多重形式是一个灵活的语言单位,它可以被用来传达特定的思想。① 当把它与洛德或弗里所提出的相关概念进行对比时,多重形式在某些方面类似于程式,而在另一些方面又像主题。多重形式通过其句法的特征来进行识别和处理,并用于表达内容。作为口头史诗的一个单位,多重形式具有双重属性。一方面,它具有内容;另一方面,它具有语言的属性。这种语言属性能使歌手认出并使用多重形式,把它作为可以在不同的语境下被激活的一个半独立的包裹。②

---

① HONKO L. Textualising the Siri Epic[C]. Helsinki: Academic Scientiarum Fennica, 1998: 100-102.

② KAMPPINEN M, HAKAMIES P. The Theory of Culture of Folklorist Lauri Honko, 1932—2002: The Ecology of Tradition[M]. Lewiston: The Edwin Mellen Press, 2013: 71.

另外,在航柯看来,多重形式与程式的主要区别在于长度和变异:程式通常是一个诗行或更短的句子,而且这种小尺寸不可避免地导致一种固定的形式;而多重形式是更长的且更灵活的一个单位。根据情境和所选的表演策略,歌手能改变其内容,并因此改变多重形式的范围和重点。在航柯的心目中,表演理论中的"主题"是最接近他的"多重形式"的术语。但是,它们之间的主要区别是:主题缺乏文本的特征,而这恰恰是多重形式的本质。

从这个意义上说,劳里·航柯发展了"多重形式"这个术语。正如芬兰学者帕卡·哈卡米斯所言:"可以说,大脑文本和多重形式构成了劳里·航柯口头史诗诗学理论的核心。致力于记忆和表演一首诗歌的技巧主要通过这些概念得到解释,因为大脑文本是将要被表演的文本的基础,多重形式是表演过程中文本创作的关键。"[1]

(二)可操作的理想的文本化模式

在《口头史诗的文本化》(2000)的序言中,劳里·航柯这样写道:"文本化口头史诗是一个不可能完成的任务。"[2]这意味着口头表演是无法仅用词语和字母来捕捉的。因为,许多表达方式(比如身体语言、音乐等等)的特征被排除在书面编纂的过程之外。这涉及意义的互文性建构、授受的过程以及传统知识的缺乏问题。文字编纂涉及不同符号体系的翻译和史诗的"第二次生命"。但是,劳里·哈维拉赫提在《一部口头史诗的文本化:任务完成》(Textualising an Oral Epic:Mission Completed,2014)中写道:"在我看来,就航柯的范式而言,文本化口头史诗的任务已经完成了。因为,他自己曾说过,任何一个科学范式都有一个具有张力的元素,并存在定义和理解上的困境。一个范式常常包括隐含的假设、新的理解以及与其他范式的关联。"[3]

在同行学者的眼中,劳里·航柯不仅完成了文本化口头史诗的任务,而且他也提供了一个可操作的理想的文本化模式(详见图4-1)。这个模式明显带有劳里·航柯的民俗过程思想,它显然包括了"初级文本化"和"次级文本化"两个方面。因此,在某种意义上,我们也可以把它称为史诗的"两次生命"。另外,诸如"传统池"

① HAKAMIES P. Innovations in Epic Studies by Lauri Honko[J]. Approaching Religion,2014,4(1):14.
② HONKO L. Textualization of Oral Epics[C]. New York:Mouton De Gruyter,2000:vii.
③ HARVILAHTI L. Textualising An Oral Epic:Mission Completed[J]. Approaching Religion,2014,4(1):23-24.

"历时的变异""共时的变异""传统的适应"等范畴都是他的传统生态学理论中的核心概念。航柯主要想通过这个模型来阐释文本化过程中的所有因素：从前文本到被出版的书。另外，他结合波罗的海-芬兰的挽歌和南印度卡纳塔克邦的长篇史诗《西里》，对其中的一些关键术语进行详细的考察。其中，"大脑文本"和"多重形式"上文已经详述过，这里就不再赘述了。

1. 传统池(pool of tradition)

在航柯看来，每一位史诗歌手的大脑中都有一个由通用的规则、故事大纲、史诗事件的心理图像、语言上可重复的场景的预处理的描述、成套的术语、特定修饰词、片语和程式所组成的一个"池子"。每一位表演者都可以以一种富有想象力的方式根据新的表演中出现的需要和潜力来利用、改变和重新组织它。他之所以用"池子"这个词，是因为"它指的是一池子水和一个仓库。有些人为它做奉献，也有些人从中拿取"。此外，他还认为，一个以上的史诗歌手所共享的任何东西都属于这个传统池。它拥有各种各样的传统、表达方式和体裁。其中大部分内容都处于一种休眠的状态，只有部分被个体的使用者激活。而且，它不仅是一个技术性的表示民俗的"共享元素"的抽象物，而且是人类交流的一个真正平台。

2. 史诗语域(epic register)

在航柯看来，史诗语域指的是在一个特定的场景中适用于史诗的表演者和观众的一种特殊的语言和"说话的方式"。① 戴尔·海默斯(Dell Hymes)则把史诗语域界定为"与经常性的情境类型相关的主要言语风格"。如果说"传统池"意味着共享的传统的可用性；那么，"史诗语域"则代表根据体裁和言语活动组织可用的元素。要想学会史诗的语言通常先要一部接一部地学习一些口头史诗，并通过不断地记忆来掌握这种语言的创作规则和可重复的表达方式。通过这种方式，歌手在后来的创作中不用再考虑措辞的问题，而只需专注于情节的转换和意义的构建。

---

① HONKO L. Textualization of Oral Epics[C]. New York: Mouton De Gruyter，2000：19.

口头史诗的形成:一个文本化的模型

传统池:传统的多重形式、体裁和语域在人脑中的共存

史诗的语域:共同的故事情节、描述、多重形式、片语、程式

接受1:歌手与传统重复地接触和逐渐地内化

歌手的专题能力:定位于特定体裁和叙事

史诗的语言特点:歌手对共享的表达方式如语言的个人选择

接受2:内化一部特定的史诗(互访性的解释)

传统的适应:大脑的编辑和恒久的变化(历时的变异)

大脑文本:故事情节(灵活的)、排序规则、机理线索

歌手的表演能力:传统的规则和表演的条件、表演策略、表演模式、表演风格

传统对表演情境的适应(共时的变异)

歌手在行为中对传统意义的处理:明显的文本

对观众反应的观察及其对表演的直接影响

表演的防卫性和真实性:最后一次表演是最好的

接受3:通过观众的互文性的解释　　　　　　　记录的兴趣:它的起源

(多重意义的处理)　　　　　　　　　　　　　传统社区内部/外部

反馈给表演者(有选择的)　　　　　　　　　　　记录的策略

　　　　　　　　　　　　　　　　　　记录的语境(自然的、诱导的、人工的)

期待:基于未来的传统的改进收集的文本

　　　　　　　　　　　　　　　　　　　　编辑策略:文本的选择

　　　　　　　　　　　　　　　　　　　　转录、翻译、注释

　　　　出版策略:附带的形式/作为一本书的口头史诗(音频和视频选项)

图4-1　口头史诗的形成①

---

① HONKO L. Textualising the Siri Epic[C]. Helsinki:Academic Scientiarum Fennica,1998:167.

3. 接受 1（reception 1）：传统的内化

歌手对传统的内化通常包含三个阶段：第一，在具体的表演语境中与叙事传统的接触阶段；第二，受到召唤而成为一名新手的学习期间；第三，被传统社区认可，并能在表演活动中担任领导角色的独立歌手的阶段。航柯特别引用了《西里》史诗中的例子：一个小男孩早期大量接触妇女在稻田工作期间的史诗演唱，他后来出现的一种精神障碍被认为是神灵的一种召唤，于是他成为西里附身仪式中的一位助手，直到 20 岁时，他开始在一群演唱《西里》的妇女中担任领导。

4. 定位（orientation）

"传统定位"（tradition orientation）是安娜-丽娜·西卡拉提出的一个术语。航柯把口头史诗传统定位的过程描述为，歌手在一生中依照个人的兴趣和世界观对可利用的传统的一系列接受和拒绝的过程。在传统定位中，并非要求所有的元素都发展到具备表演能力的水平，即使它们只保持在文化认知的水平，也能为积极的传统表演构建一个良好的平台。传统定位的焦点在个人积极表演的体裁和叙事中是显而易见的。就口头史诗这种复杂的体裁而言，一名学徒经过持续多年的努力也能在一种体裁的表演事业中成为完全专业的表演者。

5. 史诗的个人言语方式（epic idiolect）

史诗语域是被歌手们共享的史诗这种体裁的特殊语言的表达方式。当一名史诗新手在学习语域时，他既在所有呈现的史诗中发现了诗歌的规则和可重复的表演方式，也学会注意特定史诗的具体特征是如何与史诗语域的共同特征相联系的。基于这种史诗语域和特定史诗的内化所产生的知识积累，歌手的接受能力逐渐转变为一种表演能力。"当史诗体裁的这种表达方式的记忆和重复让位于表演中更具想象力和流畅性地使用史诗语言时，一名新手就成长为一名专业的歌手了。"①此外，航柯还指出，语言的隐喻对于歌手生产连贯性的叙事能力，即自由流动地运用诗行而没有任何可观察到的措辞上的困难，是必不可少的。总之，史诗的个人言语方式并不是基于歌手们早期文本化的记忆，而是基于一种特殊的语言中生产的故事。"歌手个人的言语方式创造了他自己的语言世界。它的核心是歌手熟知的史诗和表演语境以及他所创造性地使用的诗歌手段。"②

---

① HONKO L. Textualization of Oral Epics[C]. New York：Mouton De Gruyter，2000：21.
② HONKO L. Textualization of Oral Epics[C]. New York：Mouton De Gruyter，2000：21.

6. 接受 2（reception 2）：内化一部特定的史诗

在航柯看来，印度图鲁语的口头史诗不仅具有相同的体裁，而且有类似的表达被重复利用，但是，它们是容易互相区分的。每一部史诗都有独立的曲调和根据口头文本化的规律和连贯性而创作的副歌。史诗中重要人物的姓名往往用特定修饰语进行描述，这构成了在其他史诗中不会发现的隐含的社会和文化背景。此外，故事情节所宣扬的世界观和价值体系可能也会有差异。因此，对于歌手来说，对一部新史诗的学习通常创造了一种互文性的情境。学习的关键并不是"凭记忆学习"而是理解正在演唱什么。早先学会的史诗以及在不同语境下发现的各种不同体裁或程式化表达的短的章节将充当互文文本，并促进歌手的接受工作。航柯指出："具有表演兴趣的接受工作是从仔细聆听史诗的个体特征（如故事大纲、曲调、副歌）转变为对所唱东西的一种阐释。这种阐释构成了大脑编辑、故事适应以及歌手所拥有的叙事能力和诗学手段的基础。"①在这种创造性的过程中，互文文本发挥了重要作用。它并不会导致机械的复制，而是生产这个故事的"新"版本。

7. 表演策略（performance strategy）

为了能够成功地表演，歌手必须根据表演情境、观众、时间框架、附带的行为等潜力和限制来设计表演策略。这通常涉及史诗的哪些部分必须、可能或不必被表演。史诗表演的内聚力不可能只依靠整个故事的主要情节。在叙事中有许多平行的次要情节。而且，长篇史诗永远不可能在一个多元文化语境中被完整地表演。因此，每一次表演都会提出这样的问题，即如何按照情境的需求把一部史诗切割成相应的规模并采取相应的形式。在航柯看来，没有必要过分强调情境或观众对"创作路径"的影响，它内在的困难似乎更重要，即使史诗中的重要人物的生活故事相交或决定在一个情节顺序中相对强调某些情节。

8. 表演模式（mode of performance）

表演模式指的是口头史诗可以用各种各样的方式来表演。歌手可以选择独奏、乐器伴奏、线性的单声部叙述、音调的变化、曲调和诗歌范畴的控制、合奏的方式、从对白到戏剧这些可利用的表达方式，并吸引观众参与。表演模式是控制整个史诗表演的"外部形式"的技术性和艺术性的组织，它是表演策略的一个重要组

---

① HONKO L. Textualization of Oral Epics[C]. New York：Mouton De Gruyter，2000：22.

成部分，只有在它被决定以后，歌手才会考虑可利用的时间框架、必要的辅助物、观众的特征和附带的活动。在航柯看来，表演模式的选择会影响表演的各个方面，并对将被视为"史诗文本"的东西产生强烈的影响。"如果我们无法充满想象力地共同体验史诗文本所起源于的特定表演模式，那么我们的民族诗学的分析就可能会误入歧途。"①

9. 表演风格（performative style）

表演风格指的是在一个特定的表演模式内所使用的不同的话语形式。航柯指出，在图鲁传统中，每一部史诗都有它自己的曲调、副歌和朗诵范型。在同一部史诗中，有以第三人称单数进行线性演唱的各种演唱风格，比如在仪式中的高潮时以第三人称单数进行加强语气的演唱，或者是稍微不同的节奏模式和偶尔快速朗诵的祈祷风格。加强语气的修辞手段，提高或降低嗓门，暂停和使用模拟表演，手势和身体动作以及空间运用的手段，都可能有助于各种不同的表演风格的设计。同时，话语的内容也是风格的一个重要部分，诸如尊重、幽默、讽刺、愤怒、悲伤等情绪会影响表演风格。

10. 意义建构和共时变异（construction of meaning and synchronic variation）

在口头史诗的表演中，决定一个之前被讲述过无数次的故事的实际讲述成败的关键是：它的实际意义的建构。这种建构的意义从一次讲述到另一次讲述都不完全相同。在航柯看来，《西里》史诗的每一次表演都可以被视作对故事的"真理"的一次尝试，它的核心意义再一次在附身仪式时崇拜者的神圣行为中闪耀，或同样在播种水稻幼苗的妇女根据史诗的节奏所进行的兴奋朗诵中展现。在歌手的心中，每一次表演都以一种比以往更完美的方式来展示真实的故事。对于观察的学者来说，表演的成功就在于故事对特定的表演情境的巧妙适应。就口头史诗的文本而言，这就是我们所称的"共时的"变异。它具有独特的适应能力，并产生了由情境所决定的形式。"在某种意义上说，它表现了有助于实际意义的独特建构中标准化表达方式的重点转换。"②

11. 观众互动（audience interaction）

在史诗表演中，歌手的工作是由他的观众来定向的，并且歌手期待被他们接

---

① HONKO L. Textualising the Siri Epic[C]. Helsinki：Academic Scientiarum Fennica，1998：75-76.
② HONKO L. Textualization of Oral Epics[C]. New York：Mouton De Gruyter，2000：26.

受。航柯认为,除了表演中真实出现的在场的观众之外,歌手也有自己理想的观众。也就是说,表演行为预先为它假定了一个合适的"表演舞台"。因此,无论实际的观众如何反应,它都会将言语活动标准化。另外,除了真实的观众以外,歌手还可以在表演中与精神上的观众互动。比如,在《西里》史诗演唱中,神圣的史诗人物被暂时邀请来利用现场崇拜者的身体进入世俗的现场,并与歌手产生互动。在许多例子中,歌手周围的人构成了他的灵感和动机的理想平台。观众可以被激发来扮演共同表演者的角色。在这一过程中,歌手和观众的对话是经常性的,而且,实际意义的建构集中体现在个人和附近的社会环境之间互动的表演上。

12. 接受 3(reception 3):互文性的阐释(intertextual interpretation)

在航柯看来,第三种重要的接受形式是观众和听众所赋予史诗的多重意义的网络。"在这里,我们发现了能使叙述形式成为一部史诗的群体。正是这个群体把这种特殊叙述形式(即史诗)视为一首真理之歌,并在史诗里面找到其传统社区共享的文化认同特征。"①但是,在大多数群体的内部,成员们的传统知识是混杂的,群体成员对所持有的传统的解释也因人而异。相互矛盾的解释在接受社区内部引起争论的现象也屡见不鲜。因此,在航柯看来,所有的接受都取决于交互文本,即对于接受史诗的个人来说,交互文本是从其他语境中熟知的却具有解释潜力的相似或对立的故事大纲、叙事结构、英雄类型、情节、片语和程式的一个仓库。而且他还指出,互文性的经验领域因人而异,这取决于歌手的教育、社会地位与角色、意识形态的立场以及之前内化的传统表达方式。这也是歌手在接受 3 中获得多重意义的原因。

13. 反馈(feedback)

在史诗的表演中,歌手需要对接收的反馈信息进行不断的解读,并从中发现自己表演的有效性和吸引力。因为,这通常会引起他的表演策略的变化、创作路径的修改以及增加或减少对某些情节的强调和修饰。在航柯看来,这一过程往往涉及歌手的大脑编辑,即对早先演唱的评价和记忆可能会影响某个故事的后期表演的规则。这同样适用于从其他歌手那儿所听到的史诗的新的表达方式和情节。歌手需要做出反馈,并决定其中哪些可以在自己的文本化中接受考验,哪些因不可通约、错误或丑陋而被抛弃。

---

① HONKO L. Textualising the Siri Epic[C]. Helsinki: Academic Scientiarum Fennica, 1998:28.

14. 记录策略(documentation strategy)

在航柯看来,记录策略由以下几方面组成:(1)更喜欢的演唱方式和口述的译文;(2)尽量减少收集者自身的影响,以便让歌手专注于他的演唱;(3)通过使用多重录音,消除由于更换磁带而产生的依赖或间隙;(4)由歌手决定什么时候演唱和暂停;(5)让歌手决定演唱的环境;(6)遵从歌手的"整体"史诗的概念;(7)不考虑将歌手对同一部史诗的不同场合的表演进行对比,而只出版在一个表演情境中表演的口头文本。① 与此同时,记录策略也视情况而定。通常,记录策略只是在田野工作的具体情境下所做的一个折中方案,也是实际可利用的有限方案中的最优选择。从这个意义上说,航柯认为所谓"正确的"记录技术的配方是没有意义的。但是,口头文本的综合性、未中断的连贯性、语言的准确性以及遵从歌手对记录细节和表演语境的要求,都是一个好的口头文本的记录要求。另外,由于长篇口头史诗从未在它们正常的文化决定的语境下完整地被表演过,所以,一个"诱导的自然的"语境或一个"实验室似的环境"是一部完整史诗记录的主要替代品。在这些情境下,表演和记录策略交织在一起,即歌手塑造他的行为来适应记录,并表达出合作的目标。所有这些对于获得关于记录过程的完整报告是非常有必要的,因为读者可以据此判断记录的方法如何影响文本化过程。② 航柯列举了关于《西里》史诗的报告,其中所包括的所有东西都可以被音频和视频录像带证实。关于史诗的每一章节和演唱之外的每一个小备注都可以在印度卡纳塔克邦乌杜皮的研究中心档案馆或芬兰图尔库大学档案馆中找到(大约 250 小时的录像带、350 小时的录音带和 6700 张照片)。

15. 翻译(translation)

劳里·航柯的口头史诗翻译哲学是"尽可能逐字的"和"尽可能易读的"。他认为至少在大多数情况下应该排除"功能对等"的策略。这种策略只能提供功能上对等的表达形式,而不是口头或结构上相似的表达形式。因此,"尽可能接近初始文本"的原则必须优先考虑。由于翻译的目标群体大多是见多识广的学者,他们能够通过偶尔晦涩难懂的英语读懂最初文本中的表达结构,所以这在某种程度

---

① HONKO L. Textualising the Siri Epic[C]. Helsinki:Academic Scientiarum Fennica, 1998:163-164.

② HONKO L. Textualising the Siri Epic[C]. Helsinki:Academic Scientiarum Fennica, 1998:161-163.

上是对逐字翻译的支持。但是,也要保证翻译的可读性,依赖非常基本的英语词汇就可以实现这一点。另外,航柯还指出对于一个特定的片语或程式来说,翻译应该是相同的,除非互文文本强迫我们去寻找一个标准翻译的修改。①

16. 编辑策略(editing strategy)

航柯认为,决定使用一部口头史诗的一次表演,给编辑省了许多麻烦。它确保尽可能多地保留史诗中故事的口头性和连贯性。而且,它还提供了通过一次应用使大脑文本作为一个整体来呈现的可能性。但是,与其他表演的口头文本相比,这种记录的讲述无法表明其原发性。形式的多样性往往会使民俗学家奔向下一位歌手和下一个村庄去为比较研究获得更多的"异文"。但是,航柯在记录《西里》史诗时并没有这样做。通过专注于与他合作的歌手戈帕拉·奈克的史诗曲目,以及歌手对这些曲目的阐释,航柯可以从同一个体系内获得相互作用和影响的材料。同时,这样也可以避免编辑中经常出现的一个两难困境,即"当同一位歌手的不同口头表演被并置在一起,且一个文本的拼花图案的构建成为一个外来者的任务时,这种困境就产生了"②。

17. 出版策略(publication strategy)

书籍的出版是一部口头史诗文本化过程中的最后一个环节。航柯认为,在决定把《西里》史诗放进可视化的书的形式时有相当大的困境。在出版的过程中,什么可以被保存、什么将被遗失是他一直在思考的问题。表演的元素和参考信息的元素在这一过程中都将被删除,这对他来说似乎是非常重要的。最后,航柯的团队出版了三卷本的《〈西里〉史诗》。航柯认为,这似乎是接近对史诗感兴趣的学术界的唯一途径。如果未来的学术界更多地以视听材料为导向的话,可以考虑用一个光盘只读存储器或多媒体来呈现图鲁演讲者的材料,并给大学的课堂使用提供相应的翻译和评论。③ 最后,航柯指出,为了保证史诗的可读性,注释被排除在《西里》史诗文本之外。虽然文化上的表达方式和语言隐喻有时很难理解,但是通过使翻译接近图鲁语的措辞,航柯认为对于读者来说理解相关语境的基础内容是可能的,特别是因为这些表达方式经常重复出现。偶尔简短地提到仪式细节会引

---

① HONKO L. Textualising the Siri Epic[C]. Helsinki: Academic Scientiarum Fennica, 1998: 586-589.

② HONKO L. Textualising the Siri Epic[C]. Helsinki: Academic Scientiarum Fennica, 1998: 596-598.

③ HONKO L. Textualization of Oral Epics[C]. New York: Mouton De Gruyter, 2000: 35.

起冗长的注释说明,同时也会使读者偏离要点。总之,航柯更喜欢一种流畅的传统史诗机理,而不是一部百科全书。

综上所述,劳里·航柯对口头史诗文本化过程中每一个环节的深入探讨既丰富了口头史诗创作理论,又为今后口头史诗文本化的研究提供了可供参考的操作框架。其中的每一个环节,我们都可以将之单独作为一个研究课题进行更全面的思考。回顾劳里·航柯的学术生涯,它始于史诗,也终于史诗,而且,他研究时间最长、学术成果最多、与国外同行交流和争论最广的也是史诗研究领域。通过劳里·航柯的口头史诗研究著作,我们既可以深刻地感受到他的系统思维、过程思维和功能主义等方法论特征,也可以全面把握他在史诗与认同、体裁、意义、传统池等民俗学关键议题上的独创性思想。如果我们把劳里·航柯的口头史诗研究比作一滴墨水,当它滴入航柯的学术思想这杯清水里,它就会像爆炸一样扩散到整杯水中。

我们通过寻找其学术思想中的"墨点",并借助其扩散效应,就可以以点带面、触类旁通地管窥其学术思想的奥秘和真谛。

第五章

劳里·航柯的文化应用研究

正如芬兰学者帕卡·哈卡米斯所指出的,航柯对文化应用研究的兴趣早在他的民间医学的研究中就已经很明显了。在航柯看来,科学的文化研究可以用来创造一个更美好的世界。事实上,文化理解在创造更好的未来中是必不可少的。[①]在航柯的学术生涯中,一个重要的时期是 1972—1990 年他担任北欧民俗学会(NIF)会长这段时间。北欧民俗学会是 1959 年由北欧国家成立的,其目的是推动这些国家的民俗学研究。北欧民俗学会的活动涵盖了北欧民间传统,尤其是民间诗歌、信仰和习俗。在航柯担任北欧民俗学会会长期间,他发起并参与了各种项目。其中,应用文化研究是突出的。最引人注目的是联合国教科文组织的《关于保护传统文化和民俗的建议案》(1989)。[②]

联合国教科文组织的《关于保护传统文化和民俗的建议案》是航柯应用研究的一个典型例子,即把科学认识应用于民俗(或传统的和大众的文化)保护及其与身份建构的关系的问题。与航柯早期对民间医学及其与卫生保健服务相整合的文化应用研究相比,联合国教科文组织的《关于保护传统文化和民俗的建议案》是一个更复杂的系统。在同行的学者看来,《关于保护传统文化和民俗的建议案》的形成不仅是建立在科学的认识之上,而且,它也是被设计来为科学研究创造进一

---

① KAMPPINEN M, HAKAMIES P. The Theory of Culture of Folklorist Lauri Honko, 1932—2002: The Ecology of Tradition[M]. Lewiston: The Edwin Mellen Press, 2013: 66.

② KAMPPINEN M, HAKAMIES P. The Theory of Culture of Folklorist Lauri Honko, 1932—2002: The Ecology of Tradition[M]. Lewiston: The Edwin Mellen Press, 2013: 81.

步的条件。"这一过程始于科学的认知和实际的问题,并继续对民俗研究和实践产生影响,并旨在产生更多的适合民俗保护研究的基础设施。"①

这个建议案的出台前后历时七年。劳里·航柯作为一名组织者和专家一直出现在针对建议草案的文本问题进行讨论的专家委员会上。这期间,他为联合国教科文组织各种文化政策的论证和起草做了大量的工作。② 而且,在这一过程中,劳里·航柯在北欧民俗学会《新闻通讯》中发表了一系列文章,它们具体包括:《联合国教科文组织关于民俗保护的工作》(1982)、《保护作为知识产权的民俗》(1983)、《民俗保护用什么样的手段?》(1985)、《国际的合作和管理在民俗保护中的可能性》(1987)、《关于民俗保护的建议案的最终文本》(1989)和《联合国教科文组织通过的〈关于保护传统文化和民俗的建议案〉》(1990)。通过这些文章,我们不仅可以了解航柯作为一名科学家是如何运用自己的专业知识和组织才能参与联合国教科文组织的行政事务和解决实际问题的,也可以追溯他在应用研究方面的学术思想的发展历程。

因此,在这一章节,笔者将重点关注劳里·航柯在参与和主持联合国教科文组织有关民俗保护的会议和项目时,特别是围绕《关于民俗保护致成员的建议草案》的出台所做的一些学术思考。

第一节　联合国教科文组织民俗保护工作的由来

1982年2月22日至26日,联合国教科文组织在巴黎总部召集了一次政府间专家委员会特别会议(简称巴黎会议)来讨论民俗保护的问题。作为北欧民俗学会会长的劳里·航柯代表芬兰出席了这次会议。参加此次会议的有联合国教科文组织的49个成员国、5个观察员国和20名来自不同国际组织的代表。

一、巴黎会议召开的缘起

在劳里·航柯看来,这次巴黎会议的召开并不是空穴来风,而是有其深刻的

---

① KAMPPINEN M,HAKAMIES P. The Theory of Culture of Folklorist Lauri Honko,1932—2002:The Ecology of Tradition[M]. Lewiston:The Edwin Mellen Press,2013:81.

② 安德明.非物质文化遗产保护:民俗学的两难选择[J].河南社会科学,2008(1):14-20.

社会历史根源。

（一）客观原因

航柯认为，对民俗的兴趣和研究历来被视为一个国家内部的事务，只有在学术层面上才需要国际接触。但是，在 20 世纪 70 年代，这种局面发生了深刻的变化。当我们发现一个坦桑尼亚舞蹈团参加一个芬兰民间音乐节，或在欧洲歌唱比赛听到芬兰的代表曲目是带有牙买加色彩的一首歌时，我们不再感到惊讶。[1] 在航柯看来，这种新的传统的流动及其商业化存在一些问题。首先，当传统被迫离开它们的自然环境，并被呈现在原本不属于它们的地方和语境时，它们存在着被扭曲的危险。其次，当传统被用于商业性的目的时，无法保证其中的部分收益能回到传统所归属的地方。因此，联合国教科文组织和世界知识产权组织需要考虑通过界定和监管传统持有人和使用者使其中的经济收益回到传统所属的社区。但是，民俗的保护不只是追求经济上的公正，同样重要的是防止传统被电子或其他现代手段从一个地方转移到另一个地方时而发生扭曲的现象。"一次业余的展示、在材料选择上错误的强调或一种故意屈尊俯就的态度，会把甚至是最有价值的传统变成一个怪物。"[2]而且，现代传媒在传统的扭曲上往往扮演了一个单方面的暴君角色。那么，传统的扭曲伤害的到底是谁或是什么？这次巴黎会议给出的回答是：这个传统所属社区的文化和社会的认同，即该社区的成员之间存在的亲密关系、自尊与核心符号的基础。

（二）主观原因

在劳里·航柯看来，西方工业化国家和第三世界的发展中国家都有保护民俗的现实需要。首先从西方工业化国家来看，现代化的发展速度和生活方式的突然变化导致了民众的无根性及其价值观的危机。"技术进步带来了日益增加的对技术价值的批评；在日益激烈的竞争中，我们的消费社会开始考虑它所面临的许多核心问题的可替代的解决方案。传统的农业世界观已经被破坏。这与其说是由于农民的逃离和城市化的进程，不如说是农业本身所经历的变化。生活水平的提高并不一定意味着自我认知的增强。通过电视屏幕所传播的文化不仅丰富多彩，

---

① HONKO L. UNESCO Work on the Safeguarding of Folklore[J]. NIF Newsletter, 1982, 10(1-2): 1-2.

② HONKO L. UNESCO Work on the Safeguarding of Folklore[J]. NIF Newsletter, 1982, 10(1-2): 2-3.

而且它总是进口的,以至于最后形成了一种印象,即一切美好的东西都来自远方。而我们眼前环境中不那么丰富多彩的活动突然变得不值得与之相比。对我们自己环境的低估和自惭形秽的情绪开始扭曲我们的价值观。"①航柯认为,西方工业化国家对这些变化所产生的痛苦的文化和心理上的反应是地方主义和对旧传统的一种回归。西方人开始使自己沉浸在记忆文化和过去的档案中,翻出了尘封的诗歌和笔记,重新唤醒了早已遗忘的社会知识形式,并创造出新的社会知识。在这种情况下,复兴本土文化的价值成了一种必然的平衡;疏离国际文化和艺术世界的影响迫使人们去更多地追求和密切地熟悉自己国家的文化遗产的知识,以达到一种平衡。

其次,从发展中国家来看,正是 1973 年玻利维亚政府首先向联合国教科文组织提议民俗保护的国际层面的合作,并强调采取措施来保护其免受破坏和扭曲,这促使了联合国教科文组织开始关注和推动民俗保护的活动。但是,在航柯看来,"发展中国家对民俗的兴趣不是源于超级技术使工业化国家的价值观所遭受的危机,而是源于由于殖民主义的分解所产生的认同危机以及发展中国家所感觉到建立他们的国家传统的需要"②。在这种情况下,一种民族传统的选择性呈现成为必不可少的内容。航柯指出,鉴于与西方技术和娱乐方式相比处于明显的弱势地位,在年轻国家的多语言和多民族的语境中,这项工作是非常困难的。另外,"关于传统研究的目的和方法似乎是可疑的,如果它们不是基于传统社会的需要和希望,而是服务于外国的和外部的机构来从这个国家拿走被记录的传统"③。正是在这种背景下,许多来自发展中国家的代表们在此次巴黎会议上谈到存在的传统失窃的行为。

二、巴黎会议的成果

(一)达成的共识

在航柯看来,这次会议在关于民俗定义这样困难的问题上令人惊讶地获得了

---

① HONKO L. UNESCO Work on the Safeguarding of Folklore[J]. NIF Newsletter, 1982, 10(1-2): 3-4.

② HONKO L. UNESCO Work on the Safeguarding of Folklore[J]. NIF Newsletter, 1982, 10(1-2): 3-4.

③ HONKO L. UNESCO Work on the Safeguarding of Folklore[J]. NIF Newsletter, 1982, 10(1-2): 3-4.

全体一致同意。这个定义是由芬兰代表提出的，并由智利、南斯拉夫、匈牙利和美国代表审查，然后在会议上由肯尼亚代表提出，最后获得了全体代表的一致同意。根据这一定义，"民俗（在更广泛的意义上是传统文化）是一种群体或个人以群体为导向和以传统为基础的创造物；作为它的文化和社会的认同的充分体现，民俗受一个社区的期望的约束；标准和价值观是通过口头或其他方式来传播的"①。除了民俗的定义外，与会代表们一致认为，民俗是人类文化遗产必不可少的组成部分。作为一个不断变化和发展的活态现象，民俗表现在各种大众的、种族的、地区的或国家的以及经常是相互融合的传统中。传统必须被妥善地保管、收集、保存或建档、出版、研究和使用。传统必须受到国家和国际公认的手段的特别保护，以免被忽略、歪曲和滥用。此外，民俗的保护应扩展到传统持有人、民俗专家和民俗材料的使用者的权利，以及档案馆、博物馆和研究机构的需要。以上所达成的这些共识也让来自工业化国家和发展中国家的民俗学家和传统领域的其他学者看到了通过国际合作进行民俗保护的希望。

（二）具体建议

这次巴黎会议所提出的大多数建议涉及旨在尊重并提升民间传统的地位的积极措施。具体来说，它们主要包括三个方面的问题：民俗的确认、保存和保护。确认包括民间传统的编目与分类。联合国教科文组织要求各成员准备尽可能全面的传统事象的清单，草拟传统的收集、转录和分类的规范，并提供关于已分类的材料的信息。也有与会代表建议联合国教科文组织建立一个民间传统材料的国际清单，为各成员的使用提供一个示范性的分类法，并帮助发展中国家获得必要的技术工具和人员培训。保存包括收集、建档和研究。"各成员被强烈要求把传统纳入国家信息系统，通过区域合作致力于创建传统的信息库，并在传统领域利用以计算机为基础的信息交流。"②在航柯看来，北欧国家和北欧民俗学会关于民间传统的索引和分类的项目可以称为这种区域合作的榜样。保护包括对民俗（或民间传统）的兴趣。与会专家赞成对各种形式的传统作品、传统节日、展览和项目的支持。还有代表希望联合国教科文组织及其成员将专家援助引导到这些项目中，力求协调民俗活动、大众文化和旅游业，并建立广泛而基础的国家委员会来保

---

① HONKO L. UNESCO Work on the Safeguarding of Folklore [J]. NIF Newsletter, 1982, 10(1-2): 4-5.

② HONKO L. UNESCO Work on the Safeguarding of Folklore [J]. NIF Newsletter, 1982, 10(1-2): 4-5.

护民俗。

最后,巴黎会议的闭幕公报指出,"在民俗保护中重要的是,不仅传统社区和传统持有人的权利应该被保护,而且传统研究者和使用者的权利,以及档案馆、博物馆和研究机构的需要也应该被铭记在心"①。档案馆不应该是传统材料的埋葬地,而应该是传统知识向外辐射的中心。传统记录的未来不在博物馆,而在田野。在那里,单方面的言语事件的传统描述将让位于现代的电影技术和视频技术。所以,我们要鼓励社会对民俗的自发兴趣。因为民俗是一个活生生的东西,它不可能被官僚主义的机构拯救。此外,联合国教科文组织还向各与会代表团传达了在将于 1982 年夏天举行的世界知识产权组织专家会议上讨论关于民俗保护的立法草案的意向。

第二节　从民俗保护到知识产权保护

1982 年 6 月 28 日至 7 月 2 日,在联合国教科文组织和世界知识产权组织的联合主持下,另一个政府专家委员会在日内瓦举行。共有来自 33 个国家的政府代表参加了此次日内瓦会议,它们是阿尔及利亚、澳大利亚、比利时、玻利维亚、智利、哥伦比亚、刚果、芬兰、法国、德意志民主共和国、洪都拉斯、匈牙利、印度、印度尼西亚、意大利、牙买加、日本、马达加斯加、墨西哥、尼加拉瓜、挪威、菲律宾、罗马尼亚、卢旺达、塞内加尔、苏联、西班牙、瑞典、突尼斯、土耳其、美国、梵蒂冈和委内瑞拉。此外,还有 15 个国际组织的观察员出席了此次会议,它们是欧洲广播联盟、欧洲文化学会、国际东南欧研究协会、国际法学家委员会、国际专业和智力工作者联合会、国际作家和作曲家协会联合会、国际版权协会、国际演员联合会、国际音乐家联合会、国际唱片和录像带生产商联合会、国际翻译工作者联合会、国际文学艺术协会、国际出版商协会、世界劳工联合会和世界手工艺理事会。作为北欧民俗学会会长的劳里·航柯代表芬兰出席了这次会议,并当选为政府专家委员会的副主席。② 在《保护作为知识产权的民俗》一文中,航柯首先向我们介绍了芬

---

① HONKO L. UNESCO Work on the Safeguarding of Folklore [J]. NIF Newsletter, 1982, 10(1-2): 4-5.

② HONKO L. Protecting Folklore as Intellectual Property[J]. NIF Newsletter, 1983, 11(1): 3.

兰以及北欧国家积极地参与联合国教科文组织民俗事务的缘由。

一、芬兰及北欧国家参与日内瓦会议的缘起

在 20 世纪 70 年代到 80 年代初这段时间,联合国教科文组织和世界知识产权组织召集了几次专家会议来为民俗的保护提供相关建议。但是,在这些会议上并没有来自北欧国家的代表。1980 年,北欧民俗学会理事会通知芬兰教育部国际事务办公室,北欧民俗学会愿意通过国家渠道在联合国教科文组织民俗保护的事务上提供专家援助。因此,从 1981 年起,来自芬兰、瑞典和挪威的专家们开始参加联合国教科文组织召集的相关会议。

关于北欧国家为什么应该积极地参与联合国教科文组织的民俗事务,航柯指出了其中的原因。大多数北欧国家都经历过当代发展中国家正面临的那些相类似的发展问题。与大多数其他国家相比,北欧国家记录了更多的民俗。在民俗的基础设施(如档案馆、出版物、研究、教学、学者和档案人员的培训、民俗活动以及旅游景点等方面)上,北欧国家发展得更完备。"与民俗从未扮演过国家角色的更古老、更大的西方国家相比,北欧国家不仅在民俗工作的制度化上达到了更高的水平,而且拥有更好的物质基础和技术经验。这种经验可以供那些有明确的意识形态目标却缺乏专业技能的发展中国家所使用。"[①]在航柯看来,联合国教科文组织在民俗事务上也缺乏相关的专业知识。如果联合国教科文组织正在规划的建议草案被强制推行的话,在某种程度上也将妨碍在北欧国家已经建立的民俗保存和保护的模式。

就此次日内瓦会议而言,该会议的目的是组织各成员来审议和讨论《保护民间文学艺术的表达、禁止不正当利用和其他破坏性行为的国家法律示范条款》。在此之前,芬兰和其他北欧国家并没有参加联合国教科文组织和世界知识产权组织有关民俗的知识产权或版权的法律保护的创建活动。但是,早在 1974 年,北欧民俗学会就请一位芬兰律师卡特娜(Katriina Lehtipuro-Hardwick)开展了一个关于版权法在民俗保护中的适用性的调查。她的研究报告《版权和民俗》于 1975 年发表。北欧民俗学会于 1974 年在斯德哥尔摩组织了第 1 届关于民俗建档和记录的北欧代表大会。其中,传统持有人的版权和保护的问题得到了广泛的讨论。在航柯看来,北欧国家的这些民俗实践可以为联合国教科文组织的日内瓦会议提供

---

① HONKO L. Protecting Folklore as Intellectual Property[J]. NIF Newsletter, 1983, 11(1): 2.

有益的经验和借鉴。

二、日内瓦会议的主要内容

日内瓦会议讨论的问题集中在民俗所有权、保护对象的限制、需要授权的个案的界定和授权的方法上。这种讨论主要表现了两个思考维度：其一，以版权为导向的法律思考；其二，以民俗和社区为导向的政策思考。在本次大会的专家委员会中，大多数成员是律师，而专业的民俗学家和档案保管员则相对较少。

（一）所有权的问题

日内瓦专家委员会认为，一个传统的所有权属于生产和保护这一传统的社区。而且，国家对该社区具有行政保护的权利。这种解释导致了对民俗的表达形式如何被授权这一问题的双重解决办法，即授权要么通过传统社区来给予，要么通过国家监管当局（比如国家创建或选择的一个国家机构）来给予。劳里·航柯认为，在理想的情况下，通过社区来授权将是一个更好的选择。但是，在具体的民俗实践中，仍存在许多界限不明确的情况。例如，"一种民俗表达与一个或另一个社区的从属关系是不清晰的，或者这种所有权属于一个已经成为历史的社区。在这种情况下，将社区作为授权的文化主体就成了一个重大的障碍"[①]。另外，此次会议所讨论的《保护民间文学艺术的表达、禁止不正当利用和其他破坏性行为的国家法律示范条款》只考虑到两类群体的权利：其一，是民俗的真正生产者即传统社区；其二，是瞄准民俗的商业利益或进行艺术加工的那些人。在劳里·航柯看来，在民俗的保护和潜在使用中发挥了重要作用的第三类群体一直没有受到重视。这个群体指的是从事民俗的科学研究、收集、记录、建档和出版的那些人。在北欧国家，正是这个群体决定了什么民俗被收集以及它们如何被保存和出版。换句话说，这个群体不仅对民俗的内容和概念具有重大的责任和影响，而且对民俗的保护也怀有真正的兴趣。特别是当传统社区正处在变化和消失的过程中时，研究机构和档案机构的责任就突显出来了。在这种情况下，只有研究和建档才可以为下一代保存文化传统。航柯特别提到民俗收集者的所有权在示范条款中根本没有被提及。航柯认为，从学术和伦理的角度来看，民俗的收集者对自己所收集并放置在档案馆内的材料具有优先权。从学术的角度来看，只要收集者打算出版

---

① HONKO L. Protecting Folklore as Intellectual Property[J]. NIF Newsletter, 1983, 11(1): 4-5.

关于自己所收集的材料的某一项研究的话，这些材料在时间和或然性的合理限度内应该保持完好无损。从伦理的角度来看，收集者也是他所收集的材料的最好的保护者。因为，"他处于更好的位置去评估哪些材料可以以何种方式被用于研究或出版，而不冒犯信息提供者及其周围的人，甚至是在收集阶段与他们所口头约定的关于限制材料使用的协议"①。

（二）保护对象

日内瓦会议将民俗的表达形式界定为"由某个国家的社区或反映了这个社区的期望的个人所发展和保持的传统艺术遗产的独特元素所组成的产物"。② 劳里·航柯指出，这里"艺术"一词是有问题的。因为，民俗研究不能只局限于可以被归类为艺术的表达形式。另外，这个定义也没有在艺术的和非艺术的东西之间做出鲜明的区分。即使我们接受这种区分，我们仍然面临着判断它们是谁的艺术这一问题。换句话说，我们在哪里找到艺术的标准，是在世界各地的民间社区还是西方高雅文化的艺术的定义中呢？在航柯看来，放弃这种受艺术约束的狭隘术语可能是个好主意，特别是由于民俗保护更关心的是神圣的价值观、世界观和认同的保护，而不是传统的艺术维度的保护。

此外，航柯还指出需要明确国家和社区之间的界限。民俗通常是在小群体和亚文化中被表演的，但是，当这种民俗表达形式被转变成文学形式时，它很快就会成为整个国家的财产，而不再局限于某个小群体的财产。当从传统文化中衍生出来的一个国家符号的选择、发展和维护是一个复杂的过程时，仅依靠生产文化元素的某个传统社区的能力来进行保护是远远不够的。那么，谁将为这个国家传统的法律保护负责呢？在航柯看来，针对不同保护对象应该采取不同的策略，并且适用于不同的法律。

最后，航柯把民俗的保护对象划分为以下三种类型：1.一种观念、一种回忆或某种其他非物质的东西；2.当民俗表达形式从其活态的传统中被剥离出来时，从表演情境中产生的可以被转移、保存和使用的一种记录；3.由许多记录组成的一个集合，例如受编纂者的观点和选择所影响的一个民俗选集。

（三）授权的时间和方法

根据《保护民间文学艺术的表达、禁止不正当利用和其他破坏性行为的国家

---

① HONKO L. Protecting Folklore as Intellectual Property[J]. NIF Newsletter, 1983, 11(1): 4-5.
② HONKO L. Protecting Folklore as Intellectual Property[J]. NIF Newsletter, 1983, 11(1): 5.

法律示范条款》，当民俗的表达形式用于其传统语境之外的经济收益时，即用于出版、再现或出于流通的复制，以及用于公众表演或传播时，这种民俗表达形式要受到授权的管制。申请授权的费用将由监管部门收取。相关违法行为以及对监管当局的上诉都将诉诸法庭来解决。收取的费用将用于促进和保护国家的文化和民俗。但是，在不涉及经济收益或在传统语境下民俗的表达形式的使用者不需要授权。"这包括民俗的教育使用、为了创作一个原创作品的借用、以插图的方式的使用、类似于新闻事件的报道和公开展示的民俗表达。"①此外，任何民俗表达形式的出版物的先决条件是对其所源自的社区致谢。

另外，日内瓦会议各代表对授权应该如何实施这一问题分歧很大。有些代表对该示范条款在自己国家的适用性以及执法方面的官僚主义表示怀疑；有些观察员表示坚决地反对；一些国际机构如国际唱片和录像带生产商联合会的代表质疑该条款涉嫌保护主义。在劳里·航柯看来，在民俗被出版之前，谈及任何相关的文化遗产都是不可能的。因此，过多的限制是一件糟糕的事情。劳里·航柯认为，在一定程度上，对民俗的收集、建档和研究过程提出授权申请是可行的。"这将允许民俗表达的生产者(出版商)的意愿在早期阶段就被考虑，并把材料的监督责任转移到某个常设机构，如民俗档案馆。出于学术目的对民俗材料的使用应该总是被允许的，即使它包括对材料的出版，只要信息提供者和传统社区的利益得到明确的保障。如果民俗档案馆在反对民俗的商业利用的同时必须为他们自己的出版寻求授权的话，那一定是荒谬的。"②在此情况下，航柯建议把对空白录音磁带收取的部分税收按照传统社区的意愿和国家利益分配到民俗的保护和发展中，而不是收取授权的费用。最后，他还指出，现代通信系统使信息自由传递给广大受众的速度和能力迫使我们讨论知识的保护以及传统知识的保护问题。因此，在传统档案馆中关于资料的可用性和传播规则的决定是非常重要的。这不仅涉及专业技术问题，也涉及伦理问题。

---

① HONKO L. Protecting Folklore as Intellectual Property[J]. NIF Newsletter, 1983, 11(1): 6.

② HONKO L. Protecting Folklore as Intellectual Property[J]. NIF Newsletter, 1983, 11(1): 7.

第三节　民俗保护手段的初步构思

　　1985 年 1 月 14 日至 18 日,联合国教科文组织在巴黎总部召集了来自 41 个国家的政府代表参加此次会议,它们分别是安哥拉、澳大利亚、比利时、巴西、白俄罗斯苏维埃社会主义共和国、喀麦隆、智利、刚果、芬兰、法国、加蓬、德意志民主共和国、几内亚、匈牙利、印度、以色列、意大利、牙买加、日本、肯尼亚、科威特、黎巴嫩、马达加斯加、摩洛哥、尼泊尔、荷兰、尼日利亚、挪威、巴拉圭、葡萄牙、卡塔尔、沙特阿拉伯、西班牙、泰国、特立尼达和多巴哥、突尼斯、土耳其、乌克兰苏维埃社会主义共和国、苏联、英国以及也门。此外,还有 6 个成员国(哥伦比亚、墨西哥、印度尼西亚、巴拿马、哥斯达黎加、秘鲁)和 2 个非成员国(梵蒂冈和基里巴斯)派出观察员,也有十几个政府间和国际非政府组织派出观察员出席此次会议。作为北欧民俗学会会长的劳里·航柯代表芬兰出席了这次会议,并为政府专家委员会撰写工作文件。这份工作文件已于会前发送给各国的参会者。

　　这届会议的目的就是广泛讨论这份工作文件,并将讨论结果作为联合国教科文组织执行董事会于 1985 年 10 月至 11 月举行的第 23 届全体代表大会的议程所计划的下一步行动的基础。"这届全体代表大会的责任就是决定民俗的保护是否应该成为国际规章的主题,如果是的话,确定该规章可能被引入的程度以及合适的工具的性质。"[1]在《民俗保护用什么样的工具?》一文中,劳里·航柯向我们具体介绍了这份工作文件在专家委员会上被讨论的情况。

一、民俗保护的范围和形式

　　关于民俗保护在哪些方面以及在何种程度上可以被视为有效的,劳里·航柯在这份工作文件中指出,"只有文档(笔记、录音、磁带、胶片)才能有效地和持续地受到保护以免遭到非法利用和扭曲,而活态民俗在其不断变化的形式和变异中无

---

[1]　HONKO L. What Kind of Instruments for Folklore Protection? [J]. NIF Newsletter, 1985, 1-2: 1-2.

法在不对民俗的自然发展过程造成干扰和破坏的情形下得到保护"①。而且,参与民俗记录的过程及其随后展示的每一个人,从信息提供者、传统的表演者和传统社区到收集者、档案保管员、研究者、出版商以及后来的表演者和用户,都可以在民俗保护中发挥积极作用,并具有相应的权利和义务,这一点也应该被保护。相关的文化政策应该被设计来支持这个社会群体内部的民俗再利用。而且,在特定情况下,支持表演者和传统持有人以及传统社区去继续或复兴某个传统也是可行的。但是,没有人会期待只凭官僚主义手段就可以对民俗的生命进行操控或抢救。这些观点在此次委员会的讨论中并没有受到严重的挑战。"既然民俗是不同民族遗产和文化认同的一个组成部分,我们就需要去确认、保存和保护民俗,以使其免遭被遗忘、扭曲、损害、讽刺或掠夺的危险。"②

但是,有相当多的与会代表也注意到了民俗保护的国家差异性。例如民俗的地位在不同国家之间差别很大;负责民俗保护的机构一直发展不平衡;与精神遗产相比,物质遗产受到更多的关注;在大多数国家,转变对民俗的疏忽态度仍需要具体的措施。在此情况下,航柯针对不同层面提出了关于民俗保护的具体建议:"专门从事民俗保护的区域或国际的政府间和非政府间组织应该通过在他们与各成员和联合国教科文组织之间建立一种更好的联系;涉及民俗材料和活动的国家或地方的机构网络应该在每一个成员方内被编制成目录,并应该发展类似于历史档案馆或博物馆形式的基础设施;对于传递资料和具有文化属性的国际登记来说,一种全球性的民俗类型学是必不可少的;应该重视相关人员的培训与技术、智力和经济资源的结合,以及在这些领域的国际合作。"③最后,关于采取一种民俗保护的国际手段的议题被充分地讨论。大多数代表团强调需要这样一种手段,但是也有一些代表反对类似于国际公约的具有法律约束力的国际文本。许多观察员和代表团强调在采取国际层面的行动之前应先强调国家层面的措施的重要性。对此,航柯指出:"'手段'在这种语境下指的是为了民俗的保护而制定的国家法律以及基于它们的国际规章的实施。国际活动应该采取积极发展民俗及其基础设施的有效形式,并避免将所有的精力投入针对民俗的商业或其他非法利用的限制

---

① HONKO L. What Kind of Instruments for Folklore Protection? [J]. NIF Newsletter, 1985, 1-2: 4.

② HONKO L. What Kind of Instruments for Folklore Protection? [J]. NIF Newsletter, 1985, 1-2: 4-5.

③ HONKO L. What Kind of Instruments for Folklore Protection? [J]. NIF Newsletter, 1985, 1-2: 5-6.

性措施。民俗保护的思想可以且应该通过所有的渠道传播到最广泛的公众论坛中,而不使相对较少的民俗使用的刑事案件成为最大的议题。"①

二、各成员方应采取的措施

针对上述的有关讨论,1985年这届专家委员会所提的大多数建议都是针对各成员的。民俗发展的国家保护被赋予了优先权,这被公认为国际行动的必要基础。在劳里·航柯的工作文件的基础上,专家委员会提出了一些新的元素,并就保护民俗的基本内容达成一致。最后,专家委员会提出了一个切实可行的解决方案,并邀请各成员按照以下各方面内容开展相关工作。

(一)民俗的定义

"民俗(在一个更广泛的意义上,指传统的和流行的民间文化)是一种群体或个人的以群体为导向和以传统为基础的、作为它的文化和社会的认同的一种适当表达的创造物;它的标准和价值观是通过模仿或其他方式来口头传播的。其中,它的形式包括语言、文学、音乐、舞蹈、游戏、神话、仪式、习俗、手工艺、建筑和其他艺术。"②

(二)民俗的确认

作为知识产权,民俗必须被为它所表达的认同的那个群体(家庭的、职业的、国家的、地区的、宗教的、民族的)保护。为此,以下做法将是可取的:

1. 制作一个与民俗有关的机构名册;
2. 建立确认和记录系统或发展已经存在的那些系统;
3. 建立一个标准的民俗类型学;
4. 协调不同机构所使用的分类系统。③

(三)民俗的保存

民俗的保存关注的是有关民间传统及其物体的记录。当这种传统的非利用

---

① HONKO L. What Kind of Instruments for Folklore Protection? [J]. NIF Newsletter, 1985, 1-2: 6.

② HONKO L. What Kind of Instruments for Folklore Protection? [J]. NIF Newsletter, 1985, 1-2: 6.

③ HONKO L. What Kind of Instruments for Folklore Protection? [J]. NIF Newsletter, 1985, 1-2: 7.

或发展产生时，给予研究者和传统持有人对数据的访问权限，使他们能够理解传统发展和变化的过程。当活态民俗因其不断发展的特点，无法总是得到直接的保护时，一直以一种有形的形式被固定的民俗应该得到有效的保护。为此，以下做法将是可取的：

1. 建立一个收集到的信息和文件将被储存的档案馆网络；

2. 创建民俗博物馆，发展民俗博物馆或多学科博物馆中的民俗部门，建立数据或档案中心；

3. 建立保存民俗事象的机构和个人的索引；

4. 培训收集者、档案保管员、文献资料工作者和其他民俗保存方面的专家。①

（四）民俗的保护

民众不仅拥有关于自己的文化的权利，而且他们对这种文化的信仰常常受到由大众传媒所提供的工业化文化的影响。因此，他们可以采取以下保护措施：

1. 引入各级教育课程，以适当的方式开展民俗的研究；

2. 不仅考虑流行的和农村的文化，也考虑城市地区所创造的文化；

3. 向当地机构提供在中央档案馆储存的有关特定社区或地区的文件的副本；

4. 保障各种民族群体和民族（国家）社区关于它们自己的民俗的权利；

5. 在跨学科的基础上建立一个由各个利益群体所代表的国家民俗委员会或类似的机构。②

（五）民俗的传播

在民俗的保护中，增强民众对民俗的价值和保护它的必要性的认可是非常重要的。因此，广泛的传播是必不可少的。但是，在传播期间应该避免任何的讽刺或扭曲，以至于这种传统的完整性可以得到保障。为此，以下做法将是可取的：

1.鼓励组织国家、区域和国际的民俗活动，如展会、节庆、电影、展览、研讨会、座谈会、专题讨论会、培训课程、代表大会等等，并加以宣传；

2.在简报和期刊上发表信息；

---

① HONKO L. What Kind of Instruments for Folklore Protection? [J]. NIF Newsletter, 1985, 1-2: 7.

② HONKO L. What Kind of Instruments for Folklore Protection? [J]. NIF Newsletter, 1985, 1-2: 7-8.

3. 使大众媒体熟悉所有民俗活动；

4. 建立专门从事民俗保护工作的学院（学会）、记录（参考资料）中心和图书馆；

5. 促进与民俗有关的个人、团体和机构之间的聚会和交流。[1]

(六)民俗的使用

作为一种知识创造力的表现形式，民俗理应受到知识产权的保护。除此之外，它还涉及民俗记录、研究及其后来的展示过程中的每一个人。有鉴于此，在以下方面开展工作是有积极意义的：

1. "知识产权"方面：(1)向有关当局指出，民俗保护的"知识产权"方面不包括民俗保护中所涉及的所有问题，而且，它只代表可以从它的所有权方面单独被实施保护的一个方面；(2)提醒有关当局注意联合国教科文组织和世界知识产权组织在 1982 年日内瓦会议上通过的《保护民间文学艺术的表达、禁止不正当利用和其他破坏性行为的国家法律示范条款》。

2. 涉及的其他权利方面：(1)保护作为传统的传播者的信息提供者；(2)确保收集到的材料完好无缺和齐齐整整地保存在档案馆中；(3)就收集者、研究人员或档案馆而言，应采取必要措施来保护收集到的材料以免滥用；(4)认可档案馆监督由收集到的材料所造成的使用的权利。而且，应该和有权颁发与民俗保护的"知识产权"有关的授权许可的权威当局合作。[2]

(七)国际合作

为了加强国际文化合作与交流，各成员应该：

1. 与涉及民俗的国际或地区的协会、机构和组织合作；

2. 加强在民俗的知识传播和保护的领域的合作，特别是通过各种信息的交流、科学和技术的出版物的交流、专家的培训、旅费补助的发放、科技人员和设备的派遣、专家会议、学习课程、关于民俗资料和表达方式的分类和编目等特定主题的工作组的组织；

3. 密切合作以在国际上确保有关各方（利益相关团体）享有因民俗的调查、

---

① HONKO L. What Kind of Instruments for Folklore Protection? [J]. NIF Newsletter, 1985, 1-2：8.

② HONKO L. What Kind of Instruments for Folklore Protection? [J]. NIF Newsletter, 1985, 1-2：8-9.

创造、创作、表演、记录和(或)传播而产生的经济、伦理和所谓的邻接权。①

三、联合国教科文组织和各成员的三个紧急任务

劳里·航柯在这篇文章的结尾列出了联合国教科文组织和各成员关于民俗保护最需要解决的三个紧急任务：

第一，建立一个全球标准的民俗类型学。这将使世界各地的民俗档案馆和机构在他们的民俗资料的索引、归档和检索中能够使用类似的语言。这种类型学不仅有助于计算机化的归档和传输数据，还有助于以民俗的形式建立一个文化产权的国际登记。

第二，编制一个有关民俗材料机构的清单。

第三，提供智力和技术的援助手段。

第一个目标是为在不同国家的多种用途策划课程项目和编制基本的教学材料。一系列含有关于收集和处理民俗资料，如系统化、编目、分析、出版、展览等核心主题的指南信息的小册子可以提供给参与民俗工作的机构和个人。关于民俗保护的实例和个案报告可以被纳入这个系列。②

最后，航柯指出，所有这些努力需要专业的民俗学家们的支持和理解。没有他们的帮助，所有的政策和文件都只能成为一纸空文和无意义的官僚主义。

第四节　民俗保护的国际合作构想

1985 年 10 月至 11 月，联合国教科文组织在索非亚召开第 23 届全体代表大会。美国、英国和新加坡等国家退出联合国教科文组织。与前面三篇关于民俗保护的论文不同的是，劳里·航柯并没有对这届大会的具体内容进行详细的介绍。他的主要关注点是这次大会的 15.3 项决议，即要求联合国教科文组织总干事召集一个政府专家特别委员会来"决定民俗保护是否可以以一个国际手段的建议案

---

①　HONKO L. What Kind of Instruments for Folklore Protection? [J]. NIF Newsletter, 1985, 1-2：9.

②　HONKO L. What Kind of Instruments for Folklore Protection? [J]. NIF Newsletter, 1985, 1-2：10-11.

的形式提供给各成员"①,并给下一届全体代表大会(1987)作报告。劳里·航柯在《国际的合作和管理在民俗保护中的可能性》这篇论文中,首先对前两届关于民俗保护的政府专家委员会的工作进行回顾和总结,然后指出这一届特别委员会的任务,最后以特别委员会主席的身份对在民俗保护的具体措施中展开国际合作和管理的可能性进行具体的分析。

一、1982 年和 1985 年两届政府专家委员会的工作回顾

在劳里·航柯看来,联合国教科文组织关于民俗保护的过程有两个开端:第一个是 1973 年玻利维亚政府向联合国教科文组织总干事提交请求,然后,联合国教科文组织秘书处开始调查民俗的状况,并提议加入《世界版权公约》;第二个是 1979 年联合国教科文组织总干事通过向其成员发放一个调查问卷进而从一个更普遍的文化角度来探究民俗的状况。正是这第二个开端使 1982 年第 1 届关于民俗保护的政府专家委员会以及 1985 年第 2 届关于民俗保护的政府专家委员会得以产生。

航柯指出,第 1 届政府专家委员会的任务是评估联合国教科文组织秘书处针对从成员处回收的 92 份调查问卷所开展的调查研究的成果,并提出"保护民俗和传统的大众文化的存在、发展和本真性的措施以及保护它们免遭被扭曲的危险"。② 该委员会还决定把版权问题留给世界知识产权组织和联合国教科文组织将联合召集的专家组,并专注于民俗的定义、确认、保存和保护,同时给予联合国教科文组织及其成员一些相关建议。第 2 届政府专家委员会的任务是"对有关民俗保护的一般规章的幅度和适用范围进行详尽的研究"。③ 在对民俗保护的一些关键概念进行讨论后,该委员会提出了一些具体的关于民俗保护的措施。如果它们被联合国教科文组织及其成员成功实施的话,将极大地提高民俗在世界文化中的地位,并为国家和国际的民俗保护创建新的机制。但是,关于这些措施的实施方式,委员会内部产生了一定的分歧。大多数代表强调需要一种国际性的手段,

---

① HONKO L. Possibilities of International Cooperation and Regulation in the Safeguarding of Folklore[J]. NIF Newsletter,1987,1:6.

② HONKO L. Possibilities of International Cooperation and Regulation in the Safeguarding of Folklore[J]. NIF Newsletter,1987,1:5.

③ HONKO L. Possibilities of International Cooperation and Regulation in the Safeguarding of Folklore[J]. NIF Newsletter,1987,1:5.

而有些代表则对采用一种法律上有约束力的国际公约持保留意见。最后,该委员会采取了一个折中方案:"联合国教科文组织在全体代表大会上给成员制定一个可行的建议案也许是最好的支持民俗的方法,而不是出台一个国际公约。"①

二、1988 年政府专家特别委员会的任务

作为这届政府专家特别委员会的主席,劳里·航柯指出,这个国际建议案的制定应该从以版权为导向的方法中解脱出来。因为,过分地强调对民俗保护的法律行为容易以牺牲更多支持民俗工作的积极行动为代价。应该在现有的民俗基础设施的行政可行性和实践的语境下看版权问题。另外,有必要去审视第 2 届政府专家委员会在建议的各种措施中所涉及的社会、经济和政治的因素。这届特别委员会的任务将是审查这些措施,并从中挑选、澄清和补充一些元素从而构成一个符合大多数成员利益的核心建议案,以便在全体代表大会上被接受和通过。具体来说,这届政府专家特别委员会的任务是:

第一,讨论在民俗保护中采取一种国际手段的可行性;

第二,决定这种国际手段的最好实施方式;

第三,审查、挑选、澄清和补充第 2 届政府专家委员会关于民俗保护所做的结论和建议的元素,基于它们可能被纳入特别委员会所制定的核心的建议案;

第四,讨论涉及民俗工作的联合国教科文组织、各成员和国际机构的作用,基于核心的建议案所可能采取的实施方式;

第五,决定核心的建议案的最终规划。②

三、国际合作和管理的可能性分析

正如前文所述,劳里·航柯对民俗保护中国际合作和管理的可能性进行分析的过程,其实也是对第 2 届政府专家委员会关于民俗保护所做的结论和建议(即民俗的定义、确认、保存、保护、传播和国际合作)进行审查、挑选、澄清和补充的过程。

---

① HONKO L. Possibilities of International Cooperation and Regulation in the Safeguarding of Folklore[J]. NIF Newsletter, 1987, 1: 6.

② HONKO L. Possibilities of International Cooperation and Regulation in the Safeguarding of Folklore[J]. NIF Newsletter, 1987, 1: 6-7.

（一）民俗的定义

劳里·航柯指出,上一届政府专家委员会所采用的民俗定义把重点放在文化和社会的认同上。此外,他还提到了在 1986 年 9 月卑尔根召开的北欧民俗学会上对民俗的一个定义,即"民俗是由人的创造力和想象力所形成的集体的传统知识。在某些情况下,这种知识通过文化表现形式变得显而易见。而且正是通过这些形式,民俗才得以传播。民俗是通过带有个人特征的表演情境而不断被重新创造的。民俗主要是通过话语和行为进行传播。但是,即使在诸如食物、衣服、艺术和建筑物等人工制品中,人们依然可以发现民俗的思想和象征符号。由口头传播所造成的形式和内容的变异是民俗真实可信的特征。即使在书面和大众媒体的形式是民俗的情况下,变异仍然可能发生。传统与民俗这两个术语部分重叠,传统是一个比民俗更广泛的术语,但是民俗表演可以包含不属于传统的元素。民俗反映了不同民间群体的世界观,并强化了这些群体的认同"[1]。在航柯看来,学者们在未来还会对民俗创造更多的定义。这些定义虽然在一定程度上把握了民俗的性质和内容,但是,即使是最可行的定义也不能解决保护民俗的问题。与定义相比,更重要的是使民俗过程在整体上清晰可见。正是在民俗的"两次生命"的过程背景下,民俗保护的任务才必须被界定。这要求人们对民俗所涉及的文化、社会和经济因素有更深入的了解。良好的判断力和灵活的方法在民俗的定义中是至关重要的。最后,对民俗保护的强调重点必须放在非物质的遗产上。虽然民俗的定义中包括物质文化,但是,我们应该保护的对象并不是物质文化本身,而是物质文化背后的思想和过程。

（二）民俗的确认

针对上一届委员会提出的关于"民俗的确认"的四个措施,劳里·航柯指出,这四个措施是民俗领域的基础工作。信息的国际交流和需要在这四个任务中是显而易见的。措施 1 反映了目前关于民俗机构的国际信息的非常偶然和混乱的状态在很大程度上是由于缺乏国家层面的协调和国际层面的合作。此外,由于民俗的基础设施的发展在不同国家之间有所区别,因此,没有必要将那些仅部分参与民俗工作的机构排除在外。措施 2 指向民俗记录过程中指南水平的标准化。

---

① SKJELBRED A H B. The Nordic Perspective on Safeguarding Folklore: NIF's 4th Nordic Conference on Archives and Documentation in Bergen[J]. NIF Newsletter, 1986(4): 21.

当代信息技术的发展使不同国家在民俗资料的数据库之间相互转换的可能性大大提高。但是,在收集和编目的规则中存在较多的个人主义,而且,一些国家的有关当局一直没能找到被普遍接受的规范。航柯指出,目前的情境有利于档案馆和其他机构之间进行协调以达成各方可以同意的条件。措施3在他看来是"民俗的确认"中最重要和最困难的一项任务。因为,在目前不同国家的民间故事、歌谣、谜语、谚语等分类系统之间存在一些间隙和漏洞。如果不把这个任务分成几个项目的话,建立全球范围内的民俗类型学的目标就很难完成。第一个目标是基于在世界上大多数文化中容易发现的民俗现象的一套跨文化的民俗范畴的一个"民俗的大纲"(general outline of folklore)①。第二个目标是"民俗的全面登记"。它指的是把民俗产品和现象的不同形式和类型的详细信息与现有的目录和类型系统中的特定事象联系起来,并将其置于一个新秩序的数据库中。第三个目标是"民俗的区域分类系统"。它指的是使民俗的用户能够在传统内看到"活态的"系统以及把它们纳入国际上公认的分类系统的方法。具体来说,航柯列出了可以被纳入核心的建议案的三个方面的内容:

1. 鉴于需要协调不同机构所使用的分类系统,可以通过手册、收集指南、示范目录等方式,创建确认和记录系统(收集、编目和转录)或发展已经存在的那些系统;

2. 创建一个与民俗有关的机构的全国清单,以便于把它纳入区域性和全球性的民俗机构的名册;

3. 通过一个针对全球定位的民俗的大纲,通过一个有关民俗的全面登记材料,以及通过一个民俗的区域分类系统,创建一个标准的民俗类型学。②

(三)民俗的保存

针对上一届委员会提出的关于"民俗的保存"的四个措施,劳里·航柯指出,对于民俗保护来说,建立一个档案馆网络是非常重要的。一个有效的民俗档案馆网络指的是一个中央档案馆的职能部门。它是关于现有材料的中央目录,以便为民俗材料的不同群体的使用者提供信息服务。中央档案馆可以提供关于复制某些材料的内容、可用性和成本的信息,但是它不能提供材料本身。它熟知各种适

---

① HONKO L. Possibilities of International Cooperation and Regulation in the Safeguarding of Folklore[J]. NIF Newsletter, 1987, 1: 10.

② HONKO L. Possibilities of International Cooperation and Regulation in the Safeguarding of Folklore[J]. NIF Newsletter, 1987, 1: 10.

用于民俗作品的标准和规章,并积极地传播这方面的信息。任务 2 反映了当前的博物馆只允许物体入内,而不是口头传统。但是,借助现代的视听技术,口头、行为和戏剧等民间传统进入博物馆并不难。航柯认为要在固定下来的日益完善的博物馆中引起变化是困难的,应该鼓励采取一些行政手段来引导非物质遗产进入博物馆。任务 3 强调把个人纳入清单编制。在个人的所有物中,也有一些私人的民俗收藏品。但是,在航柯看来,这样会增加这个名册的容量。如果这种扩张应该被纳入核心的建议案,那么该采用什么形式还值得考虑。任务 4 在航柯看来是最重要的。在民俗收集、建档和研究方面有着悠久历史的国家能够给一些基础设施建设落后的国家提供一些有益的建议和帮助。具体来说,航柯认为以下几个方面可以被考虑纳入核心的建议案:

1. 建立一个档案馆网络,其中,被收集的民俗可以被妥善地储存和受约束地使用;

2. 出于各种目的建立一个中央档案馆职能部门;

3. 创建可以供民俗展览的博物馆或现有博物馆中的民俗部门;

4. 培训收集者、档案保管员、文献资料工作者和其他民俗保存方面的专家;

5. 采取制作所有民俗材料的安全性副本和工作副本的手段,以及为材料收集所在地的当地机构提供副本;

6. 通过参与培训课程和档案保管员大会,参与国际性的民俗工作以及有关的国际组织的活动。①

(四)民俗的保护

在劳里·航柯看来,"保护指的是传统社区在外部文化力量和霸权的压力下,需要立即去保护它们的传统。它主要指的是当民俗(作为构建和塑造社会认同的一部分,或以表演、娱乐等为目的)在'第二次生命'的语境中复兴以及在以大众传媒为载体进行流通时,需要保护以民俗为基础的符号和产品的本真性"②。针对上一届委员会提出的关于"民俗的保护"的五个措施,劳里·航柯指出,在这些措施的实施过程中可能会出现问题。一方面,学者们可能不愿意引导某个社区的民俗的发展。另一方面,传统社区不可能被某一个学者或管理者集中地代表。在航

---

① HONKO L. Possibilities of International Cooperation and Regulation in the Safeguarding of Folklore[J]. NIF Newsletter,1987,1:13.

② HONKO L. Possibilities of International Cooperation and Regulation in the Safeguarding of Folklore[J]. NIF Newsletter,1987,1:14.

柯看来,安排一个所有利益相关团体的权威代表,如国家民俗委员会或全职的民俗巡视官是必要的。具体来说,航柯认为以下几个方面可以被纳入核心建议案:

1. 以适当的方式将民俗研究的各个层面引入相关课程,不仅要考虑到村庄的变化,也要考虑到在城市社区中,由各种社会团体、职业和机构等所创造的那些文化,从而促使人们更好地理解文化的多样性和不同的世界观,特别是那些不参与主流的文学文明的人;

2. 通过支持他们在记录、建档、研究等领域的工作以及传统在表演中的应用,保证各个民族群体和国家社区关于他们自己的民俗的权利;

3. 在跨学科的基础上建立一个代表各种利益团体的国家民俗委员会或类似机构。①

(五)民俗的传播

在民俗的传播中,劳里·航柯首先注意到大众传媒(报纸、期刊、广播、电视和商业视频)所扮演的角色:不仅是在传播对民俗的态度,也在充当记录民俗的工具。通过问卷调查、比赛、文化活动等方式收集民俗相关材料是非常容易的,但是,媒体并没有建档的设施和系统的记录民俗的计划。而在一些发展中国家,国家或地方的电视台又几乎成了唯一具有民俗视听记录完备的技术设备和水平的单位。所以,航柯强调至少应该在最重要的国家或地方媒体单位聘请在民俗记录和研究方面受过专业培训的人员,并使他们的技术设施可用于系统的记录中。大众传媒所收集的材料不应该轻易丢弃,而应存储在专门的档案室或严格意义上的档案馆中。此外,保存民俗表演传统本真性的最有效的手段是商业视频。航柯认为,每一个国家都应该开始建设至少一个民俗作品的视听中心。"在那里,以视频为基础的实地考察的成果可以被快速地编辑,也可以供公众进行评论。这必须得到国家、省、市和地区的经济支持。而他们反过来可以在学校、民俗博物馆、全国或国际的民俗节日和展览中使用这些视频材料。在大学和档案馆中,研究者的培训也将极大地受益于这种视频技术。"②具体来说,航柯认为以下几个方面可以被纳入核心的建议案:

1.鼓励组织国家、区域和国际开展民俗活动,如展会、节庆、电影、展览、研讨

---

① HONKO L. Possibilities of International Cooperation and Regulation in the Safeguarding of Folklore[J]. NIF Newsletter,1987,1:15.

② HONKO L. Possibilities of International Cooperation and Regulation in the Safeguarding of Folklore[J]. NIF Newsletter,1987,1:15-16.

会、座谈会、专题讨论会、培训课程、代表大会等等，并支持其材料、文件和其他相关成果的传播和出版；

2. 鼓励城市在本地为民俗学家创造全职工作的机会，向其咨询并为民俗活动设计计划；

3. 通过图书馆、博物馆、档案馆以及专门的民俗简报和期刊来确保信息的可利用性；

4. 促进与民俗相关的个人、团体和机构之间的全国性或国际性的聚会和交流。

（六）民俗的使用

关于民俗的使用，特别是民俗立法方面的发展，劳里·航柯指出这届政府专家特别委员会不需要费时间去处理"具有法律约束力的国际文档"的议题。这意味着之前两届政府专家特别委员会报告中提到的《保护民间文学艺术的表达、禁止不正当利用和其他破坏性行为的国家法律示范条款》将不会以任何方式被整合到这份核心的建议案中。这份建议案使得将由世界知识产权组织和联合国教科文组织的产权部门来决定是否以及何时来处理这个问题。但是，航柯认为，近年来，北欧国家引入了适用于民俗的《保密法》、《数据保护法》和《隐私权利法》。这些法律将使得对提交材料给档案馆的信息提供者的姓名、性别、年龄、职业等信息完全保密。这与目前档案馆的通常做法是完全不一致的。在航柯看来，我们应该做点什么以免使民俗信息提供者的个人数据被出版。

此外，航柯认为关于民俗档案馆的司法定位也是有问题的："当信息提供者死亡或双方认定的保密协议失效后，谁将拥有这个材料？如果由档案馆去保护他们的所有物的话，那么，在他们的材料受到有形损坏的情况下，档案馆应该承担的法律责任是什么？在档案馆的材料已经被出版的情况下，他们在授予使用许可、收取版税方面的权利是什么？收集者有任何关于他已经提交给档案馆的材料的可用性的权利吗？"①航柯希望这些问题被纳入发展可能适用于民俗保护的立法的一般性建议。

（七）国际合作

针对1985年委员会提出的关于"民俗的国际合作"的三个措施，劳里·航柯

---

① HONKO L. Possibilities of International Cooperation and Regulation in the Safeguarding of Folklore[J]. NIF Newsletter，1987，1：17-18.

指出,措施1(即与涉及民俗的国际或地区的协会、机构和组织合作)与核心建议案的实施相关。措施2(即加强在民俗的知识传播和保护的领域的合作)是有可能被接受的,但是,它在一定程度上与上述的一些具体元素相互重叠。为了回避任何与民俗的法律保护相关的立场,措施3(即密切合作以在国际上确保相关利益方享有因民俗的调查、创造、创作、表演、记录和传播而产生的经济、伦理和所谓的邻接权)应该被删除。此外,他还指出核心建议案的重点是国际合作。没有这一点,改善有关民俗的国家政策的希望将是非常渺茫的。一个联合国代表大会通过的建议案即使不具有法律上的约束力,它也将极大地提高民俗在成员内部和国际上的地位。这是民俗未来发展的一个重要平台。另外,他提出要重视和利用民俗领域中的国际组织和机构的作用。比如承担一定责任的区域性学会(如北欧民俗学会,阿拉伯海湾国家民俗学会等);一些区域性的社区网络(例如在中国)以某种形式(如南亚区域合作联盟)致力于区域合作的计划;利用资助第三世界国家发展工作的基金会(如福特基金)的直接接触以培训课程、设备援助等形式开辟国际合作的新途径。

第五节　民俗保护方案的初步形成

1989年4月24日至28日,联合国教科文组织在巴黎召开最后一次关于民俗保护的政府专家特别委员会会议。联合国教科文组织的48个成员国派代表参加此次巴黎会议,分别是:阿尔及利亚、安哥拉、阿根廷、巴林、孟加拉国、比利时、贝宁、巴西、布基纳法索、布隆迪、白俄罗斯苏维埃社会主义共和国、加拿大、智利、中国、哥伦比亚、哥斯达黎加、科特迪瓦、埃及、厄瓜多尔、芬兰、德意志联邦共和国、法国、德意志民主共和国、希腊、几内亚、匈牙利、印度、意大利、约旦、科威特、墨西哥、尼日利亚、挪威、阿曼、巴基斯坦、巴拿马、秘鲁、菲律宾、葡萄牙、瑞典、泰国、阿拉伯叙利亚共和国、多哥、突尼斯、土耳其、乌克兰苏维埃社会主义共和国、苏联和委内瑞拉。一个"准成员国"(阿鲁巴)和三个观察员国(英国、梵蒂冈和巴勒斯坦)也派代表出席了会议,此外,还有9个国际组织派出观察员出席本次会议。劳里·航柯作为芬兰代表,同时以上一届政府专家特别委员会主席的身份参加了此次会议。

一、1989 年巴黎会议召开的缘起

1988 年 6 月 1 日，由劳里·航柯领导的上一届政府专家特别委员会起草的《关于民俗保护致成员的建议草案》被发送给联合国教科文组织的各成员，并要求它们在 12 月底前对此进行评论和回复。在此次巴黎会议召开前共收到 56 个成员的回复。这次会议的主要目的就是由各成员对这个建议草案进行公开的讨论，并为 1989 年 11 月其在联合国教科文组织的第 25 届全体代表大会上获得通过作最后的准备。

二、1989 年巴黎会议的内容及修改意见

(一)具体内容

劳里·航柯指出，在本次巴黎会议上，大多数国家都对这个建议草案表示满意。几乎所有人都认为保护民俗是及时和重要的倡议。但是，对一些小问题的看法还是存在细微差别。会议大部分的时间都致力于讨论这个建议草案的六种联合国教科文组织的官方语言(中文、阿拉伯文、英文、法文、俄文和西班牙文)的译本之间的语言细节和差异。代表们还就一些永恒的话题展开了讨论，如民俗的定义、民俗工作中鼓励性措施和禁止性措施之间如何取得平衡、适用于民俗的版权问题的性质、民俗类型的标准化和对官僚主义的担心等等。在航柯看来，没有办法可以保证建议案的完美实施。每一个成员应根据自身的历史和发展现状为民俗保护的实施提供框架。解决方案应该是灵活多变的。"它必须与国家相一致：从一个希望在其未来的建设中利用民俗的发展中国家，到一个把民俗主要视为陈年往迹的高科技国家。"①但是，在航柯看来，诸如学者和档案人员的培训、分类系统的创建、田野作业和建档的标准化等国际合作对所有人都是非常重要的。另外，出于会议期间阿拉伯国家和巴勒斯坦代表团之间的紧张关系，特别委员会利用了一些外交手腕，使大家的注意力从民俗工作中长期存在的政治问题上转移开来。航柯指出，这种冲突说明民俗既可以用于一个国家的团结的建构，也可以用于一个民族或少数民族的认同的增强。所以，"保护民俗的政策的任务是注意各

---

① HONKO L. The Final Text of the Recommendation for the Safeguarding of Folklore[J]. NIF Newsletter，1989，2-3：6.

种较小的且往往不那么强调社区存在的权利,并在文化上通过民俗和手段来表达自己。当然,民俗符号用于国家或地区的认同的表达时,可能需要一定程度的本真性"①。最后,航柯认为,这个建议草案的主要关注点是创建民俗作品及其保存的完备的基础设施。这也是一种允许民俗在其原始语境的内部和外部的循环使用的基础设施,从而允许更多的人成为民俗固有的价值的持有人。联合国教科文组织为国际交流提供了一个最好的平台,因为它提供了一套伦理准则,并反对狭隘的或过分的民族主义的态度。在这里,一切文化形式,不论大小强弱,都是平等的。

(二)修改意见

根据上述会议讨论的修改意见,由劳里·航柯领导的特别委员会对之前发送给各成员的《关于民俗保护致成员的建议草案》进行了相应的修改。修改后的建议草案文本如附录1中所示。总的来说,变化和增加是非常少的。其中发生的具体变动如下所示:

第一,在"序言"中,增加了"民俗作为全人类的遗产的一部分",还包括要求成员鼓励民俗机构"与涉及民俗保护的合适的国际组织进行接触"。

第二,在"民俗的定义"中,把"民俗是一种群体或个人的以群体为导向和以传统为基础的、作为它的文化和社会的认同的一种适当表达的创造物"改为"民俗是一个文化社区以传统为基础的创造物的总和"。

第三,在"民俗的确认"中,增加了"鼓励在国家、地区和国际层面上开展适度的调查研究"。

第四,在"民俗的保存"中,在(g)项中增加了"确保文化社区有权访问这些材料"。

第五,在"民俗的维护"中,在(a)项中增加了"特别强调在最广泛的意义上对民俗的尊重";将(d)项改写为"为研究、宣传、培养和持有民俗事象的个人和机构提供伦理和经济上的支持";并在(e)项中增加了"促进与民俗保护相关的科学研究"。

第六,在"民俗的传播"中,增加了新闻、出版相关内容,以及(g)项"鼓励国际科学界采用伦理准则,确保传统文化传播的合适方法"。

---

① HONKO L. The Final Text of the Recommendation for the Safeguarding of Folklore[J]. NIF Newsletter, 1989, 2-3: 6.

第七，通过把"民俗的使用"改为"民俗的维护"，从而把重点放在法律方面。

第八，在"国际合作"中，增加了"一个成员的专家在另一个成员的领土上进行研究"；同时，还增加了(d)项"确保在其领土上进行研究工作的各成员有权利从相关的成员那里获得所有文件、录像、影片和其他材料"。在(e)项中强调了国际条件下民俗保护的互惠性。最后，结合当前的国际政治局势，在(f)项中增加了"包括源自武装冲突、领土占领或其他公共秩序混乱的危险"。

第六节　民俗保护方案的最终定型

1989年10月17日至11月16日，联合国教科文组织在巴黎举行的第25届全体代表大会上顺利通过了《关于保护传统文化和民俗的建议案》(以下简称《建议案》)。对于作为历时八年且一直参与并组织这份建议草案文本的专家委员会成员的劳里·航柯来说，这原本是一个令人愉快和满意的结局，但是他在《联合国教科文组织通过的〈关于保护传统文化和民俗的建议案〉》(1990)中指出："这种快乐的结束只是一个美好的开始。《建议案》将被送给所有联合国教科文组织的成员，以期望它们回顾八年来的民俗保护工作以及改进今后的工作计划。在一两年的时间里，联合国将继续开展后续的相关工作以确保各成员沿着《建议案》的路线正确前进。"[①]在他看来，民俗保护可能受益于当今快速整合的全球化过程。它对我们文化产业的精英化、商业化和娱乐化的传播形式提供了某种平衡力，也阻止了人们心理上对地方文化和传统文化的形式产生自我破坏的侵蚀。总之，从文化政治的角度对民俗的使用和功能进行客观的分析是非常必要的。这将很可能对未来的民俗保护和应用发挥重要的作用。此外，劳里·航柯还在文章中总结了北欧国家代表团这八年来在参与联合国教科文组织的会议中的成功经验。最后，他还介绍了此次代表大会期间围绕《建议案》所展开的一些讨论。

一、北欧国家代表团的成功经验

劳里·航柯在文章中指出，北欧国家的代表们在参与联合国教科文组织相关

---

① HONKO L. Recommendation on the Safeguarding of Traditional Culture and Folklore adopted by UNESCO[J]. NIF Newsletter，1990，1：3.

会议时的通常做法是：在每一次重大的正式会议开始之前，他们会聚在一起相互讨论相关议题，然后选择一个国家的代表来代表整个北欧，最后由他（她）起草一份《联合声明》。航柯认为，这种做法既可以节省时间成本从而提高会议的工作效率，也使这份声明更有分量。特别值得一提的是，劳里·航柯在这篇文章中特地向我们介绍了北欧四国（丹麦、芬兰、挪威和瑞典）的代表在 1989 年 10 月 30 日晚上参加完北欧第四小组讨论《关于民俗保护致成员的建议草案》的第四次会议后，于第二天早上聚集在一起对该草案的文本再次进行讨论，特推选劳里·航柯在当天的第 4 届委员会大会上作为北欧代表发表《北欧声明》（详见附录 2）。[1] 通过这份《北欧声明》，我们不难看出，劳里·航柯作为北欧民俗学会会长的卓越领导能力。

二、相关讨论

劳里·航柯在文章中指出，本届代表大会有两次讨论是值得关注的。第一次是关于这份《建议案》能否通过的讨论；第二次是关于《建议案》的标题的讨论。

（一）关于《建议案》能否通过的讨论

在本届代表大会上，第一个上台发言的南斯拉夫的代表赞成通过这份《建议案》。接着其他国家的代表也大多表示支持采用这份《建议案》。大家普遍认为，这份《建议案》是精心准备的，内容非常清晰；从时代背景来看，也是刻不容缓的。但是，各国的关注点还是略有不同。希腊代表注意到日益增长的对民俗保护的需要；白俄罗斯代表提到芬兰在筹备阶段的作用；德国强调民俗对文化认同的重要性；厄瓜多尔极力主张通过这份《建议案》（在该国看来，传统既在被侵蚀，又在被利用）；西班牙准备原封不动地全盘接受这份《建议案》，却又觉得它太详细了，因此有可能导致过度保护；苏联建议联合国教科文组织应该采取进一步的措施来推动民俗保护；保加利亚希望所有的传统，包括塑料艺术，都被纳入保护领域；安哥拉则把保护活动视为一个更广泛的发展战略的一部分……

唯一的反对声音来自日本。日本代表认为，联合国教科文组织的预算状况并不允许广泛实施这份《建议案》中的相关措施。在航柯看来，日本本质上是反对在民俗保护上的国际监管，因为，"日本觉得《伯尔尼公约》和《国际版权公约》关于民

---

① HONKO L. Recommendation on the Safeguarding of Traditional Culture and Folklore adopted by UNESCO[J]. NIF Newsletter, 1990，1：4-6.

俗保护的需要是令人满意的"①。显然,日本的立场并没有赢得支持者。《关于保护传统文化和民俗的建议案》的最终通过也没有真正受阻。

(二)关于《建议案》的标题的讨论

在本届代表大会上,最激烈的讨论是关于《建议案》的标题。法国代表首先建议,"民俗"一词应该从标题中删除,并用"传统和大众的文化"来代替。因为,在法语和西班牙语中,"民俗"一词在旅游业和其他语境中有负面的含义。法国的修订意见立即获得了法语和西班牙语国家的支持。特别是来自秘鲁的委员会主席阿尔维托·瓦格纳·德雷纳(A. Wagner de Reyna)准备马上做出决定把"民俗"从这个标题中删除。作为北欧代表团的授权代表,劳里·航柯指出这一举措是不可接受的。因为,"传统文化"与"民俗"不是语义上对等的概念。"传统文化"这一术语容易引导思想更多地走向民间文化的技术和经济的方面。所以,"传统文化"可以作为一个补充,但是不能取代"民俗"。"大众文化"往往指的是国际娱乐产业的产品、快速的时尚建构和其他表面上与民俗相反的现象。② 劳里·航柯坚持使用"民俗"一词。在他看来,"民俗"在学术话语中具有无可争议的清晰度和简洁性。航柯的观点获得了来自白俄罗斯、爱尔兰、加拿大、博茨瓦纳、荷兰、保加利亚和南斯拉夫等与会代表的支持。在这种情况下,联合国教科文组织总干事亨利·洛佩斯(Henry Lopes)提出了一个折中方案:没有必要让不同语言表示的标题完全相同,即"民俗"可以保留在英语标题中,在法语和西班牙语中用"传统文化"来替代。这个提议似乎没有获得较多与会代表的同意。最后,委员会主席德雷纳中断了讨论,并指定芬兰、爱尔兰、尼日利亚、加纳和塞拉利昂这些国家来协商英文版的标题。后来,在经过这个工作组的多方协商和努力后,各方终于达成一致:在"民俗"之前增加"传统文化"。最后,英文版的标题在第四委员会会议上毫无争议地通过了。

---

① HONKO L. Recommendation on the Safeguarding of Traditional Culture and Folklore adopted by UNESCO[J]. NIF Newsletter,1990,1:4-6.

② HONKO L. Recommendation on the Safeguarding of Traditional Culture and Folklore adopted by UNESCO[J]. NIF Newsletter,1990,1:7.

第七节 小 结

当我们回顾劳里·航柯在 1982 年至 1989 年期间积极参与并主持联合国教科文组织的相关民俗工作,特别是在《关于保护传统文化和民俗的建议案》的出台前后所采取的一系列举措时,我们不难发现,民俗保护是一个极其复杂的工作。面对如此复杂的现象和内容,仅凭一位学者的专业知识根本无法胜任这项工作。劳里·航柯的过程思维、系统思维和整体思维在这里明显发挥了巨大的优势并起到了关键作用。总之,他扎实的专业知识、杰出的领导才能、超群的思维能力、严谨的科学态度和真诚的人文关怀是顺利完成这项任务的保障。

首先,这份《建议案》中包括一套完整的民俗和与之相关的专业术语体系。这些术语界定的清晰度和规范性以及对民俗的性质、类型、功能等方面的阐述无不体现出劳里·航柯扎实的专业知识。其次,在把握民俗与传统文化、主流文化、大众文化之间的关系时,航柯在充分利用系统思维的基础上将民俗放在人类遗产的体系中进行考量的;在把握民俗表达与认同、民俗文化与霸权、民俗文化与自我侵蚀等关系时,航柯在充分利用功能主义和传统生态学理论的基础上注重民俗在社会、经济、文化和政治方面的意义;在把握活态民俗文化的性质、特征和保护措施时,航柯在充分利用民俗过程的"二次生命观"的基础上对民俗的发现、收集、整理、保存、出版、研究、保护和循环使用进行整体的考量,并注重这一过程中所涉及的收集者、档案保管员、研究者、出版商、表演者、普通用户和传统社区等单位和个人的权利和职责。作为政府专家特别委员会主席,劳里·航柯总能游刃有余地解决不同专家在政治、民族主义、意识形态等方面所产生的分歧,集思广益地专注于具体问题的分析和讨论,并创造了一套高效的"北欧模式",这无不体现出他杰出的领导才能。从他为这份《建议案》的标题中的一个词"民俗"而据理力争的场景中,我们不难看出劳里·航柯那严谨的科学态度。劳里·航柯在不同场合和文章中多次提到对发展中国家民俗保护的基础设施的关注以及提出在专业人员培训、技术援助和经济上的支持措施,对少数民族和较小社区等相对弱势的群体和单位的民俗表达的平等权利的重视。他在《建议案》中多次提到伦理准则,北欧民俗学会加入联合国教科文组织的民俗保护工作的初衷(如本章第二节所述)及其后来在孟加拉国、印度和中国等发展中国家组织技术援助和培训课程等实践活动,等等,这些无不超越了他的国家、地域、职业等属性而折射出劳里·航柯对人类文化的多样性及其未来前途的人文关怀。

当然,除了劳里·航柯这些值得称赞的方面以外,有一些问题也是值得我们关注和反思的。首先,在劳里·航柯这几篇有关民俗保护的学术论文中,有些思想和观点与他学术思想的方法论体系中的功能主义和过程思维相矛盾。正如芬兰学者帕卡·哈卡米斯所言:"在航柯的这些作品中,令人感到有趣的是他典型的特征功能主义和过程思维被放在一边,取而代之的是有本真性的传统承载者的观点。他们拥有文化产品,如果没有所有权,就没有必要采取保护措施。所有权意味着本真性表演的存在以及被表达的身份符号的稳定性。这些含义与航柯的一般的功能主义和过程思维及其调查研究《西里》史诗的方法是相矛盾的。"①

此外,也有学者对这个《建议案》的文本提出批评。正如珍妮特·布莱克(Janet Blake)所言:"对这个文本的一个主要批评是:它偏重于科研人员和政府官员的需要。例如,民俗的'确认'和'保存'在一定程度上都关注如何以固定的形式整理和记录可供使用的资料。这不禁让人怀疑研究人员将从中获益最多。尽管提到了'传统承载者们'的需要,但是,在某些情况下,这种口头传统的非利用和(或)进化一直是一种退化的形式,而不是构成民俗整体的一部分。数据收集和建档有其价值,但是,我们更赞成那些将促进口头传统在当前和将来的创造的措施。"②甚至还有学者委婉地批评道,有一个航柯个人最爱的主题被写入《建议案》中,即科学研究的需要以及相伴随的民俗学家的就业。

到底是什么导致了上述的矛盾和批评呢? 在我看来,这是由于劳里·航柯在从事民俗保护的相关工作时,他所扮演的民俗学家、芬兰代表、北欧民俗学会会长等多重角色是一体的。他需要在不同角色的权利和义务之间保持折中和平衡。正如劳里·航柯在谈到记录策略时所说的:"通常,记录策略只是在田野工作的具体情境下所采取的一个折中方案,也是在实际可利用的有限方案中进行的最优选择。"③我们在这里也可以说,劳里·航柯在《建议案》中的任何决策也是在自身承

---

① KAMPPINEN M, HAKAMIES P. The Theory of Culture of Folklorist Lauri Honko, 1932 - 2002: The Ecology of Tradition[M]. Lewiston: The Edwin Mellen Press, 2013: 82.

② KAMPPINEN M, HAKAMIES P. The Theory of Culture of Folklorist Lauri Honko, 1932 - 2002: The Ecology of Tradition[M]. Lewiston: The Edwin Mellen Press, 2013: 83-84.

③ HONKO L. Textualization of Oral Epics[C]. New York: Mouton De Gruyter, 2000: 30.

担多重角色的范围内、在各种复杂的局面下所进行的最优选择。与此同时,他还需要不断地超越自身的这些属性,对整个人类文化的多样性和未来的命运进行人文主义的思考和观照。事实上,劳里·航柯并没有具体地透露自己后来淡出联合国教科文组织的民俗保护活动(即非物质文化遗产保护)的准确原因,但是,他显然对这种工作的复杂性和困难性是有切身体会的。他对联合国教科文组织所推行的民俗保护活动做出的巨大贡献也是任何人都无法抹杀的。

第六章　余　论

　　当我们从理论探讨、专题研究和应用研究三个层面完成对劳里·航柯的学术思想的整体剖析后,通常意味着本研究即劳里·航柯学术思想研究的任务已经完成。但是,细心的读者不难发现,有一个展现他独特的个人魅力的话题一直贯穿其学术思想,那就是学术伦理思想。早在 20 世纪 70 年代,劳里·航柯就开始关注学术伦理的研究。在《芬兰民俗研究一百年:重新评价》中,劳里·航柯指出:"从 20 世纪 60 年代末开始,民俗不再是一个属于'我们'的东西,它属于其用户。这导致了研究者的边缘化:他在一种临时接触的两种文化之间进行互动;他不是对两个,而是对三个主体负责(资助他的工作并控制研究结果的那些机构、作为一个认真负责的专业学者的他自己和他的信息提供者)。这种变化必然导致劳里·航柯开始关注学术研究的伦理问题。"① 虽然,他在后来的民俗过程、民俗保护和口头史诗的研究中都提到过学术伦理问题,但是,真正形成系统性的学术伦理思想是在其学术生涯的晚期。总的来说,劳里·航柯的学术伦理思想集中在《民俗研究伦理》(1999)、《我们需要民俗学的伦理准则吗?》(2001)、《版权和民俗》(2001)和《民俗过程中的文化身份和研究伦理》②(2002)中。

　　因此,本章首先将介绍劳里·航柯在其学术生涯晚期集中进行学术伦理研究的缘由,并条分缕析地概括出其主要的观点。其次,本章将回到本研究的现实意

---

　　① HONKO L. A Hundred Years of Finnish Folklore Research: A Reappraisal[J]. Folklore, 1979, 90(2): 145.

　　② 劳里·杭柯,户晓辉.民俗过程中的文化身份和研究伦理[J].民间文化论坛,2005(4):98-105.

义上,即把劳里·航柯的学术思想与中芬民俗学学术交流结合起来,从历史的角度梳理劳里·航柯在中国开展的学术研究活动以及在这一过程中他与中国民俗学界的学者进行学术交流的情况,并从学术思想上把握他对中国民俗学界产生的学术影响,以便总结其中的利害得失,为今后中外民俗学界的学术交流提供有益的借鉴和启示。然后,从范式的角度对芬兰民俗研究的现行走向进行阐述。最后,本章将结合笔者个人的学术能力、知识结构以及研究资料、研究时间等主客观方面的原因,指出本研究存在的不足以及今后努力的方向。

第一节　劳里·航柯的学术伦理思想

一、劳里·航柯学术伦理研究的缘起

如上所述,劳里·航柯系统地提出自己的学术伦理思想是在其学术生涯也是其生命的晚期(1999—2001)。20 世纪 90 年代,当劳里·航柯卸下北欧民俗学会会长一职后,开始担任芬兰科学院理事会主席。当时,"提交给芬兰科学院的每一个研究计划申请都必须进行伦理维度的评估,无论该研究计划属于哪一个学科或其中所运用的研究方法是什么。因为,芬兰公共研究部门的资助者想知道学者们在何种程度上意识到人、社会和文化的价值"[1]。在航柯看来,研究伦理的地位比以往任何时候都更高。在此背景下,经过劳里·航柯的提议,1998 年,北欧民俗学会组建了一个学术伦理的研究团队,并开展了一个评估项目——"民俗通讯会员准则",即从民俗学家的角度来分析开展伦理研究的可行性。除了劳里·航柯外,这个项目的成员包括托弗·菲耶尔(Tove Fjell)、巴尔布鲁·克莱因(Barbro Klein)、本特·阿尔弗(Bente Alver)和阿尔加·赖恩(Ørjar Øyen)。此外,这个项目团队还聘请了三位外国专家顾问,即伽利特·哈桑-罗肯(Galit Hasan-Rokem)、乌利希·马尔佐夫(Ulrich Marzolph)和玛格丽特·米尔斯(Margaret Mills)。1998 年 11 月,该团队在乌普萨拉举行了第一次会议,并讨论了一般的学

---

① HONKO L. A Hundred Years of Finnish Folklore Research: A Reappraisal[J]. Folklore, 1979, 90(2): 145.

术伦理和以学科为导向的一套伦理行为准则之间的关系。而且,大家分享了个人在实际研究中经受伦理标准的考验的经历。1999 年 8 月,第二次会议在图尔库举行的第 5 届国际民俗学者组织暑期学校中以第四工作坊的形式召开。参会的中国学者巴莫曲布嫫在《民俗学伦理与非物质文化遗产保护》一文中对此有详细的介绍。[①] 2000 年 11 月,第三次会议在图尔库大学的卡勒瓦拉研究所举行。在航柯看来,这次会议是最具有决定性的。因为,这次会议集中讨论了项目中成员们所发表的关于伦理准则的学术论文。它们拓宽了学术伦理的范围,并增强了伦理的自反性和伦理行为的道德意识。2000 年 12 月,最后一次会议同样在图尔库大学的卡勒瓦拉研究所举行。这次会议专门讨论阿尔米·佩卡拉(Armi Pekkala)和玛丽亚·瓦森卡丽(Maria Vasenkari)合作的论文,并引发对学术霸权的影响的讨论。正是这些密集的会议促使劳里·航柯在与其他学者进行交流的过程中对在其学术生涯中一直闪现的学术伦理问题进行集中的思考。

二、劳里·航柯学术伦理思想的主要观点

(一)学术研究与学术伦理的关系

劳里·航柯指出,学术研究和学术伦理之间一直有着一种密切的关系。在某种程度上,伦理问题贯穿一位研究者的整个研究过程。从这位研究者制订具体的研究计划开始,到研究项目的实施,甚至到项目成果的出版都会涉及伦理因素。然而,这并不是说伦理问题是每一个研究者在从事研究活动时都会面临的问题。有的学者可能从未有机会意识到学术伦理问题。即便如此,他们也必须认识到这类问题是其研究工作中潜在的一个重要组成部分。通过学术伦理,一位学者才能正确地理解和把握其特定的研究行为所遵守的原则、价值和规范。学术伦理问题出现在不同的规范系统或价值系统中。作为一名学者,他既要面对自己所处的学科或一般的科学机构内部所固定的规范系统,又要受到政治或社会的规范系统的制约。学科或科学机构所主张的伦理准则,通常强调的是对真理的不懈追求。而当它与政治、社会等其他层面的规范系统发生矛盾时,学术伦理问题就产生了。在劳里·航柯看来,主要有两种原因会导致这种情况的发生:一,真理的标准被侵犯了,比如捏造数据;二,诚实的标准、利益的追求和人的正直之间发生冲突。劳

---

① 巴莫曲布嫫.民俗学伦理与非物质文化遗产保护[J].民族文学研究,2016(4):5-8.

第六章 余 论 147

里·航柯指出,当我们把自己视为一名诚实的研究者时,我们应该充分地意识到学术伦理问题可能涉及研究过程中进行互动的各方。首先,这涉及研究者与作为研究对象的个人之间的人际关系问题;其次,这涉及研究者与同事以及其他研究合作者之间的人际关系问题;最后,这还包括研究者与在经济上或以其他方式支撑其研究的机构之间的关系问题,还有可能会出现研究者与社会之间的接合方面的问题。①

(二)学术伦理的过程观

在提出自己的学术伦理的过程观前,劳里·航柯首先对美国人类学会和民俗学会在 1948 年至 1998 年期间颁布的 6 个伦理准则进行了细致的比较。具体来说,美国人类学会分别在 1948、1967、1971、1986 和 1998 年颁布了 5 个伦理准则,其中,1971 年和 1986 年这两个准则几乎是一样的。1988 年,美国民俗学会也颁布了民俗学学科的伦理准则。通过比较,劳里·航柯强调这些跨越了五十年时间的伦理准则是非常不同的。即使它们使用了相同的表达方式,我们也不能认为它们谈论的是同一个东西,因为它们是在不同历史语境下产生的。缺乏对伦理困境的具体场景的了解,我们无法理解这些伦理准则的实际意义。比如,"20 世纪 40 年代后期的人类学伦理准则只有两个关注点:一,政府不应该限制学者的言论自由;二,信息提供者应该受到保护"②。但在今天,伦理准则的重点发生了明显的变化。在伦理的某些方面获得重要性的同时,它的其他方面就变得不那么明显了。直到出现一种新的情况,某个新的方面的重要性又会突显。因此,伦理准则可以反映某个学术共同体及其思想发展的历史轨迹。在此基础上,劳里·航柯指出,没有一个稳定或永恒不变的伦理准则。民俗研究的伦理准则也不例外。没有一种伦理准则能考虑到民俗学家所遭遇的每一个伦理困境。学术伦理的问题不可能被一劳永逸地解决。因此,在研究过程中,伦理思考应该永远不会停止。另外,认为书面的准则能解决田野中遇到的伦理问题是天方夜谭。"伦理问题的解决方案总是情境化的。当学者在日常工作中面对伦理问题时,没有东西能够替代持续和警惕的观察、判断和决策。"③在劳里·航柯看来,在日常生活的所有研究

---

① HONKO L. Do We Need A Folkloristic Code of Ethics? [J]. Folklore Fellows Network, 2001, 21: 2-7.

② HONKO L. Do We Need A Folkloristic Code of Ethics? [J]. Folklore Fellows Network, 2001, 21: 2-7.

③ HONKO L. Copyright and Folklore[J]. Folklore Fellows Network, 2001, 21: 8-10.

中，与其面对一个"沉睡的"伦理准则所产生的挫折感，不如选择一种更灵活的伦理判断的应用方式。但是，这并不代表他是一位伦理准则的相对主义者。相反，他只是强调在实际研究中所遇到的具体情境的重要性。他眼中的理想民俗伦理准则正是基于民俗学本身的学科特点而决定的。在社会学中，研究者收集材料来达到自己的研究目的，待研究结束后，这些材料就被扔掉了。而民俗学的研究材料往往出于研究本身或为后人记录和保护文化遗产的目的而被建档。所以，相比较而言，民俗学的伦理准则更关注资料保护、个人信息处理、档案管理和文化遗产保护等方面。最后，劳里·航柯强调民俗学学术伦理的过程观可以有效解决一般伦理和专业伦理同时呈现所带来的困境。在他看来，从伦理的角度对民俗的研究过程，特别是对从民俗的发现、收集、归档到它的出版（即民俗的"第一次生命"）的过程的分析有助于将伦理问题语境化，并从根本上解决伦理困境。① 而民俗的"第二次生命"（民俗的应用、复兴、商业用途、文化和政治功能）中涉及的伦理问题显然超出了他的研究范围。

（三）知情同意

在"民俗通讯会员准则"项目研究团队第二次会议即 1999 年 8 月于芬兰图尔库举行的第 5 届国际民俗学者组织暑期学校的第四工作坊的研讨会中，美国学者卡伦·米勒（Karen Miller）提出了"知情同意"的问题，即研究者在开始研究之前都应当从每一位调查对象那里获得知情同意吗？ 我们应该允许调查对象查看和编辑所有的誊写（调查资料）吗？② 事实上，知情同意远不止这些。在劳里·航柯看来，知情同意在一定程度上与诚实问题极其相似，它包括两个层面。第一个层面是，民俗学家对于他们的研究资格、能力和目标是诚实的，即民俗学家本人的"知情同意"。民俗学家在进行任何研究之前，有道德义务承诺"根据他们的赞助商过去的行为和他们的研究数据将来可能会有什么影响来思考他们的赞助商的意图"，而且，"民俗学家应该特别注意，不要答应或暗示接受任何违背职业伦理的条件或竞争承诺。他们应该保证不会为了获得赞助商对其从事研究的赞助，而将之作为一种条件交换去放弃自己的职业责任和伦理"。③ 总之，为了保护自己的信息提供者和因自己的研究结果而受影响的个人和团体、赞助商以及民俗学家自

---

① 劳里·杭柯，户晓辉.民俗过程中的文化身份和研究伦理[J].民间文化论坛，2005(4)：98-105.
② 巴莫曲布嫫.民俗学伦理与非物质文化遗产保护[J].民族文学研究，2016(4)：5-8.
③ HONKO L. Folkloristic Research Ethics: FFSS99，Workshop IV[J]. Folklore Fellows Network，2000，20：2-10.

己,当职业的伦理标准在某种程度上受到损害时,民俗学家不必接受这个研究任务。第二个层面指的是民俗学家对于他的信息提供者是诚实的,即信息提供者的"知情同意"。劳里·航柯界定了三种知情同意的类型:书面同意、口头同意和被动同意。被动同意指的是信息提供者事先接到上级的行政通知,即某个研究项目将在特定的时间和特定的地方进行,不需要获得个人的同意。劳里·航柯指出,研究者应该尽一切努力来确保获得所有信息提供者的自愿同意。事实上,几乎没有民俗学家会引导他们的信息提供者提供书面同意。但是,提供一个非正式的"工作合同"以便受访者有权接受或拒绝所提出的问题,并能够随时从项目中退出却是可行的。① 如果不能获得信息提供者的"知情同意",研究者会面临非常复杂的伦理问题,比如对涉及信息提供者的自传、日记、访谈、书信和照片等个人材料的隐私保护,以及由此所引发的追求科学真理与对信息提供者的忠诚之间的冲突问题。

(三)学术霸权的影响

如前文所述,"民俗通讯会员准则"项目研究团队在最后一次会议上讨论的是学术霸权的影响。这次会议专门讨论阿尔米·佩卡拉和玛丽亚·瓦森卡丽合作的论文《关于英格里亚人的生活故事研究》。这项研究主要对在俄罗斯的英格里亚人进行了广泛的实地调查访谈。佩卡拉指出,正是学者的霸权即研究者地位的权威而不是"知情同意"使我们对研究结果产生了不同的解释。事实上,由于研究人员都是芬兰人(在本地的英格里亚人心中,芬兰人不仅与他们共享同一种语言,而且享有更高级别的"国籍感"),所以,这种"至高无上"的地位导致实际上当地的英格里亚人中没有人会拒绝访谈的邀请。这种地位的不对称性对研究结果的影响是非常明显的。② 劳里·航柯指出,田野工作者需要对经常发挥作用的权力关系有清醒的认识。每一次访谈情境往往都具有一种层次结构。其中,"拥有关于研究问题的一般特征的知识的人被认为是掌握权力的人。他(她)可能很容易被看作是关于这方面的一位专家。作为民俗学家,我们有时被期望能够解释目前还无法解释的现象。在这种情况下,采访者可能会忍不住去取得对信息提供者的认

---

① HONKO L. Do We Need A Folkloristic Code of Ethics? [J]. Folklore Fellows Network, 2001, 21: 2-7.

② 英格里亚是芬兰和俄罗斯交界的地方,英格里亚人是一个边境地区的少数族群。历史上,该地区被俄罗斯统治过,芬兰独立后,一部分地区属于芬兰,一部分地区属于苏联。

知和生活经历的控制权"①。换句话说,当研究者进入一个田野工作的情境时,他们的专业性的"光环"似乎在各种各样的问题领域都是具有传染性的。在信息提供者的眼中,他们不仅在专业领域,而且在生活经验的所有领域都是专家和顾问。在航柯看来,学者们应该避免成为专家的样子,特别是在缺乏专门知识的领域。只有这样才能减少学者和信息提供者之间的等级体系上的不平等,并尽可能去实现这种关系的平等与和谐。此外,学术霸权的影响不仅体现在研究者和信息提供者之间的关系不对称上,还体现在研究者与信息提供者之间的地位不平等上。这种不平等的关系对研究结果往往会有潜在的不利影响。当学者在研究中简单地选中一些信息提供者作为自己的采访对象时,那些被选中的人往往被其同伴们界定为一个特殊的群体。对这些被选中的人的特别关注和兴趣很可能被视为一种特权,而那些没有受到关注的成员们可能会感到被排斥和忽视。当研究者进入这种具有一定等级结构的社区时,他(她)往往会产生类似的挫折感。这与定性研究方法中所强调的亲密和移情是密切联系的。最后,劳里·航柯指出研究者及其信息提供者应努力创造一种互惠共赢的合作关系,以摆脱学术霸权的影响。

综上所述,虽然"民俗通讯会员准则"项目研究团队经过三年的研究并没有创建一套普适性的民俗学伦理准则,但是,在劳里·航柯看来,增强研究者自身的伦理意识和科学态度也许更加重要。学者们需要结合具体的研究语境对实际研究中出现的伦理困境进行不断的反思,从而做出警惕的观察、判断和决策。在研究过程中,"连续的知情同意"应该作为学者们始终警惕的事实。此外,学者们还应摆正自己与信息提供者的地位,在研究中以一种负责任的态度为其信息提供者争取合理的地位,与其分享研究材料和成果,从而不损害他们所表达的内在价值体系。虽然,在航柯的心中,"目前存在的伦理准则并不具有现实的执行力,但是,伦理原则的知识将给从事民俗领域研究的人提供巨大的职业自豪感。而且在某种程度上,文本化的伦理可以算是民俗学的一种贡献。它不仅适用于民俗学学科,也适用于定性方法的所有其他领域"②。

---

① HONKO L. Do We Need A Folkloristic Code of Ethics? [J]. Folklore Fellows Network, 2001, 21: 2-7.

② HONKO L. Do We Need A Folkloristic Code of Ethics? [J]. Folklore Fellows Network, 2001, 21: 2-7.

第二节　劳里·航柯在中国

一、劳里·航柯在中国的活动

纵观中芬民俗学者的交流史,最早开启中芬民俗学者相互交流的是刘魁立先生。1982 年,刘魁立和王铭铭两位学者因"丝绸之路"的研究项目来到芬兰,参观了赫尔辛基的芬兰文学学会及其民俗档案馆和图尔库的北欧民俗学会。正是这次访问增强了刘魁立先生对芬兰民俗学的了解,才促成了他在中国文艺界纪念芬兰史诗《卡勒瓦拉》出版 150 周年报告会上所作的学术报告《和平与劳动的颂歌》,并获得芬兰颁发的奖章和证书。1983 年 9 月,由中国民间文艺研究会组织的三人代表团由贾芝带领,在刘魁立的陪同下参观了图尔库大学与北欧民俗学会、芬兰文学学会档案馆和约恩苏大学。① 在他们与劳里·航柯为代表的芬兰学者的交流中,双方表现出对史诗比较、民间文学的出版、收集和建档的方法、民间文学在国家文学以及少数民族文化中的作用的兴趣。正是在这种情况下,"劳里·航柯教授首倡中芬民间文学联合考察"。② 1984 年,中芬两国签署的《中芬文化交流协定》为劳里·航柯等芬兰学者到中国的回访创造了条件。1984 年,劳里·航柯(北欧民俗学会会长)、乌尔波·文托(Urpo Vento,芬兰文学学会秘书长)和玛丽亚-丽娜·劳塔琳(Marja-Leena Rautalin,芬兰文献信息中心秘书长)访问了中国民间文艺研究会及其在云南昆明的分会。在西双版纳,他们参观了傣村、佛教寺庙和湄公河上的泼水节。③ 令人遗憾的是,目前为止并没有在国内找到关于航柯此次中国之行的相关报道。1985 年 2 月,以贾芝同志为团长的中国民间文学工作者代表团(同行的还有西藏史诗专家降边嘉措)应邀去芬兰参加《卡勒瓦拉》出版 150 周年纪念活动时,芬兰文学学会又提议中芬合作共同培训从事搜集整理的中青年工作者。1985 年 3 月 23 日,劳里·航柯先生致函中国民间文艺研究会,提出中芬联合考察的初步计划。中国民间文艺研究会复函表示原则上同意举行

---

① HONKO L. The Kalevala and Myths[J]. NIF Newsletter, 1984, 4: 14-18.

② 刘锡诚.20 世纪中国民间文学学术史[M]. 开封:河南大学出版社,2006:713.

③ HONKO L. Wooden Bell Ringing⋯[J]. NIF Newsletter, 1986, 2-3: 3-10.

联合考察。① 1985 年 10 月,在劳里·航柯顺访北京时,中芬双方就中芬联合考察计划进行详细讨论,最终从供选择的方案(包括西藏、云南等)中,确定研讨会安排在广西南宁举行,并从广西的 12 个少数民族中挑选侗族作为实地考察的研究对象。② 1985 年 10 月 16 日,中芬两国顺利通过了《1986 年中芬学者联合进行民间文学考察及学术交流计划》(下称《计划》)。

根据《计划》,此次中芬联合考察及学术研讨会由中国民间文艺研究会、广西民间文学研究会和芬兰文学学会(会同北欧民俗学会和图尔库大学文化研究系)联合主办。秘书处由中方成员组成,负责会议的筹备工作。经过 5 个多月的努力,到 1986 年 3 月底筹备工作基本就绪。1986 年 4 月 4—6 日,中芬民间文学搜集保管学术研讨会在南宁市西园饭店举行。4 月 7—15 日,中芬民间文学联合考察在南宁市三江侗族自治县古宜镇进行。本章将首先介绍劳里·航柯致力于开创此次中芬民俗学者学术合作和交流的缘由,并分析他在此次学术合作和交流中的行为表现及成果;其次,在此基础上阐明劳里·航柯的学术思想对中国民俗学界的影响;最后,总结此次中芬民俗交流的利害得失,为今后中外民俗学界的学术交流提供有益的借鉴和启示。

(一)劳里·航柯致力于中芬学术交流的缘由

正如劳里·航柯生前的学生和得力助手劳里·哈维拉赫提在邮件回复中所说:"自从劳里·航柯在 20 世纪 80 年代开创中芬民俗交流活动以来,中芬两国的民俗学家之间的接触一直是紧密且富有成效的。从 1991 年开始,芬兰暑期学校每年都有 1～3 名中国学者参加。芬兰学者(以他为例)在 2011 年访华一次,从 2012 年起每年访华两次。在他看来,中国是一个有着丰富民俗学研究和活态民俗事象的国家。中国民俗学者现在且将来一定是芬兰学者的重要合作伙伴。我们必须因此感谢劳里·航柯的'破冰'之旅。"③那么,到底是什么原因促使劳里·航柯在历史上充当中芬民俗合作研究的先驱呢?为什么中外民俗合作研究先驱者的荣誉会落到芬兰人身上呢?劳里·航柯在其 1986 年的文章《木制的钟声敲响》中指出,第一个原因是芬兰民俗学的国际声誉。这一部分是由于一个世纪前北欧和欧洲其他地方的合作以及芬兰历史地理方法的早期辉煌;另一部分是由于

---

① 刘锡诚. 20 世纪中国民间文学学术史[M]. 开封:河南大学出版社,2006:713.
② HONKO L. Wooden Bell Ringing…[J]. NIF Newsletter, 1986, 2-3: 3-10.
③ 参见 2015 年 4 月 7 日 17:45 劳里·哈维拉赫提回复笔者的电子邮件。

自 1972 年起,北欧民俗学会一直附属于图尔库大学,并通过它的《新闻通讯》与世界各地超过 2000 名顶尖学者和机构保持联系。正是芬兰民俗学这种崇高的地位以及劳里·航柯担任北欧民俗学会会长这一职位促使他具有一种开创者的使命和担当意识。第二个原因是中国童话研究专家丁乃通在 20 世纪 80 年代初给劳里·航柯写信,强调开创与中国学者接触的重要性。[①] 第三个原因是,中芬两国之间良好的政治关系为双方文化科学研究的交流与合作提供了保障。正是 1984 年中芬两国签署的《中芬文化交流协定》为劳里·航柯 1984 年到中国的回访和 1986 年的联合考察和研讨会提供了充足的财政支持。当然还有一个他没有提及的重要原因是,劳里·航柯把中芬学术合作与交流视为对 20 世纪 80 年代自己在联合国教科文组织提出的关于民俗保护的计划和措施,即通过技术援助和人员培训帮助发展中国家为现代民俗工作发展基础设施建设的实践。[②]

(二)南宁学术研讨会的概况

1986 年 4 月 4—6 日,中芬民间文学搜集保管学术研讨会在南宁市西园饭店举行。应邀出席研讨会的正式代表共计 67 人(图 6-1),中方 62 名代表分别来自各中央直属机构和 13 个省、自治区、市的民研分会、大学、研究所和群众文化机关。芬方代表 5 人,分别是劳里·航柯(教授、图尔库大学/北欧民俗学会)、劳里·哈维拉赫提(硕士、赫尔辛基大学/民俗学)、玛尔蒂·尤诺纳赫(硕士、图尔库大学/比较宗教学)、阿托斯·佩塔加(Aatos Petäjä,硕士、图尔库大学/视听专家)和安尼基·安芬妮(Annikki Arponen,芬兰驻北京大使馆的翻译)。研讨会由贾芝致开幕词,劳里·航柯致闭幕词。丘行代表广西文联致辞,刘锡诚(图 6-2)报告筹备经过,并宣读中国文联的贺电和中国民研会主席钟敬文的贺信(图 6-3)。大会上共宣读了 25 篇学术论文(其中芬方 8 篇)。另有 7 篇论文只向大会提交而未能安排宣读。宣读论文的时间每人限定 20 分钟。

---

① HONKO L. Wooden Bell Ringing…[J]. NIF Newsletter, 1986, 2-3: 3-10.
② HONKO L. Possibilities of International Cooperation and Regulation in the Safeguarding of Folklore[J]. NIF Newsletter, 1987, 1: 12-13.

图 6-1　中芬民间文学搜集保管学术研讨会与会人员合影

图 6-2　1986 年 4 月 5 日刘锡诚(左三)与
　　　　芬方代表的合影

图 6-3　中芬民间文学搜集保管
　　　　学术研讨会开幕式

为了平衡民间文学研究中国际和国内、思想和技术、理论和实践的各个层面，本次研讨会围绕五个专题来进行。它们分别是:(1)民间文学的普查和保护(劳里·航柯《民间文学的保护——为什么要保护及如何保护》、贾芝《关于中国民间文学的搜集整理》、张振犁《中原神话考察述评》、刘锡诚《民间文学普查中若干问题的探讨》);(2)民间文学研究中的实地考察方法(玛尔蒂·尤诺纳赫《民间文学的实地采集方法》、陶阳《史诗〈玛纳斯〉的调查采录方法》、马名超《民间文学田野采集方法论》、邓敏文《〈珠郎娘美〉搜集整理方法》);(3)民间文学的保存和建档系统(劳里·航柯《中央和地方档案系统》、富育光《试论民间文学资料的保管》、玛尔蒂·尤诺纳赫《芬兰档案管理技术介绍》、贾木查《蒙古族英雄史诗〈江格尔〉资料的搜集、保管和出版》、劳里·哈维拉赫提《资料技术保护规范》、顿珠和李朝群《藏族英雄史诗〈格萨尔王〉资料的保管》);(4)民间文学的分类系统(乌丙安《民间文学的分类系统》、劳里·哈维拉赫提《民间文学的分类系统》、张紫晨《民间文学的分类学和分类系统》);(5)对民间文学的广泛兴趣及其出版和利用(劳里·哈维拉赫提《激发人们对民间文学的广泛兴趣》、蓝鸿恩《多学科的民间文学》、祁连休《我国各民族口头文学的多种价值》、张其卓《民间故事讲述家故事的科学整理》、张文《民间文学的编辑出版》、郑硕人和王仿《上海民间文学书刊出版概况》、杨通山《三江林溪乡琵琶歌流传情况的调查》)。总之,"双方在论述上各有侧重,互相补充,通过宣读论文和自由讨论,对考察中的一些理论问题和实际问题,在认识上有了一定的提高,为下一步的实地考察做了较为充分的准备"①。

(三)三江田野考察的概况

1986年4月7—15日,中芬民间文学联合考察在南宁市三江侗族自治县古宜镇进行。此次中芬联合考察队由来自我国各地的37名中青年民间文学学者和5名芬兰代表组成。考虑到人员众多,组委会将中方队员分为3个组,分别到林溪点(皇朝寨、岩寨)、马安点(马安村、冠洞村)和八江点(八斗小、八斗大、八江村)进行实地考察,并将芬兰代表5人(图6-4)、贾芝、中国民研会两名青年学者和两名翻译列为第4组。这一组并没有设定具体的固定考察点,而是根据考察计划在以上三个考察点内安排考察项目以及流动考察。② 考察队白天外出下乡实地调查,晚上返回为此次联合考察专门新建的招待所,并集中交流和讨论田野作业中的经验和问题。

各考察组的队员们在调查歌手传承路线时,在歌手名单和歌手类型上有许多新的发现;对围绕鼓楼、风雨楼、木楼等建筑物所展开的民俗现象进行了大量有价值的调查;对歌手演唱"多耶"、弹奏"琵琶歌"时的歌本进行了溯源式的调查;对侗族古老的"款词"进行了详细的收集、整理和调查研究;还对"三月三"花炮节的仪式活动进行了不同层面的调查研究。中方代表刘锡诚在《中芬民间文学联合考察暨学术交流总结》中讲道,此次考察的"最大特点是采用比较先进的技术手段(包括录像、录音、摄影)和科学方法,记录活在群众口头的民间文学作品,观察研究民间文学作品在群众中活的形态和讲述人在讲述中的作用、特点,探讨民俗、风情、文化传统对民间文学的形成、变化的影响,研究侗族传统与现代文明、与其他民族的传承的交融现象,等等,从而研究民间文学的规律与特点"③。劳里·航柯也在

---

① 刘锡诚.20世纪中国民间文学学术史[M].开封:河南大学出版社,2006:714.
② 刘锡诚.20世纪中国民间文学学术史[M].开封:河南大学出版社,2006:715.
③ 刘锡诚.20世纪中国民间文学学术史[M].开封:河南大学出版社,2006:715-716.

图 6-4 芬兰代表在三江的实地考察途中(从左到右分别是劳里·航柯、劳里·哈维拉赫提、阿托斯·佩塔加和玛尔蒂·尤诺纳赫,此照片由安尼基·安芬妮拍摄)

其《木制的钟声敲响》一文中对"塔楼的歌"(图 6-5)、"款词"(图 6-6)和花炮节等民俗事象进行了介绍和分析。他从功能主义的视角指出,在塔楼所演出的"多耶"和"款词"的共同点是对乡村生活的团结和秩序的加强。花炮节的抢花炮活动从旧的仪式发展成体育项目,它是一种释放社会压力的方式。"它提供了释放压力和公开战斗的机会,同时也创造了一个给定的被遵守的秩序,直到下一次仪式性的力量审判的来临。"①

图 6-5 劳里·航柯和贾芝在记录来自贵州的两位 18 岁女孩演唱的"榨油诗"

---

① HONKO L. Wooden Bell Ringing…[J]. NIF Newsletter,1986,2-3:3-10.

图 6-6　劳里·航柯所拍摄的"款词"表演现场

（四）中芬学术合作与交流的成果

　　首先，从宣传效果上看，此次中芬联合考察与研讨会不仅得到了国内外民俗界的关注，也受到了文化界和新闻界的瞩目。不仅中国民研会主办的《民间文学论坛》在 1986 年第 6 期发表了劳里·航柯的论文《民间文学的保护——为什么要保护及如何保护》，《民间文学论坛》1986 年第 5 期发表了金辉的《劳里·航柯的田野作业观》，而且我国的《人民日报》《光明日报》《文艺报》《文学报》《民间文学》《民间文学论坛》《广西日报》《南宁晚报》《柳州日报》《桂林日报》等都发布了此次中芬联合考察和研讨会的相关信息。芬方在北欧民俗学会主办的《新闻通讯》1986 年第 2 期和第 3 期上推出"三江之路"的特辑，其中包括劳里·航柯对此次活动的总结文章《木制的钟声敲响》、贾芝的会议论文《关于中国民间文学的搜集整理》和刘锡诚的会议论文《民间文学普查中若干问题的探讨》。

　　其次，从研究成果上看，中方由中国民间文艺研究会编辑并委托中国民间文艺出版社出版了《中芬民间文学搜集保管学术研讨会文集》（1986 年），并在全体考察队员的共同努力下录制了 150 盒录音磁带，这些磁带连同记录翻译稿，将作为侗族文化和我国民间文艺学史料被保存利用。这些文字资料、调查报告和照片将由中国民研会、广西民研会和三江侗族自治县共同编辑出版一部三江侗族民间文学的科学版本。此外，中国民研会录制了 5 小时的录像资料，并提供给芬兰用于编辑一部"侗族民间文学样本"的风情片，从而为侗族人民以及我国民间文艺学史积累一份珍贵的文化资料。[1] 就芬方而言，由芬兰文学学会会同北欧民俗学会、图尔库大学文化研究系编辑并出版了上述文集的英文版。芬兰代表回国时带走了 40 小时的录像资料（来自 20 个侗族村庄）、85 小时的有声磁带（55 个来自侗族村庄）和近 5000 张照片。[2] 在中方提供的录像资料的基础上，芬兰精选最好的田野成果编辑了一部"侗族民间文学样本"的风情片。此外，芬方还决定制作一部约 1 小时的录像片赠送给三江县人民政府。为了保证此次录音带和录像资料的编目的科学性，芬兰还聘请在此次活动中担任翻译的史昆于 1986 年 5 月至 7 月前往芬兰的图尔库帮助完成录音带和录像资料的编目工作。

从活动的目的来看，中方认为，此次活动的两个目的都达到了，即两国学者交流民间文学搜集保管方面的经验和通过学术会议与实地考察培养青年学者。芬方也对此感到满意。因此，从整体上说，此次中芬学术合作与交流是非常成功的。但是，双方也都指出了本次活动中存在的不足。劳里·航柯在文章中指出了其中的三点不足，即田野调查人员太多、翻译人员不足和调查时间较短。刘锡诚也在文章中指出了其中的一些缺点和不足，具体表现在考察规模过于庞大给管理和考察工作带来了一些困难，田野作业中有的队员存在方法不当的问题，筹备工作中某些环节出现脱节现象等等。[3] 但是，瑕不掩瑜，此次中芬联合考察和学术研讨会为中芬民俗学者之间的合作与交流奠定了坚实的基础，也在客观上为劳里·航柯的学术思想在中国民俗学界及其他文化研究领域的影响和发展起到重要的推动作用。

二、劳里·航柯的学术思想对中国民俗学界的影响

如上所述，中芬联合考察和学术研讨会为劳里·航柯的学术思想在中国的传播奠定了基础。劳里·航柯在此次研讨会上提交的两篇学术论文《民间文学的保护——为什么要保护及如何保护》《中央和地方档案系统》不仅被收入由中国民间文艺出版社公开出版的《中芬民间文学搜集保管学术研讨会文集》，而且《民间文

① 刘锡诚.20 世纪中国民间文学学术史[M].开封:河南大学出版社,2006:717.
② HONKO L. Wooden Bell Ringing…[J]. NIF Newsletter, 1986, 2-3: 3-10.
③ 刘锡诚.20 世纪中国民间文学学术史[M].开封:河南大学出版社,2006:718-719.

学的保护——为什么要保护及如何保护》还公开发表在1986年第6期的《民间文学论坛》上，由李扬翻译的《中央和地方档案系统》也被收入《西方民俗学译论集》中出版发行。这为中国民俗学界的同人了解劳里·航柯的思想打开了一扇窗户，也开启了国内研究劳里·航柯学术思想的序幕。总的来说，根据不同时期的发展特点，我们可以把它分为四个不同的时期，即开创期、译介期、分散吸收期和批判继承期。

（一）开创期

国内关于劳里·航柯的学术思想开创于中芬联合考察和学术研讨会后对这次活动期间劳里·航柯学术思想的总结及评价。刘锡诚先后在《中芬民间文学联合考察暨学术交流总结》《新世纪民间文学普查和保护的若干问题》《社会经济发展与民间文化保护》《整体研究要义》《民间文学调查的理念与方法》《民间传说及其保护问题》等文章中对劳里·航柯的"整体观察""参与观察"思想进行了评价；金辉在1986年发表的《劳里·航柯的田野作业观》中对其田野调查研究方法进行系统的总结，并大加赞赏。1989年，姚居顺和孟慧英在其所著的《新时期民间文学搜集出版史略》的"田野作业观与实践"一节中也表达了类似的观点。这些学术成果极大地启发了广大民俗学工作者从学理上积极反思新中国成立后的民间文学搜集工作，段宝林后来所提出的"立体思维"和"立体描写"无疑具有异曲同工之妙。

（二）译介期

随着国内越来越多的学者开始关注劳里·航柯的学术思想，陆续有学者开始翻译劳里·航柯的一些学术论文。1986年，王培基翻译的《民族文化鉴定的典范——1985年国际纪念〈卡勒瓦拉〉的活动》一文发表在《民族文学研究》第6期；1988年，朝戈金翻译的《神话界定问题》也在《民族文学研究》上发表；2001年，孟慧英翻译的《史诗与认同表达》发表在《民族文学研究》上；2003年，由李扬翻译的《中央和地方档案系统》一文编入《西方民俗学译论集》出版发行；2005年，由户晓辉翻译的《民俗过程中的文化身份和研究伦理》在《民间文化论坛》上发表。当然，时至今日，对劳里·航柯学术思想的译介工作还远没有结束。2015年，由刘先福、尹虎彬翻译的《作为表演的卡勒瓦拉》发表在《民族文学研究》上。这些译文的发行为广大民俗学者更加全面地了解劳里·航柯的学术思想打开了一扇窗户，并在客观上为不同研究方向的学者们分散吸收其学术思想创造了条件。

（三）分散吸收期

在这一时期，我国民俗学界的广大同人开始有意识地吸收和运用上述翻译的劳里·航柯学术著作中的某些定义、观念和论述。从史诗学领域看，刘守华在《民间文学：魅力与价值》一文中认为，航柯的《史诗与认同表达》更坚定了其关于《黑暗传》为"神话史诗"的理念。郁龙余和李朗宁在《从史诗资源大国到研究强国——中国史诗研究的发展之路》一文中认为《史诗与认同表达》一文打破了"荷马样板"的束缚，并开创了史诗研究的新范式。类似的观点也出现在毕桪主编的《民间文学教程》中。田兆元、敖其在《民间文学概论》中也引用了航柯的史诗定义、分类和特征。类似的表述也出现在刘守华和陈建宪所主编的《民间文学教程》中。从神话学领域看，陈建宪在其《论道教对中国神话的继承与发展》一书中，借用了劳里·航柯的神话"四条件说"来构建自己的分析框架。张振犁在其编著的《中原神话研究》中指出，要像劳里·航柯所从事的"实际的研究"那样去研究神话传统的、活的形态及其形成的过程。从故事学领域看，由马秀娟主编的《马名超民俗文化论集》中的《中国民间故事的科学版本问题》一文大量引用《民间文学的保护——为什么要保护及如何保护》中的观点。刘守华在《故事村与民间故事保护》一文中指出，民间故事保护要遵循劳里·航柯所概括的八字原则，即鉴别、保护、保存和传播。从非物质文化遗产保护领域看，刘守华和巫瑞书在其主编的《民间文学导论》一书中指出劳里·航柯主持起草了 1989 年联合国教科文组织《关于民俗保护致成员的建议草案》。刘锡诚在《非物质文化遗产的传承与传承人》一文中指出了劳里·航柯来广西考察研究时所提出的关于民间文学权益的思考。田艳在《传统文化产权制度研究》中也指出劳里·航柯先生的观点值得我们重视，特别是其提出的"首次使用权"的概念及其法律适用对保护传统文化搜集整理者的合法权益非常重要。安德明在 2008 年发表的《非物质文化遗产保护：民俗学的两难选择》中指出，芬兰杰出的民俗学家劳里·航柯为联合国教科文组织各种文化政策的论证和起草做了大量的工作，对今天非物质文化遗产保护项目的全面启动做出了很大的贡献。当然，在对劳里·航柯学术思想大唱赞歌的同时，我们也听到了不一样的声音。吴效群在 2011 年发表的《回到原点：非物质文化遗产保护背景下的中国民俗学研究》一文中指出，有的学者借用芬兰著名民俗学家劳里·航柯的观点质疑非物质文化遗产保护的可行性和必要性，认为自然形态的民俗作为社会生活中与其他事物融为一体的活生生的现象，根本不需要保护，也不容许任何形式的保护。显然,在这种严重歪曲劳里·航柯学术思想的背景下,如何全面而有效地批判性继承和发展其学术思想被摆上了议事日程。

(四)批判继承期

在批判继承期,不仅出现了译介国外学者对劳里·航柯学术思想的评论的学术成果,如陈研妍翻译的芬兰学者佩尔蒂·安托宁的《劳里·航柯论民俗研究中的范式札记》和唐超翻译的《芬兰民俗学 50 年:以芬兰民俗学代表人物劳里·航柯的理论贡献为主》,还出现了国内学者对劳里·航柯学术思想进行系统总结和评论的文章。其中,既有对劳里·航柯某一种学术观念或理论进行评论的成果,如朝戈金发表的《"多长算是长":论史诗的长度问题》和刘锡诚出版的《非物质文化遗产:理论与实践》,也有对其某一领域的学术思想进行总结和评论的,如王杰文在《文化遗产》上发表的《"文本的民族志":劳里·航柯的"史诗研究"》和尹虎彬的《作为口头传统的中国史诗与面向 21 世纪的史诗研究》;既有将其学术思想纳入芬兰民俗学研究体系的成果,如董晓萍翻译的《跨文化的芬兰学派》、徐鹏和尹虎彬合作完成的《从范式看芬兰民俗研究的现行走向》,还涌现出了从整体上把握其学术经历和学术成果的文章,如巴莫曲布嫫发表在《民间文化论坛》上的《劳里·航柯》和唐超的《芬兰学派怎样纪念二战以来最伟大的芬兰民俗学家劳里·航柯》。值得一提的是,王杰文在其编著的《北欧民间文化研究(1972—2010)》中从北欧民间文化研究史的角度详细梳理和总结了航柯对推进和发展北欧民俗学研究做出的历史贡献。

在探讨劳里·航柯对中国民俗学界的学术影响时,有一个特别值得注意的内容就是劳里·航柯在其所倡办的芬兰国际民俗学者组织暑期学校中对中国学员的影响。从附录 3 中,我们不难发现,中国学员在芬兰国际民俗学者组织暑期学校中直接受到了劳里·航柯的学术思想的影响,并向中国同人及学界介绍了其思想传播和发展的情况。除此之外,芬兰国际民俗学者组织暑期学校还为参会的中国学者与来自世界各地的其他学者之间的学术交流提供了一个优秀的平台。这既为中国学者更快更好地融入国际前沿的民俗学学术圈创造了条件,也为中国民俗学自身的理论发展提供了更多的资源和机会。

三、启示和建议

综上所述,尽管劳里·航柯所倡导的中芬联合考察及研讨会取得了令人瞩目的成就,也为中芬民俗学者的进一步交流创造了条件,但是,从学术的角度看,并没有获得令人称道的标志性的学术成果。尤其是对于芬方而言,他们在中国所搜集、整理的实地考察资料并没有成为后期可供芬兰学者利用的学术资源。正是在这一点上,劳里·航柯也曾受到北欧民俗学界内部一些学者的批评和质疑。① 对中方而言,投入了巨大人力、物力和财力的这次中芬交流合作活动,除了一本学术论文集和在田野作业的理论与方法上得到了一定的收获,并没有产生与巨额投入相匹配的重要学术成果。虽然,中芬双方都对此次活动的成果表示满意,却没有在此基础上探索出一个双方长期发展合作的有效机制。相反,这类活动在劳里·航柯后来的学术生涯中并没有再次举行。自从 1986 年回国后,劳里·航柯再也没有来过中国。与劳里·航柯后来所开展的北欧与印度的学术交流相比,无论是在合作时间(近八年)还是学术成果(《〈西里〉史诗》《文本化〈西里〉史诗》)上,显然是大相径庭的。虽然这其中的客观原因是极其复杂的,我们很难简单地进行比较,但是其中所折射出来的一些困难却是值得我们反思的。事实上,这一问题也与我国学者对劳里·航柯的学术思想的研究水平直接相关。与芬兰及西方其他国家的学者对劳里·航柯的学术思想的研究相比,我们这方面的研究还相当薄弱并处于浅显的水平,目前国内还没有系统介绍劳里·航柯的学术思想的译著或专著,更没有用他的理论来进行实证研究的学术成果。如果没有这些方面的学术成果,对劳里·航柯学术思想的吸收、继承和发展之路注定将是漫长的。此外,还有一个特别值得关注的现象是,继劳里·航柯之后,由朝戈金所引领的、以中国社会科学院少数民族文学研究所为依托的中国口头史诗研究学者与由劳里·哈维拉赫提和帕卡·哈卡米斯所引领的、以芬兰文学学会民俗档案馆和图尔库大学卡勒瓦拉研究所为依托的芬兰口头史诗研究学者之间的交流与合作是频繁、高效和持续的。这其中反映了一个被国内学者长期忽视的学术问题。

在我看来,中外学术交流与对话的一个重要前提是双方拥有一套共同的以基本概念、术语、关键词为基础的学术话语体系。另外,为了保持平等的话语权和推动合作研究的发展,双方都需要有自己的特色鲜明的学术理念、学术方法和标志性的学术成果。正如劳里·航柯所指出的,"中国的民间文学的概念和田野资料本身与西方的实践具有明显的差异,它是介于民间文学和严格意义上的文学之间

---

① 参见 2015 年 6 月 26 日 22:01 芬兰学者佩尔蒂·安托宁回复笔者的电子邮件。回复中介绍,有一些北欧学者指责劳里·航柯利用北欧民俗学会的学术资源来满足自己的个人研究兴趣,却没有产生重要的学术成果。

的'中介文学'"。① 同样,也鲜有中国学者注意到并指出劳里·航柯的学术思想中"民俗""传统""体裁""意义"等基本概念与我方相关概念之异同。在缺乏共同学术话语体系且没有发展出自己的特色鲜明的学术理论和学术成果的条件下,当劳里·航柯后来邀请中方到芬兰进行拉普兰的民间文化调查研究时,我们定会觉得底气不足而不得不放弃。② 反观 20 世纪 90 年代末以来我国口头史诗的学者对外学术交流的成功经验,不难看出,这种共同的话语体系和标志性的学术成果是保证双方正常且深入的学术交流的基础和保障。

此外,国内学者关于劳里·航柯学术思想的研究现状也从某种程度上反映出在中外学术交流和研究中,我方对欧洲民俗学者及其学术理论的重视程度。虽然我国民俗学界早就公认芬兰民俗学是"世界民俗学的楷模",赫尔辛基是世界民俗学者心目中的"民俗学圣地"③,虽然劳里·航柯被公认为继芬兰民俗学之父后"最伟大的芬兰民俗学者"④,但是,目前国内关于劳里·航柯学术思想的研究现状也正在某种程度上反映出欧洲民俗学者在中国民俗学界的普遍命运。当然,从学术史的角度看(20 世纪初转向英国、30 年代转向日本、50 年代转向德国以及 90 年代转向美国),我国民俗学界在不同的历史时期对不同国家的民俗学的重视有其深刻且复杂的社会、历史、文化的根源。但是,当我们在"建立中国民俗学派"的感召下,提高自身的民俗学理论水平的同时,强调以不同国家的学术理论的文化多样性为我所用应该是明智之举。

鉴于以上所述的中芬民俗合作与交流所出现的问题以及由此所带来的启示,笔者特就未来的中外民俗学提出自己的一些有针对性的建议:

第一,充分借鉴我国口头史诗领域的中外合作与交流的成功经验,并积极将其应用到民俗学的其他相关领域,从而创造一个中外民俗学者在资源共享、学术研讨、人才培养、定期往来、合作研究等方面长期有效的交流机制;

第二,重视民俗学的基础理论知识的学习,力争在民俗学不同的学术领域与国际同行在基本概念、关键词和相关术语等方面的标准学术话语体系保持一致;

第三,以我为主,在把握共同的学术话语体系的基础上,结合我国国情,探索

---

① HONKO L. On the Road to Sanjiang[J]. NIF Newsletter,1986,2-3:1.

② 刘锡诚在接受笔者的访谈时透露,后来劳里·航柯曾邀请中方派代表到芬兰参加拉普兰地区的民间文学调查研究,但被我方拒绝了。

③ 钟敬文.民俗学概论[M].上海:上海文艺出版社,1998:435.

④ 唐超.芬兰学派怎样纪念二战以来最伟大的芬兰民俗学家劳里·航柯——2013 年劳里·航柯(Lauri Honko)会议方向与主题[J].西北民族研究,2013(4):218-219.

适宜的研究方法，并形成具有一定代表性和标志性的学术成果；

第四，尊重学术多样性的原则，充分吸收和利用不同国家先进的民俗学理论研究成果和管理经验，为中国民俗学自身的理论发展和学科建设服务；

第五，重视中外民俗学学术交流活动本身的制度建设、人事选拔（比如，鉴于代表中国参加前两届芬兰民俗学者组织暑期学校的民俗学者虽然接触到大量劳里·航柯的学术思想，可后来并没有将这些思想传播到国内来，相反，史昆后来转向了第二语言习得领域，而吴薇主要从事行政工作，未来在人员选拔上应综合考虑语言能力、学术水平和学术旨趣等因素）、资料建档和管理、资源共享和研究利用等方面的工作，从而提高我国民俗学对外合作交流的水平和质量。

第三节　从范式看芬兰民俗研究的现行走向

美国著名科学哲学家托马斯·库恩在 1962 年出版的《科学革命的结构》中将范式的概念和理论引入自然和社会科学研究。这本著作也很快成为科学进步和科学知识结构的基础理论研究中的分水岭。随着库恩的理论思想在 20 世纪 70 年代的广泛传播和产生巨大影响，范式逐渐成为考察历史和当代学术研究走向的重要工具。民俗学研究领域也同样深受其影响。

一、范式的特征与芬兰的民俗范式

库恩理论思想的基本宗旨是：科学活动停留在被认可的模式或范式上，这些模式或范式使学者们"不再去进行科学活动中各种形式的竞争"。"常规科学"就是套用这些模式或范式的产物。常规科学遵循的各种范式是基于一个"成规的框架"，包括共同的本体论、假设、方法论、规范、研究目的和研究标准。[①] 在库恩看来，范式被科学成员们共享，常规科学的研究集中在那些由范式提供的现象和理论的阐述上。当学者们的世界观随着对异象的关注而发生改变时，新的事物或理论就会出现，科学的革命也随之发生。

---

① KUHN T S. The Structure of Scientific Revolutions[M]. Chicago: University of Chicago Press, 1970: 10.

库恩的范式理论激发了大量的学术讨论,民俗研究领域也受到这些讨论的影响。20 世纪 70 年代末到 80 年代初,芬兰民俗学大量吸收库恩的范式思想,特别是受到北欧民俗学会会长、芬兰民俗学家劳里·航柯的影响。他将范式作为一个术语纳入学术框架,强调它是通过学术教育和方法论模式的学习而获得的。① 劳里·航柯认为,范式指特定学术领域的世界观及其对个人学术思想的影响,它有助于获得系统化的研究资料、提出问题和分析问题的具体途径。范式"是科学的获得和再生产的隐匿的指南"②。在他看来,大多数范式的基本前提是盲从的,并遵循和模仿无方法论的反思。

劳里·航柯关于"研究的研究"的理论首创促使同行们提出了许多关于方法论和隐匿的理论偏见的研究。在他个人的学术生涯晚期,航柯试图将范式作为一个工具对芬兰不同的研究传统和走向进行分类,并从这一民俗研究范式列表中总结出一套方法和步骤,将其按年代顺序和个人的价值负载进行排序,这显然与他的早期的范式理念是相矛盾的,是缺乏反思性的。

因此,在这里,笔者并不会通过列出一个关于研究主题、方法和研究者名字的单子来谈论芬兰民俗研究的现行走向。这里出现的范式的基本前提是:它们在历史上没有形成一系列的走向或方法,却贯穿于历史中形成的这些趋势和方法,并对后者产生了或大或小的影响。

概括起来就是,代表是一种民俗范式,传承也是一种民俗范式。

二、作为代表的民俗

(一)理论回顾

根据一般字典的解释,"代表"有五种基本的含义:(1)代表、象征某物;(2)(抽象地)描绘,表现;(3)作为某个特定属性的代表;(4)作为某人官方和正式的委托人或代理人;(5)作为某人的发言人。"代表"可能是我们最熟悉的政治语言,因为大部分人都惯于利用他们的公民权利在选举中给候选人投票。这些候选人希望获得选民们的授权来代表他们行使管理国家和地方的权力。这种代表性的民主

---

① HONKO L. Folkloristiska Paradigm: En Introduction[M]. Folkloristikens aktuella paradigm, 1981: 5.

② HONKO L. Research Traditions in Tradition Research[M]//Trends in Nordic Tradition Research. Helsinki: Finnish Literature Society, 1983: 16.

意味着代表选民说话和行事。在日常交际中，作为不在场的事物的代表，被引用的话语是代表的一种典型形式。各种按比例分布的模型、译文和记忆中的人物都是代表的形式。这个社会充满了代表，而且是代表的代表，我们可以称之为元代表。

在20世纪八九十年代，代表不仅是人类学和人种学的焦点，也是民族志学的文本研究和博物馆展览的产生和分析的焦点。社会生活的学术研究被看作是文本化写作和认可的产物。文化的观察被认为是用一定的方式组织和报道某种经验。人种学被理解为一个产生文本的活动过程，它具有特殊的类型特征和论证方式。在早期的研究中，这些论证是和客观的真理及证词（例如"我们曾到过那儿"）联系在一起的。现在，这些"真理"被视为令人信服的代表。在社会科学的这种风格的转换中，学者们开始提倡重新对认知能力进行反思，而不主张用任何"真正的"或"客观的"方式来代表文化的主题。

代表也是口头传统和口头历史研究的关键术语。通过搜集和创作，口头传统大体上已经成为可以获得的现代知识。口头传统的材料搜集和整理已经转变为书面的代表。学者和其他的搜集者们声称从濒临灭绝的情况中抢救和记录的口头传统作品是社会和文化代表的片段。他们开始从文本的记录和代表转变为对口头作品的文学模仿。当文本分离、异化和挪用到物态化的文学作品时，它们的价值和美学质量是由历史上特定的意识形态的东西来左右的。

（二）口头传统的文本化和文学化

当文本化作为一种代表的形式被讨论时，它已经不是写作的同义词。它表示用书面形式来代表口头性的行为和过程，而不是代表人类思想的文学表达和精神观念的描述。因此，它指的是一种方法，将口头表演和口头表达的话语转变为文学表演的方法。当我们把口头表达文本化时，我们不仅是在记录被唱或说出的话语，而且是在创造一种人造物品。它们发挥着口头语言的代表功能。作为书面记录的存在物，人造物品在完成口头的代表功能时，也进入了文学文化的行列。因此，文本化也意味着文学化。它是指将口头言语转变为文学代表，这类代表将被阅读、理解和分析，并通过进一步的发展使其成为记录的文本。换言之，使其成为文化历史和文明遗产的标本。

文本化和文学化的关键是代表的行为。代表的行为由各种编辑和选择而定。它涉及被编辑的材料的有意和散漫的实际运用。通过这种实践行为，被编辑的材料用来反映和符合原始表演的口头特征。由此可知，口头表演的文学代表具有一种新的文本特征。这种特征能完全从原始的口头表演中剔除。即使有时候，它们看起来是在模仿这些口头表演。但是，这不是有关真实与不真实的问题。因为没有口头传统的书面记录是"真实的"，能完全不受文学文化的任何影响。即使文本的记录的目的不一定是去产生文学作品，最后的结果也必然是文学的，而不是口头传统的。同样值得注意的是，文本化的行为是和被文本化的代表物的接收过程发生在同一个话语系统里的，而不是和口头作品的再生产或口头表达的复制结合在一起。这种对文本化的代表物的接收过程不仅包括对文本的评价和解释，而且也包括文本化过程中的期望值。同样，文本的记录和文本的表演经常处于一种特殊的代表关系之中。口头传统的文本化直接和附加在口头传统的代表物上的使用价值紧密相连，这些口头传统的代表物是用于文化生产和文化历史写作的。在民族国家的语境中，口头传统的文本化易于成为民族遗产的选择和合法化的问题。因此，口头传统的文本化和民族主义者的现代性也结合在一起。

运用代表的方法来研究芬兰的历史，特别是 19 世纪的民族主义时，我们就会发现民俗记录在这里被视为文化代表并服务于民族主义。利用这种方法，民族的历史被创造，民族被设计成拥有它的前历史时期，中心—外围的政治结构也被创造、流传和强化。运用这种方法，我们也可以把"俗民"和"民族"、"民族"和"民众"的概念结合起来。

(三)民众、民族、俗民(下层阶级)的转换

这里主要探讨的是民俗记录和其他的文化代表物的政治利用价值。这些代表物本身并不总是政治性的，而仅仅是由于它们象征的价值。这些象征的价值是赫尔德或浪漫的民族主义的特征。在 19 世纪的民族主义运动中，民间传统和它们的代表物被视为是来自"人民"的。因此，使用民间传统作为民族符号是为了声称：一次特殊的政治运动(以芬兰为例就是把芬诺曼[Fennoman]民族主义者作为一个政治党派)和代表"人民"讲话。他们比任何其他人都能更好地代表人民的意愿。[①] 源自"民族"或"俗民"的民间代表物所产生的功能是作为符号和在意识形态上构建"俗民""民族"的一种方式。民间传统及其代表物逐渐被当作是在现代化的国家和新生的市民社会中的代表力量的所有者。由于在构建民族地位时存在内在的领域的原则，人民和种族的符号开始成为政治代表争取代表人民或某个

---

① LIIKANEN E. Brysselin Päiväkirjat 1990—1994[M]. Helsingissä: Otava, 1995: 170.

社会阶级时的议题。"俗民"和"民族"的概念也因代表和其所处类型而异。

（四）代表中的差异性

政客们先从选民那里获得集体的授权，然后以"人民"的名义来讲话和做事。当人民通过他们推选的代表来代表他们自己时，代表就是一个政治行为。但是，政治并不以"俗民"的名义说话。俗民或民族出现在文化代表物中，诸如民间诗歌记录物和谚语、谜语、传统节日、民间服饰等收集物。不像"人民"，俗民并不能代表他们自己。俗民不是一个自我归属的类型，他只能被象征地代表。他们在可记录的文化材料中的出现是缘于解释和赋予意义的行为。因此，在口头传统和口头历史的现代意义的研究中的一个重要问题就是："俗民"的文化表演是如何和"人民"的政治表演联系在一起的。一方面，这是利用传统文化的符号来使政治力量合法化的问题。另一方面，它是利用观念来形成集体认同的问题。这种观念就是指"俗民"代表了"民众"的特征。民众的传统和俗民的传统是一样出色的。这就赋予了民众（作为全国人口总和）作为一个整体的文化单元的地位。19世纪，芬兰的民族国家建构就遵循了赫尔德民族主义思想和这种特别的观念（即民族的文化在俗民的口头传统中得到证明）。这就为民族国家的形成提供了一个历史的叙述基础。

但是，芬兰的俗民文化（民俗文化）到民族文化的进程是极其复杂的。这是一个文化和地理政治实体的双重构建过程。首先，它在政治上结合了两个语言团体（瑞典语和芬兰语）。其次，在这两个语言团体内超越了阶级界限而产生了种族的团结。前者，需要将芬兰语上升为一种国家语言。为了实现这个目标，在构建民族认同和民族神话的过程中，应精心选择代表"人民的文化"或"俗民的传统"的符号。这包括了对一个距今遥远的国家的历史时期的荣耀的旧时幻想，也包括了精英民族主义者的一个观念，即"人民在文化上是统一的"。后者，需要利用语言的意识形态在民族构建中的作用。19世纪，芬兰的民族主义也被称作芬诺曼民族主义，不仅使国家语言从瑞典语变为芬兰语，也改变了语言的意识形态在民族国家中的地位。

（五）语言神话

语言神话包括语言内在神话和语言外在神话。语言内在神话包括对语言的纯洁、优雅、悦耳、表现力和词汇资源的信仰。语言外在神话包括对语言的起源、遗迹、命运、说话者与所属民族性格的关联的信仰。① 语言外在神话和种族的起源、血统、出生地等神话纠缠在一起。根据薇薇安·劳(Vivien Law)的观点,语言内在神话与包容的民族主义联系在一起,而语言的外在神话则与排外的民族主义相关。②

回顾芬兰的语言和民族的联系,19世纪芬诺曼民族主义不仅使国家语言从瑞典语转变为芬兰语,也使语言的意识形态的地位在芬兰发生了巨大的改变。在19世纪中叶,芬兰语被大部分受过教育的人认为是不适用于教育、文明和现代艺术的表达方式。而民俗传统的选择性代表物的使用就是为了主张芬兰语能发挥这些作用。这不仅使芬兰语走向现代化,也使它历史化。更确切地说,是通过使它历史化而让它现代化。当芬兰语在词汇上发展到满足一种国家语言对现代工业、商业和教育的要求时,它也被融合到关于它的起源、遗迹和说芬兰语者的起源和遗迹的神话之中。这就是芬兰语的外在神话。"古老的芬兰人"(口头诗的作者)已经扮演了祖先、历史和真实性的杰出形象。

芬兰民族史诗《卡勒瓦拉》和它每年的庆典活动概括了芬兰民族主义中历史和现代的虚构关系。史诗为民族的想象的历史提供了起源的神话,它将芬兰呈现为一个原始的、内生的民族单位。在历史进程中形成的民族的精神、人民的观念都工具性地呈现在芬兰民族的前历史时期中。好像这个民族在远古时就已经存在,在远在芬兰民族国家形成之前的史前时期就已经存在。因此,这个国家的产生就被视为是自然的历史形成过程中的产物。

口头传统的代表物的社会价值是与历史或祖先的关联结合在一起的。历史和遗产的构建充分证明了现在说芬兰语的芬兰人既有"民族的生活",又具有现代的文明。《卡勒瓦拉》用一种现代的样式代表着古老的内容。然后,这种代表又可以用来赞美说芬兰语者的现代文化能力。民俗文化中的他者被象征为民众的属性。口头传统作为民俗文化的代表因此成为现代的拥有物。在世界的民族史诗类型中,根据《卡勒瓦拉》的内容和文体,我们可以把它归入传统史诗的行列。但是,从它的社会功能上看,它的传统性是为服务于民族的现代性而生的。它是用来让人产生这样的联想,即芬兰在史前就具有自己的历史传统。因此,想象的古

---

① SMITH G, LAW V, WILSON A, et al. . Nation-building in the Post-Soviet Borderlands: the Politics of National Identities[M]. Cambridge: Cambridge University Press, 1998: 175.

② SMITH G, LAW V, WILSON A, et al. . Nation-building in the Post-Soviet Borderlands: the Politics of National Identities[M]. Cambridge: Cambridge University Press, 1998: 195.

老的过去是它的社会价值的核心。利用古老的过去,芬兰进一步向现代发展。这不像没有历史的民族,其注定要生活在过去的远离进步的传统之中。

(六)民俗、宗教与政治

关于芬兰民俗、宗教和政治的复杂关系,我们不能不提到芬兰第一个基督主教(亨里克主教[Bishop Henrik])被杀的事件。他的殉教故事据说发生在 11 世纪中叶,根据某些确切的推算,在 1155 年。人们对于亨里克主教的了解是基于两个记录:一个是有关礼拜的传说;一个是一首民间歌谣。根据这个传说,亨里克主教是一个英国人,11 世纪末来到芬兰给异教徒洗礼,并死在当地一个他曾试图为其洗礼的恶棍手里。歌谣《亨里克主教的死亡之歌》则讲述了一个牧师被当地一个农民杀害的故事。这个农民一直对主教经常趁他不在家时来他们家感到愤怒,因为这表明对他本人没有足够的尊重。据歌词记载,亨里克主教被害于克于利厄湖下游的萨坦昆塔境内,距离图尔库城北不到 100 公里。绝大多数芬兰的历史学家们都曾对这首歌谣而不是这个传说的真实性进行解释。为什么会这样选择?到底哪一种杀害动机更具真实性呢?

亨里克主教是中世纪基督教教会任命的图尔库教区的守护神和芬兰的最初传道者。尽管 16 世纪宗教改革时,芬兰的天主教被路德教取代,后者成为官方和正统的基督教,但是直到今天,亨里克主教仍然占据芬兰守护神的地位,他在芬兰基督教历史上的重要性在不断加强。2005 年,芬兰举行了庆祝基督教 850 周年的活动。也就是说,芬兰基督教的历史起点是从 1155 年算起的,也就是亨里克主教被害的这一年。事实上,亨里克主教被害不仅是基督教在芬兰的开始,也是芬兰作为一个民族的叙述的开始,许多政治化的意义都被附加在主教被害的传说之上。直到今天,这种传说不断地被讲述、上演和仪式化。我们可以从中归纳出六种诠释和表演的类型:(1)中世纪罗马天主教领域(圣徒化礼拜、朝圣和教堂圣像画);(2)17 世纪以来的口头流传的历史叙述领域(当地人中流传的去往朝圣之路的见闻);(3)芬兰天主教目前持续的殉教圣徒崇拜;(4)目前在克于利厄市流行的主教杀手的英雄崇拜(根源于 19 世纪的浪漫民族主义);(5)目前流行的主教杀手的民族英雄崇拜;(6)目前泛基督教主义的共同兴趣(从图尔库市到主教被害地的朝圣)。

从以上的六大类型中,我们不难发现主教杀手的形象和地位发生了巨大的变化。19 世纪的民族主义运动将中世纪的恶棍转变为一个防卫英雄。这象征着民族主义者的观念即芬兰农民的独立归功于宗教改革和天主教的根除。这里,地方主教杀手上升为民族防卫英雄,因为来自异国的主教的遇害代表了芬兰民族防卫的第一个历史性时刻。2004年,芬兰国家广播公司组织的芬兰历史上最伟大的前100人的大众评选投票中,主教杀手获得的投票数位列第14。在这些传说的重叙和重演中,传说的历史真实性是处在第二位的,传说的主要意义在于它被人们解释和挪用的方式。换句话说,它流传的重点不是去叙述一个历史的事实,而是把人们信以为真的历史事物放在有争议的语境之中。主教被杀的传说具有特殊的政治意义,它引发我们深思:到底谁是传说的英雄? 他又是谁的英雄?

关于口述故事在历史上被政治利用的更清楚的例子是芬兰一场持续10年的亨里克主教的遗物(一块指甲盖大小的肘骨)之争。这件遗物是1924年春在图尔库天主教圣器收藏室墙上的一个壁橱里被发现的。① 从那以后,它就一直被芬兰国家古迹委员会占有,并被放在芬兰国家博物馆展出,只是每年因为仪式的需要才借给天主大教堂一次。这场争论的两个主要问题是:谁是这件遗物的公正的所有者? 谁可以拥有它,并把它用于展览? 这场争论开始于1998年,芬兰天主教提出这件遗物应该存放在赫尔辛基的亨里克圣徒大教堂。根据天主教一位代表所说,他们现在想把这个遗物永久地放在教堂的祭坛里,作为他们尊敬的圣徒的象征,这也是这件遗物应该存放的地方。同时,图尔库新闻办公室主任和卡里那教区会长尤科·哈里亚(Jouko Harea)在一次采访中说,这件遗物一直是图尔库大教堂的财产,而且"它属于图尔库大教堂"。后来,天主教提出一个折中的办法,就是把这块骨头分为两半。在他们看来,这样做不会使这件遗物的宗教价值受到任何影响。但是,芬兰国家古迹委员会不接受这个建议。对于这场争论的另外两方——图尔库路德圣教会和赫尔辛基的国家博物馆来说,这个遗物已经被概念化为博物馆的一件物品,它具有历史的意义,而不是一件宗教的物品。博物馆的物品隐喻为人类集体主义和文化的代表,而不在代表物本身。因此,它是不能被分割而与其他博物馆分享的。在2008年,争议各方达成一项协议:赫尔辛基的天主教亨里克圣徒大教堂可以拥有这个遗物5年。5年以后,这件遗物归图尔库大教堂所有。

这场争论的结果清楚地表明芬兰路德教的代表和支持者们具有拥有中世纪

---

① RINNE T T. Turun Yliopiston Ylioppilaskunta 1922—1932[M]. Helsinki: Otava, 1932: 273-274.

天主教的历史和象征物的权力。这件遗物和上一节提到的亨里克主教的形象都是作为政治资本用来说明对天主教历史的延续性和所有权的掌控的,它服务于更大的政治目的。宗教的意义已经不是问题的关键。把这场争论放在更大的语境即国家的遗产政治和宗教制度的角色和地位上来看,路德教强调它目前的主教和亨里克主教之间存在着直接的宗谱关系。这意味着路德教在芬兰的历史不是从1155年的宗教改革算起,而是从基督诞生算起。绝大部分学者都认同,历史上"在北欧国家普遍存在对罗马天主教的传统消极的情绪"。[①] 天主教在欧盟的扩张仍然被视为是对北欧新教的一大威胁。但是在今天,泛基督教主义的观念明显超过了反天主教主义。芬兰处理主教遇害的叙事明显表明了芬兰与欧洲的积极联系。对于许多欧盟的评论家来说,主教杀手已经成为民族的反抗的象征。但是,对于更多的人来说,这个叙述已经成为文化联系和政治认同的代名词,因为它有助于芬兰作为欧盟成员的合法化。12世纪亨里克主教遇害的传说代表了欧洲观念和欧盟一体化在芬兰的嵌入。在泛基督教主义的语境下,芬兰路德教通过挪用亨里克主教的叙述来表明这样一种观念,即芬兰现在已经融入欧洲。芬兰新教选择一个中世纪天主教圣徒的庆祝活动来表明:这个历史片段代表并服务于现在的地理政治学认同,服务于一个统一和共同的欧洲的产生,服务于芬兰在欧盟中取得作为合法成员的资格。也正是这个文化代表客观上发挥的社会功能使它能够跨越时间而延续至今。

三、作为传承的民俗

(一)民俗传承的困惑

传承并不是民俗研究中的一个新内容。事实上,它是一个古老的而且一直处于中心地位的范畴。从早期的民族志研究开始,民俗研究就已关注传承的过程。但是在方法论层面上,它远远没有受到应有的重视和关注。因为对于大部分人来说,传承作为一个过程被视为是理所当然的。传统是传承,传承也是传统。在字典的解释里,传统表示一种文化要素从一代人传承给另一代人,特别是通过口耳相传。传统也就成了传承的产物。在这样的定义里,传统和传承是互相界定的,而事实上,它们都没有被解释清楚。民俗学界长期以来感到困惑的是:民俗是如

---

① ANTTONEN P J. Tradition through Modernity: Postmodernism and the Nation-Statein Folklore Scholarship[M]. Helsinki: Finnish Literature Society, 2005: 153.

何被传承的？为什么这些民俗事象会被流传和分布？观念、行为和思想是如何传承的？它们又是如何成为传统的？为什么有些民间故事的传承会持续成百上千年？

(二)传承的历史地理学派分析

一个世纪前,芬兰学派或称作历史地理学派的倡导者们就致力于回答这些问题。他们的方法是在全球的范围内通过对不同异文的比较,对母题和主题的迁徙和流变状况进行探索,力图确定其形成时间和流布的地理范围,从而尽可能地追寻这种母题和主题模式的最初形态和发源地。他们把传承看作传播,把民俗研究的目的定位为解释口头传统传播的历史和地理条件。芬兰民俗学家卡尔·科隆认为民俗具有自我流动和自我衰落的特征。20世纪三四十年代,瑞典学者卡尔·冯·赛多修改了科隆的历史地理的方法,主张要把注意力集中在民俗和口头传统传承中的个性差异上。① 根据赛多的观点,在传承过程中,有些人是传统的积极传承者,而有些人则是传统的消极传承者。前者通过表演传统知识来传承,而后者只是认识和学习传统,而不去表演传统。赛多也注意到在重复的叙事过程中存在文化改编(变异)的情况。沿着这个发现,20世纪70年代,劳里·航柯总结出四种不同的文化改编类型:社会环境形态学的改编(熟悉化和地方化)、传统形态学的改编(母题吸引)、功能的改编(语境依赖)和生态型的改编(整体的视角)。但是,这四种类型的改编或变异只是解释了当它传播时民俗发生了什么,而不是解释为什么它会被传播。

(三)传承的功能主义分析

功能主义从20世纪40年代末开始影响民俗研究,并到60年代初形成了强大的冲击力。民俗学者开始把将口头传统民俗视为地方、宗教和民族认同的证明作为研究的趋势。航柯认为这种趋势也有一个主要的轮廓,即集体认同是研究民俗及其变异的关键,而研究民俗及其变异是研究集体认同的手段。② 民俗在这里被视为一个社会团体的产物,这个社会团体利用民俗的表演来巩固自己。虽然功能主义作为一种文化理论最终式微,但是,社会功能的研究已牢固地成为民俗研

① ANTTONEN P J. Tradition through Modernity: Postmodernism and the Nation-Statein Folklore Scholarship[M]. Helsinki: Finnish Literature Society, 2005: 12.

② HONKO L. Folktradition och Identitet [M]//Folktradition och Regional Identitet i Norden. Nordiska institutet för folkdiktning, 1982: 11.

究中的一个中心任务。这要归功于阿兰·邓迪斯建立的现代的"俗民"的定义。他认为"俗民"指"任意一个享有至少一个共同因素的团体"。①

这里,社会团体是传统显现的土壤,传统因为这个团体的存在而延续。民俗的重要性在于它是这个社会团体的代表。在大多数情况下,这个代表是用来表示社会和心理的认同。当民俗被视为一个社会团体的代表时,它就预示着这个团体的认同和集体主义内涵之间的联系。这样就把民俗的传承和某个社会团体的文化认同联系起来。依此逻辑,民俗不仅代表人们凝聚力的正面评估要素,也指任何拥有民俗的团体的凝聚力。这里潜在的前提为团体是民俗的先决条件,而非民俗是团体及其组织的先决条件。② 事实上,民俗的传承远不只是关于人们归属或认同于哪种社会团体的问题。我们可以返回到对亨里克主教传说的分析中,从中找到一些可供选择的见解。为什么亨里克主教的传说会持续不断地被讲述和上演? 为什么这个传说中的人物会长久地存在于人们的记忆之中? 当芬兰民俗学家马尔蒂·哈维奥在 20 世纪研究《亨里克主教的死亡之歌》时,致力于探索这首诗的起源和诗中的结构功能。在解释这首民间歌谣的起源和功能时,他提出了一个新的视野,即匿名的打油诗人的理论。在他看来,一名达到世纪文学水准的文学作家和艺术家创作了这首歌谣。他反驳了浪漫主义的观点,即民俗出现在集体的创作之中。在他看来,艺术是原创的。他的研究视角是革命性的。但是,他的方法还是不能给"为什么这首诗或这个话题会传承数个世纪"提供答案。也许下面的一种方法可以提供一些思路。

(四)传承的心理认知分析

2002 年,芬兰历史学家基莫·卡塔亚拉(Kimmo Katajala)在最近一项关于农民反抗的研究中提出,《亨里克主教的死亡之歌》在整个中世纪流传的原因是它代表了人民反抗封建行为(当时教区向农民征收什一税来支付牧师的薪水和教堂的开销)的心声。虽然他的这一主张值得考虑,但是他还是把主教的杀手描述为这个叙事的英雄。这种主张在宗教改革之前是绝对不可能提出的。毫无疑问,是政治的争论推动了这一民俗事象的传承。我们应更加关注使这些叙述传统优先化和合法化的制度因素。在考察意义和认同的过程时,争论是一个有用的分析

---

① DUNDES A. What is Folklore? [M]//The Study of Folklore. Englewood Cliffs, N. J.: Prentice-Hall, 1965: 2.

② NOYES D. Group[J]. Journal of American Folklore, 1995 (430): 449-478.

工具。

这里需要提及的是有关亨里克主教传说的另一个故事。一个男性盲人在湖中划船,突然,他在冰面上发现了被杀主教的手指。于是,他用自己的眼睛和它接触,奇迹发生了,他的视力马上就恢复了。这种奇迹的叙述在天主教的信仰传统里是很普遍的。但是,我们需要注意的是,正是对有奇迹出现的信仰推动了叙事的流传和传播。可是,在信仰新教的芬兰,这样的奇迹叙事已经逐渐消失了,取而代之的是各种形式的英雄叙事。在过去的 150 年里,杀死主教的杀手正是以英雄的身份出现的。这是否意味着一种功能的替代呢?即英雄的功能替代了奇迹的功能。我更愿意相信:在奇迹和英雄的传承中,有一种共同的内在联系。奇迹和英雄都代表一种特殊的认知要素,正是这种特殊的认知要素使得它易于传承。这可能就是人类心理的一般倾向。

法国学者帕斯卡·布瓦耶(Pascal Boyer)指出人类信仰具有直觉和反直觉的特性。可以传承的事物必须在它的原型和反直觉期望值之间保持一个理想的比例。在讨论宗教的观念传承时,布瓦耶提出了"成功"的理念。他认为,成功是在记忆和传承之间,保持一个"认知的最适度"。"与直觉的存在的期望相一致容易产生一个华而不实和易学会的观念。而这种期望的侵犯(即它的反直觉)则使它获得更大的关注,甚至是令人终生难忘的效果。"[①]由此,我们不难得知为什么奇迹、英雄和各种怪物不断被想象出来并出现在宗教的口头叙述之中。今天电影的思维也同理。这些事物的特征既包括了人的方面,也包括非人的方面。它们成为人们迷恋或着魔的材料,其中包括人性和反人性的因素。这种心理认知的分析至少向我们昭示了为什么民俗会被传承,为什么一些民俗事象比其他的事物传承得更成功一些。

诚然,受自身知识结构所限,笔者无法深入进行认知心理学或进化心理学的分析,但是笔者确实认为,这必然是民俗研究未来的发展走向之一。同时,近些年来,从不断增长的对比研究的趋势来看,我也注意到旧的芬兰学派(历史地理学派)的全球比较视角可能会在一定程度上复兴。当然,无论民俗研究采取哪一种走向,对研究范式的基本前提的反思是必不可少的,而且,民俗学界的国际合作和交流也是不容忽视的重要方面。

---

① BOYER P. Religion Explained: the Evolutionary Origins of Religious Thought[M]. New York: Basic Books,2002:48.

第四节　本研究的不足与展望

一、研究的不足

（一）材料搜集问题

本研究采用文献阅读和田野调查相结合的方法。其中，田野调查主要是对芬兰的和国内的与劳里·航柯生前有密切联系的学者进行访谈，搜集关于航柯先生的成长经历、生活旨趣和个性特征等影响其学术研究的主观资料，以及了解他们对航柯先生在中国开展的学术活动的看法以及对其学术思想的理解和评价等内容。但是从实际完成的情况来看，芬兰学者安娜-丽娜·西卡拉（2016 年 2 月 27 日去世）和马蒂·堪皮宁的采访还没有完成；国内学者贾芝（2016 年 1 月 14 日去世）、乌丙安和罗黎明都未来得及采访。因中国文艺研究会原来负责档案管理的王强身处澳大利亚，中芬联合考察及研讨会的主要翻译及代表中国参加第 1 届芬兰民俗学者组织暑期学校的史昆身处美国，与二人都无法取得联系，所以，从整体上看，本研究对相关的史实材料的把握是不够的。

（二）理论问题

除了民俗学学科以外，劳里·航柯的学术思想还涉及人文社会科学等其他领域的理论知识，本研究也只是常识性地从社会学、语言学、认知心理学、生态学、人类学等不同视角对其进行多方位分析，但这些方面做得还不够，都只是浅尝辄止，因此，这就意味着自己的综合理论知识水平还有待进一步提升。另外，虽然本文试图从哲学的高度对劳里·航柯的学术思想进行高屋建瓴的把握，但是与劳里·航柯学术思想产生时的 20 世纪西方哲学的宏大背景（如现象学 解释学传统、分析哲学传统、实用主义传统）相比，这方面的总结还处在隔靴搔痒的尴尬境地，还有待进一步研究和深化。

（三）内容问题

由于劳里·航柯的学术著作等身，要想从整体全面地把握其所有内容是难以做到的,因此,本研究采取化整为零、避实就虚的方法,一方面主要从理论研究、专题研究和应用研究三个方面进行分析,另一方面尽量选择有代表性和易操作性的内容。例如,在理论层面上,选择了最能代表劳里·航柯理论特征的传统生态学进行阐述;在专题研究方面,特别选择了国内关注较少的民俗过程研究和在国内影响最大的史诗研究;在应用研究方面,特地回避了涉及较多德语和芬兰语材料的民间医学的研究,而专注于普及性更广的民俗保护研究。但是,这样必然会导致缺乏对劳里·航柯学术思想在诸如比较宗教学、民间医学、芬兰-乌戈尔语神话、挽歌、民俗认同等方面的具体了解,从而在一定程度上产生对劳里·航柯学术思想的片面理解和认识。

总之,由于受个人知识结构、学术积累以及语言能力(考虑到劳里·航柯的学术著作涉及德语、法语、英语、芬兰语等不同的语言)等主观因素的影响,以及受研究条件和研究时间等客观条件所限,以上在研究过程中所发现的问题在本文中未能得到有效的解决,希望在今后的研究中通过自身不断地学习和刻苦钻研来对此加以补充与完善。

二、研究展望

(一)材料的丰富

在今后的研究中,笔者将继续扩大调查范围,尽可能利用一切机会对与劳里·航柯生前有密切联系的国内外学者进行田野调查,搜集关于劳里·航柯的成长经历、生活旨趣和个性特征等影响其学术研究的资料,以及了解学者们对航柯学术思想的理解和评价。笔者的论文中主要涉及芬兰和中国的学者,以后还想进一步调查北欧国家和其他国家的学者,以便能对劳里·航柯的学术贡献有一个更全面的认识和评价。

(二)理论的深入

在今后的研究中,笔者首先要从哲学上深刻地把握劳里·航柯的学术思想与20世纪西方哲学的现象学-解释学传统、分析哲学传统和实用主义传统之间的关联;其次要从社会学、语言学、人类学、心理学、生态学等不同视角对劳里·航柯学术思想进行全方位和多角度的阐述,以便能对劳里·航柯学术思想的理论体系有一个更科学、合理的把握,并从中总结出劳里·航柯的理论贡献。

（三）内容的完整

在以后的研究中,笔者将对本研究中尚未涉及或涉及较少的劳里·航柯学术成果的内容进行详细的介绍和论述,如比较宗教学、仪式、民间医学、芬兰-乌戈尔语神话、挽歌、神圣叙事、民俗认同等方面的内容。为了更好地从事这方面的研究,笔者将继续加强对芬兰语的学习,以便能更直接有效地把握和解读相关研究资料。

（四）方法的灵活多样

笔者在本研究中所采用的互文性的研究方法只是一个初步的尝试,而且文中所涉及的方面仅局限在口头史诗领域,在今后的研究中可以继续深入并拓展到劳里·航柯学术思想的其他方面,以便更好地把握劳里·航柯学术思想的独特性。另外,笔者也将尝试用不同的方法对劳里·航柯的学术思想进行研究,比如说通过采访劳里·航柯的家人、同事、朋友和学生而写一本关于他生平的传记,从而了解他的成长经历、社会背景和心路历程;比如说把劳里·航柯的某个具体理论与中国的文化实践相结合进行实证研究,从而在一定程序上丰富和发展其学术思想;比如说对劳里·航柯的学术思想与美国民俗学家的互动和争论进行现象学-解释学的研究;比如把劳里·航柯的学术思想与我国民俗学者的学术思想进行对比研究;等等。

参考文献

中文文献

【学术专著】

阿尔伯特·贝茨·洛德.故事的歌手[M].尹虎彬,译.北京:中华书局,2004.

毕桪.民间文学教程[M].北京:中央民族大学出版社,2009.

查·索·博尔尼.民俗学手册[M].程德祺,贺哈定,邹明诚,等译.上海:上海文艺出版社,1995.

陈建宪.口头文学与集体记忆:陈建宪自选集[M].武汉:华中师范大学出版社,2012.

戴庆厦.社会语言学概论[M].北京:商务印书馆,2004.

冯国瑞.系统论、信息论、控制论与马克思主义认知论[M].北京:北京大学出版社,1991.

格雷戈里·纳吉.荷马诸问题[M].巴莫曲布嫫,译.桂林:广西师范大学出版社,2008.

关世杰.世界文化的东亚视角:中国哈佛—燕京学者 2003 年北京年会暨国际

学术研究会论文集[C].北京:北京大学出版社,2004.

贾芝.拓荒半壁江山:贾芝民族文学论集[M].北京:文化艺术出版社,2012.

李扬.西方民俗学译论集[M].青岛:中国海洋大学出版社,2003.

梁启超.中国近三百年学术史[M].北京:东方出版社,2004.

刘锡诚.20世纪中国民间文学学术史[M].开封:河南大学出版社,2006.

刘锡诚.民间文学:理论与方法[M].北京:中国文联出版社,2007.

刘锡诚.非物质文化遗产保护的中国道路[M].北京:文化艺术出版社,2016.

刘守华.民间文学:魅力与价值[M].北京:大众文艺出版社,2007.

刘守华,罗杨.中国民间文艺学年鉴2009[M].武汉:华中师范大学出版社,2013.

刘守华,巫瑞书.民间文学导论[M].武汉:长江文艺出版社,1997.

《马克思主义与社会科学方法论》编写组.马克思主义与社会科学方法论[M].北京:高等教育出版社,2012.

马林诺夫斯基.文化论[M].费孝通,等译.北京:中国民间文艺出版社,1987.

马秀娟.马名超民俗文化论集[C].哈尔滨:黑龙江人民出版社,1997.

R.D.詹姆森.一个外国人眼中的中国民俗[M].田小杭,阎苹,译.上海:上海文艺出版社,1995.

田艳.传统文化产权制度研究[M].北京:中央民族大学出版社,2011.

田兆元.民间文学概论[M].上海:华东师范大学出版社,2009.

万建中.20世纪中国民间故事研究史[M].北京:北京师范大学出版社,2011.

王杰文.北欧民间文化研究(1972—2010)[M].北京:学苑出版社,2012.

王杰文.表演研究:口头艺术的诗学与社会学[M].北京:学苑出版社,2016.

姚居顺,孟慧英.新时期民间文学搜集出版史略[M].沈阳:辽宁大学出版社,1989.

约翰·迈尔斯·弗里.口头诗学[M].朝戈金,译.北京:社会科学文献出版社,2000.

张振犁.中原神话研究[M].上海:上海社会科学院出版社,2009.

中共中央马克思恩格斯列宁斯大林著作编译局.马克思恩格斯选集[M].3卷.北京:人民出版社,1995.

中国社会科学院文学研究所,《中国文学研究年鉴》编辑委员会.中国文学研究年鉴 1987[M].北京:中国文联出版公司,1987.

中芬民间文学联合考察及学术交流秘书处.中芬民间文学搜集保管学术研讨会文集[C].北京:中国民间文艺出版社,1987.

钟敬文.中国民间文艺学的新时代[M].兰州:敦煌文艺出版社,1991.

钟敬文.民俗学概论[M].上海:上海文艺出版社,2009.

钟敬文.钟敬文民俗学论集[M].合肥:安徽教育出版社,2010。

朱立元.现代西方美学史[M].上海:上海文艺出版社,1993.

【学术论文】

安德明.非物质文化遗产保护:民俗学的两难选择[J].河南社会科学,2008(1):14-20.

巴莫曲布嫫.劳里·航柯[J].民间文化论坛,2015(5):115-117.

巴莫曲布嫫.民俗学伦理与非物质文化遗产保护[J].民族文学研究,2016(4):5-8.

朝戈金."多长算是长":论史诗的长度问题[J].中央民族大学学报(哲学社会科学版),2015(5):129-136.

程锡麟.互文性理论概述[J].外国文学,1996(1):72-79.

黄泽.神话叙事基本概念的历史演进[J].云南师范大学学报(哲学社会科学版),2007(4):83-88.

金辉.劳里·航柯的田野作业观[J].民间文学论坛,1986(5):67-73.

劳里·杭柯,朝戈金.神话界定问题[J].民族文学研究,1988(6):79-85.

劳里·杭柯,户晓辉.民俗过程中的文化身份和研究伦理[J].民间文化论坛,2005(4):98-105.

劳里·航柯,刘先福,尹虎彬.作为表演的卡勒瓦拉[J].民族文学研究,2005(1):45-55.

劳里·航柯,孟慧英.史诗与认同表达[J].民族文学研究,2001(2):89-95.

劳里·杭柯,王培基.民族文化鉴定的典范:1985年国际纪念《卡勒瓦拉》的活动[J].民族文学研究,1986(6):89-92.

罗兰·巴特,张寅德.文本理论[J].上海文论,1987(5):36.

佩尔蒂·安托宁,陈研妍.劳里·航柯论民俗研究中的范式札记[J].民俗研究,2009(1):7-17

佩卡·哈卡梅耶斯,安涅丽·航柯,唐超.芬兰民俗学50年:以芬兰民俗学代表人物劳里·航柯的理论贡献为主[J].民族文学研究,2014(4):98-109.

唐超.芬兰学派怎样纪念二战以来最伟大的芬兰民俗学家劳里·航柯:2013年劳里·航柯(Lauri Honko)会议方向与主题[J].西北民族研究,2013(4):218-219.

王光荣.中芬民间文学联合考察散记[J].中南民族大学学报(社会科学版),1987(2):60-62.

王杰文."文本的民族志":劳里·航柯的"史诗研究"[J].文化遗产,2015(4):51-64,158.

吴效群.回到原点:非物质文化遗产保护背景下的中国民俗学研究[J].山东社会科学,2011(5):33-37.

徐鹏,尹虎彬.从范式看芬兰民俗研究的现行走向[J].北方民族大学学报(哲学社会科学版),2011(4):116-122.

郁龙余,李朗宁.从史诗资源大国到研究强国:中国史诗研究的发展之路[J].深圳大学学报(人文社会科学版),2008(2):102-106.

尹虎彬.史诗观念与史诗研究范式转移[J].中央民族大学学报(哲学社会科学版),2008(1):124-131.

【网络资料】

巴莫曲布嫫,朝戈金.国际民俗学者组织(FF)简介[EB/OL].(2005-02-14)[2024-04-17].http://www.chinesefolklore.org.cn/blog/index.php?action/viewspace/itemid/29855.

英 文 文 献

【学术专著】

BAHNA V. Memorates and Memory:A Re-evaluation of Lauri Honko's Theory[J]. Temenos,2015,51(1):7-23.

BAUMAN R. Story,Performance and Event：Contextual Studies of Oral Narrative[M]. Cambridge：Cambridge University Press，1986.

FOLEY J M. The Singer of Tales in Performance[M]. Bloomington：Indiana University Press，1995.

HAKAMIES P，HONKO A. Theoretical Milestones：Selected Writings of Lauri Honko[C]. Helsinki：Academia Scientiarum Fennica，2013.

HAUTALA J. Finnish Folklore Research 1828—1918[M]. Helsinki：Societas Scientiarum Fennica，1968.

HONKO L. Krankheitsprojektile：Untersuchung über eine urtümliche Krankheitserklärung[M]. Helsinki：Suomalainen Tiedeakatemia，1959.

—Geisterglaube in Ingermanland[M]. Helsinki：Academia Scientiarum Fennica，1962.

—Science of Religion. Studies in Methodology：Proceedings of the Study Conference of the International Association[C]. New York：Walter De Gruyter Incorporated，1979.

—Religion,Myth and Folklore in the World's Epics：The Kalevala and its Predecessors[C]. New York：Walter De Gruyter Incorporated，1990.

—The Great Bear：A Thematic Anthology of Oral Poetry in the Finno-Ugrian Languages[C]. Oxford：Oxford University Press，1994.

—Textualising the Siri Epic[C]. Helsinki：Academic Scientiarum Fennica，1998.

—Textualization of Oral Epics[C]. New York：Mouton De Gruyter,2000.

—The Kalevala and the World's Traditional Epics[C]. Helsinki：Finnish Literature Society，2002.

HONKO L，HONKO A，HAGU P. The Maiden's Death Song and the Great Wedding：Anne Vabarna's Oral Twin Epic[C]. Academia Scientiarum Fennica，2003.

KAMPPINEN M，HAKAMIES P. The Theory of Culture of Folklorist Lauri Honko, 1932—2002：The Ecology of Tradition[M]. Lewiston：The Edwin Mellen Press，2013.

KAMPPINEN M. Methodological Issues in Religious Studies：With Special

Attention to Lauri Honko's Theoretical Contribution[M]. Lampeter: Edwin Mellen Press, 2012.

KRIKMANN A. On Denotative Indefiniteness of Proverbs: Remarks on Proverb Semantics 1[M]. Academy of Sciences of the Estonian SSR Institute of Language and Literature, Preprint KKI-2, Tallinn, 1974.

KVIDELAND R. Folklore Processed: In Honour of Lauri Honko on His 60th Birthday[C]. Helsinki: Studia Fennica, 1992.

LORD A. The singer of tales[M]. New York: Atheneum, 1971.

SHORE B. Culture in Mind: Cognition, Culture and the Problem of Meaning[M]. Oxford: Oxford University Press, 1996.

SIIKALA A-L. Interpreting Oral Narrative, FFC 245 [M]. Helsinki: Academia Scientiarum Fennica, 1990.

TUOMELA R. The Philosophy of Social Practices: A Collective Acceptance View[M]. Cambridge: Cambridge University Press, 2002.

VON SYDOW C W. Selected Papers on Folklore[M]. Copenhagen: Ayer Co Pub, 1948.

【学术论文】

ANDERSON W. Geographic-historische Methode[J]. Handwörterbuch des deutschen Märchens, 1934-40(2): 508-522.

ANTTONEN P. Notes on Lauri Honko's Discussion on Paradigms in the History of Folklore Studies[J]. FF Network, 2007, 33: 12-20.

ARANT P. Book Review [J]. The Slavic and East European Journal, 2006, 50(3): 547-548.

ARUKASK M. Book Review[J]. Maetagused Hyperjournal, 2004, 26: 250-252.

BAUMER I. Book Review[J]. Anthropos, 1959, 54(5-6): 1010-1012.

BENDER M. Book Review[J]. Journal of American Folklore, 2001, 114 (453): 381-384.

—Oral Narrative Studies in China [J]. Oral Tradition, 2003, 18(2): 236-238.

BOWMAN M. Vernacular Religion, Contemporary Spirituality and Emergent Identities[J]. Approaching Religion, 2014, 4(1): 101-113.

BŪGIENĖ L. Context of Communicative System: Interactions of Folk Legends and Proverbs[J]. Folklore Studies, 2004(27): 13-19.

CLEVERLEY M. Book Review[J]. Scandinavian Studies, 1995, 67(3): 404-406.

CLAUS P. Book Review[J]. Anthropos, 2002, 97(1):261-263.

CLOSS A. Book Review[J]. Anthropos, 1963, 58(3-4): 561-564.

DARNELLR. Book Review[J]. Journal of Linguistic Anthropology, 1996, 6(1): 111-112.

DECONCHY J. Book Review [J]. Archives de Sciences Sociales des Religions, 1981, 26(51): 233.

DUBOIS T. Book Review[J]. The Slavonic and East European Review, 2005, 83(3): 517-519.

DUQUESNE M, TOURRETTE L. Entretien avec Lauri Honko: Des études de poésie populaire à l' ethnographie textuelle[J]. Ethnologie Francaise, 2003, 33(2): 237-242.

FROG E. In the Shadow of Lauri Honko: Review of Matti Kamppinen & Pekka Hakamies, The Theory of Culture of Folklorist Lauri Honko, 1932—2002: The Ecology of Tradition[J]. Journal of Prosthetic Dentistry, 2013, 29 (21): 174-178.

FELIX O. Book Review[J]. Journal of Folklore Research, 1995, 32(1): 82-83.

FINNEGAN R. Book Review [J]. The Slavonic and East European Review, 2002, 80(1): 109-110.

GAY D. Book Review[J]. Journal of American Folklore, 2003, 116(462): 486-487.

GUTHRIE S. Faces in the Clouds: A New Theory of Religion[J]. Isis, 2000, 91 (1): 300-308.

HAKAMIES P. Innovations in Epic Studies by Lauri Honko [J]. Approaching Religion, 2014, 4(1): 13-17.

HARVILAHTI L. Professor Lauri Honko (1932—2002) in Memoriam [J]. Asian Folklore Studies, 2004, 63(1): 125-129.

—Textualising An Oral Epic: Mission Completed [J]. Approaching Religion, 2014, 4(1): 18-24.

HATTO A. Book Review[J]. Fabula, 1992, 33(3-4): 206-244.

HONKO L. Editorial Note[J]. Temenos, 1965(1): 5-6.

—Perinne-ekologiaa: Miten ja miksi? [J]. Sananjalka, 1972, 14(1): 95-104.

—Tradition Barriers and Adaptation of Tradition [J]. Ethnologia Scandinavica, 1973(20): 30-48.

—A Hundred Years of Finnish Folklore Research: A Reappraisal[J]. Folklore, 1979, 90(2): 141-152.

—UNESCO Work on the Safeguarding of Folklore[J]. NIF Newsletter, 1982, 10(1-2): 1-4.

—Research Traditions in Tradition Research [M]//Trends in Nordic Tradition Research. Helsinki: Finnish Literature Society, 1983.

—Protecting Folklore as Intellectual Property[J]. NIF Newsletter, 1983, 11(1): 2-7.

—The Kalevala and Myths[J]. NIF Newsletter, 1984, 4: 9

—Rethinking Tradition Ecology[J]. Temenos, 1985, 21: 55-77.

—What Kind of Instruments for Folklore Protection? [J]. NIF Newsletter, 1985, 1-2: 1-11.

—Studies on Tradition and Cultural Identity: An Introduction [J]. Scandinavian Yearbook of Folklore, 1986, 42: 9-11.

—Types of Comparison and Forms of Variation[J]. Journal of Folklore Research, 1986, 23(2/3): 105-124.

—Wooden Bell Ringing···[J]. NIF Newsletter, 1986, 2-3: 3-10.

—On the Road to Sanjiang[J]. NIF Newsletter, 1986, 2-3: 1.

—Possibilities of International Cooperation and Regulation in the Safeguarding of Folklore[J]. NIF Newsletter, 1987, 1: 5-18.

—The Final Text of the Recommendation for the Safeguarding of Folklore,

NIF Newsletter，1989，2-3：6-8.

——Recommendation on the Safeguarding of Traditional Culture and Folklore adopted by UNESCO[J]. NIF Newsletter，1990，1：3-7.

——Traditions in the Construction of Cultural Identity and Strategies of Ethnic Survival[J]. European Review，1995，3(2)：131-146.

——An Open Letter[J]. Folklore Fellows Network，1997(14)：18-19.

——Back to Basics[J]. Folklore Fellows Network，1998(16)：15-16.

——Folkloristic Research Ethics：FFSS99，Workshop IV [J]. Folklore Fellows Network，2000，20：2-10.

——Do We Need A Folkloristic Code of Ethics? [J]. Folklore Fellows Network，2001，21：2-7.

——Copyright and Folklore[J]. Folklore Fellows Network，2001，21：8-10.

HOULBROOK C. The Mutability of Meaning：Contextualizing the Cumbrian Coin-Tree[J]. Folklore，2014，125(1)：40-59.

HULTKRANTZ A. Lauri Honko and Comparative Religion[J]. Temenos，2012(27)：11-20.

HYMES D. Ways of Speaking[M]//Explorations in the Ethnography of Speaking. Cambridge：Cambridge University Press，1989.

JASON H. Book Review[J]. Asian Folklore Studies，2003，62(2)：327-329.

KAMPPINEN M. The Role of Theory in Folkloristics and Comparative Religion[J]. Approaching Religion，2014，4(1)：3-12.

——Religion from the Viewpoint of Tradition Ecology：Lauri Honko's (1932—2002) Contribution to Comparative Religion[J]. Temenos，2014，50(1)：13-38.

KOROM F. Book Review[J]. Asian Folklore Studies，2003，62(1)：178-180.

KUSSI M. Virolais-suomalainen Maailmansyntyruno[J]. Kalevalaseuran vuosi Kirja，1956(56)：49-84.

KUUTMA K. Book Review[J]. The Journal of American Folklore，2006，119(472)：245-247.

OOSTEN J. Book Review[J]. Numen，1993，40(1)：103-106.

QUINN N，HOLLAND D. Culture and cognition[M]//Cultural Models in Language and Thought. Cambridge：Cambridge University Press，1987.

RØRBYE B. From Folk Medicine to Medical Folkloristics[J]. Maetagused Hyperjournal，2003，22：190-199.

SIIKALA A-L. Lauri Honko：1932—2002[J]. Folklore Fellows Network，2003(24)：1-5.

—Lauri Honko：1932—2002[J]. Fabula，2003，44(1-2)：145-148.

SKJELBRED A H B. The Nordic Perspective on Safeguarding Folklore：NIF's 4th Nordic Conference on Archives and Documentation in Bergen[J]. NIF Newsletter，1986(4)：21-24.

SÖHNEN-THIEME R. Book Review [J]. Fabula，2005，46（1-2）：163-167.

TANGHERLINI T. Book Review[J]. Western Folklore，2014，73（4）：504-508.

【网络资料】

ANTTONEN V. Comparative Religion at the University of Turku and the University of Helsinki：A Brief Survey[EB/OL].［2024-04-17］.http：//www. hum. utu. fi/oppiaineet/uskontotiede/en/research/history/.

译名对照表

A

A. Arwidsson	阿尔维德逊
A. Wagner de Reyna	阿尔维托·瓦格纳·德雷纳
Aatos Petäjä	阿托斯·佩塔加
Ake Hultkrantz	阿克·胡尔特克兰茨
Alan Dundes	阿兰·邓迪斯
Albert Lord	阿尔伯特·洛德
Alfred Reginald Radcliffe-Brown	阿尔弗雷德·雷金纳德·拉德克利夫-布朗
Alois Closs	阿罗伊斯·克洛斯
Andy Nyman	安迪·尼曼
Anna-Leena Siikala	安娜-丽娜·西卡拉
Anneli Honko	安娜利·航柯
Annikki Arponen	安尼基·安芬妮
Antti Aarne	安蒂·阿尔奈
Archer Taylor	阿尔钦·泰勒
Armi Pekkala	阿尔米·佩卡拉
Armin W. Geertz	阿明·格尔兹

B

Bahna Vladimír   巴赫纳·乌拉迪米尔

Barbro Klein   巴尔布鲁·克莱因

Bengt Holbek   本格特·霍尔贝克

Bente Alver   本特·阿尔弗

Bronislaw Malinowski   布罗尼斯拉夫·马林诺夫斯基

Brynjulf Alver   布鲁纽尔夫·阿尔弗

Bugienė Lina   布吉尔勒·莉娜

C

Ceri Houlbrook   塞里·霍尔布鲁克

Charlotte Sophia Burne   查·索·博尔尼

C. W. von Sydow   冯·赛多

D

Dan Ben-Amos   丹·本-阿莫斯

David Elton Gay   戴维·埃尔顿·盖

Dell Hymes   戴尔·海默斯

Duquesne Martinet   杜肯·马丁内特

E

E. N. Setälä   塞塔拉

Edvard Alexander Westermarck   爱德华·亚历山大·韦斯特马克

Edward Burnett Tylor   爱德华·伯内特·泰勒

Edward Evans-Pritchard   爱德华·埃文斯-普里查德

Elias Lönnrot   艾里阿斯·隆洛特

Elina Haavio-Mannila   艾丽娜·哈维奥-曼妮娜

Elsa Enäjärvi-Haavio   埃尔莎·爱娜佳丽-哈维奥

Eric Wolf   埃里克·沃尔夫

Etunimetön Frog   爱突尼密顿·弗洛格

Emile Durkheim   爱米尔·涂尔干

F

Frank Korom   弗兰克·科罗姆

Franz Boas   弗朗茨·博厄斯

Friedrich Ranke 弗里德里希·兰克

G

Galit Hasan-Rokem 伽利特·哈桑-罗肯

Gérard Genette 吉拉尔·热奈特

Gopala Naika 戈帕拉·奈克

H

Heda Jason 哈达·詹森

Henrik Porthan 亨里克·波桑

Henry Lopes 亨利·洛佩斯

Herbert Spencer 赫伯特·斯宾塞

J

J. Gottfried von Herder 戈特弗里德·赫尔德

J. Runeberg 鲁内贝格

J. Snellman 斯奈尔曼

James Anderson 詹姆斯·安德森

James George Frazer 詹姆斯·乔治·弗雷泽

Janet Blake 珍妮特·布莱克

Jean-Pierre Deconchy 让-彼埃尔·德康希

John Miles Foley 约翰·迈尔斯·弗里

Jouko Hautala 尤科·豪塔拉

Juha Pentikäinen 尤哈·盆蒂卡尼

Julia Kristeva 朱丽娅·克里斯蒂娃

Julius Krohn 尤利乌斯·科隆

K

Kaarle Krohn 卡尔·科隆

Karen Miller 卡伦·米勒

Katriina Lehtipuro-Hardwick 卡特娜·莱迪普罗-哈德威克

Kristin Kuutma 克里斯汀·库蒂马

L

L. L. Hammerich 哈梅里克

Laurits Bødker 劳里茨·博德克

Lauri Honko	劳里·航柯
Lauri Harvilahti	劳里·哈维拉赫提
Laurent Tourrette	劳伦特·图雷特
Linda Dégh	琳达·戴格
Lotte Tarkka	乐天·塔尔卡
Lucien Lévy-Bruhl	路先·列维-布留尔

M

M. Bunge	邦基
Madame de Staël	斯塔尔夫人
Margaret Mills	玛格丽特·米尔斯
Maria Vasenkari	玛丽亚·瓦森卡丽
Marion Bowman	玛丽恩·鲍曼
Marja-Leena Rautalin	玛丽亚-丽娜·劳塔琳
Marjut Huuskonen	玛菊特·胡克宁
Martti Haavio	马尔蒂·哈维奥
Martti Junnonaho	玛尔蒂·尤诺纳赫
Matti Kamppinen	马蒂·堪皮宁
Matti Kuusi	马蒂·库西
Mikhail Mikhailovich Bakhtin	米哈伊尔·米哈伊洛维奇·巴赫金
Millman Parry	米尔曼·帕里

O

Orvar Löfgren	奥瓦尔·洛夫格伦
Ørjar Øyen	阿尔加·赖恩

P

Pekka Hakamies	帕卡·哈卡米斯
Pertti Anttonen	佩尔蒂·安托宁

R

R. D. Jameson	詹姆逊
Reimund Kvideland	雷蒙德·维德兰德
Richard Bauman	理查德·鲍曼
Roger Abrahams	罗杰·亚伯拉罕

Roland Barthes	罗兰·巴特
S	
Satu Apo	萨图·阿波
Stith Thompson	史蒂斯·汤普森
T	
Thomas Kuhn	托马斯·库恩
Tove Fjell	托弗·菲耶尔
Tuija Hovi	突宜佳·哈瑞
Tuula Kopsa-Schön	塔拉·科普萨-斯科恩
U	
Ulrich Marzolph	乌利希·马尔佐夫
Uno Harva	乌诺·哈瓦
Urpo Vento	乌尔波·文托
V	
V. Salminen	萨尔米宁
Vladimir Propp	弗拉迪米尔·普洛普
W	
Walter Anderson	沃尔特·安德森

附录1:《关于民俗保护致成员的建议草案》

联合国教科文组织大会第 25 届会议于 1989 年 10—11 月在巴黎召开,会上通过了《关于民俗保护致成员的建议草案》(以下简称《建议草案》)。

考虑到民俗作为全人类的遗产的一部分,是将不同的人和社会团体聚到一起表明其文化身份的一个强有力的手段;注意到其社会、经济、文化和政治重要性,其在人类历史中的角色,以及其在当代文化中的地位;为了强调民俗作为文化遗产和生活文化的一个主要部分的特性和重要性;认识到民俗的传统形式,特别是那些与口头传统有关的方面具有的极度脆弱性和可能遗失的危险;基于在所有国家认识民俗地位的需要及其面临的危险——认为政府在保护民俗中应扮演一个决定性的角色,并尽快采取行动。

在联合国教科文组织大会第 25 届会议上决定,根据《宪章》第 4 节第 4 款的内容,应就民俗保护向成员提出建议,并于 1989 年 11 月 15 日通过本建议。

大会建议,成员应该应用下列有关民俗保护的条款(规定),应依照各国宪法实际采取法律措施或采用其他方法来应用以下民俗保护规定,使本建议中规定的原则和标准在本国内发挥效力。

大会建议成员应该促使负责与民俗保护相关的事务的当局、部门或机构注意这个《建议草案》,并鼓励其与涉及民俗保护的合适的国际组织进行接触。

大会建议,成员应该在此时以此种方式采纳此《建议草案》,提交其采取的使该建议生效的行动的组织报告。

一、民俗的定义

就这个《建议草案》的目的而言：民俗（或传统的和大众的文化）是一个文化社区以传统为基础的创造物的总和，被认为是就文化和社会特性反映团体期望的方式；它的标准和价值通过模仿或其他方式口头传播。其中，它的形式包括语言、文学、音乐、舞蹈、游戏、神话、仪式、习俗、手工艺品、建筑和其他艺术。

二、民俗的确认

民俗作为一种文化表达的形式，必须被它所表达认同的那个群体（家庭、职业者、国家、地区、宗教、种族等）保护。为此，成员国应该鼓励在国家、地区和国际层面上开展适度的调查研究，目的在于：

a. 编制一个与民俗有关的机构的国家清单，以便将其纳入地区和世界的民俗机构的名册；

b. 鉴于需要协调被不同机构使用的分类系统，创建确定和记录系统（收集、编目、转录），或通过手册、收集指南、示范目录等方式发展那些现有的系统；

c. 鼓励创建一个标准的民俗类型学：（i）供全球使用的一个民俗的总大纲；（ii）一个全面的民俗名册；（iii）民俗的地区分类，特别是田野工作试点项目。

三、民俗的保存

保存涉及的是有关民间传统的记录，如果此类传统不被利用或已改进，保存的目标是为研究者和传统承担者提供能使他们理解传统改变过程的数据。而活态民俗，由于它的进化特征，无法总是被直接地保护，已固定在有形的形式上的民俗应该得到有效的保护。为此，成员国应：

a. 建立国家档案馆，以使所收集的民俗可以被恰当地储存，并供人们使用；

b. 建立一个中央国家档案职能部门，以提供某些服务（中央编目、民俗材料信息和包括保护在内的民俗工作标准的传播）；

c. 创建博物馆或在现有博物馆中增设民俗部门，从而使传统和大众的文化得以展示；

d. 优先考虑展示并强调那些文化的活态或过去方面的传统和大众的文化的方式（展示其环境、生活和工作方式及其已创造的技能和技术）；

e. 使收集和归档的方法协调一致；

f. 从物理保护到分析工作,培训民俗保护方面的收集者、案卷保管人、文献资料工作者和其他专家；

g. 为所有民俗材料提供安全保障和工作备份的方法,为地区机构提供备份,从而确保文化社区有权访问这些材料。

四、民俗的维护

维护涉及对民间传统及其传承者的维护,考虑到这一事实,即每个民族都对它自己的文化享有权利,而且它对这种文化的依附性常常由于大众传媒所传播的工业化文化的影响而削弱,必须采取措施来保障民间传统在产生它们的社区中的地位和经济支持,以及在社区外的地位和经济支持。为此,成员国应:

a. 以适当的方式设计并引入正式和校外的民俗教学的课程,特别强调在最广泛的意义上对民俗的尊重,不仅考虑到乡村和其他原始文化,也考虑到在城市区域由各种群体、职业和机构等等创造的那些文化,从而更好地了解文化多样性和不同的世界观,特别是那些没有反映在主流文化中的文化；

b. 通过支持它们在文献、档案、研究等领域的工作以及传统实践来保证不同文化团体得到自己民俗资料的权利；

c. 在跨学科的基础上,建立一个由各利益团体组成的国家民俗委员会或类似的协调机构；

d. 为研究、宣传、培养或持有民俗事象的个人和机构提供伦理和经济上的支持；

e. 促进与民俗保护相关的科学研究。

五、民俗的传播

人们应该注意到民俗作为文化认同的一个组成部分的重要性。为了使人们认识到民俗的价值和保护它的必要性,有必要广泛传播构成这一文化遗产的事象。但是,在传播过程中,必须避免扭曲,以便保护传统的完整性。为了促进公平地传播,成员国应:

a. 鼓励组织全国性、地区性和国际性的活动,如展销会、节日、电影、展览、研讨会、座谈会、工作坊、培训课程和代表大会等等,并支撑其材料、论文和其他成果的传播和出版；

b. 鼓励民俗材料在全国性和地区性的出版物、出版社、电视、广播和其他媒体中的更广泛的覆盖，比如通过补助金，通过为民俗学家在这些单位创造工作机会，通过确保对这些由大众传媒所收集的民俗材料的归档和传播，以及通过在这些机构内部建立民俗的部门；

c. 鼓励各地区、各市政当局、各协会和其他从事民俗的团体为民俗学家设立全职的工作岗位来促进和协调本地区的民俗活动；

d. 支持现有的单位和创建新的单位来生产教育材料，例如，鼓励在学校、民俗博物馆、国家和国际的民俗节日和展览中使用最近的田野工作的录像片；

e. 通过记录中心、图书馆、博物馆和档案馆以及专门的简报和期刊，确保关于民俗的充足信息的可利用性；

f. 基于双边的文化协议，促进与民俗有关的个人、团体和机构之间的聚会和交流，无论是全国性的还是世界性的；

g. 鼓励国际科学界采用伦理准则，确保传统文化传播的合适方法。

六、民俗的维护

就民俗构成了知识(智力)创造力的表现形式而言，无论它是个人的还是集体的，它值得以一种因知识产权所提供的保护而受启发的方式被保护。此类民俗保护已经成为国内外不损害相关合法利益，进一步加强发展、维护和传播手段的不可缺少之物。

暂且不谈关于民俗表达的保护的"知识产权方面"，已有多种已得到保护的权利种类，应继续在今后的民俗文件中心和档案馆受到保护。为此，成员国应：

a. 关于"知识产权"方面：呼吁有关当局注意联合国教科文组织和世界知识产权组织在知识产权方面开展的重要工作，同时承认，这些工作只触及民俗保护的一个方面，而且在保护民俗的各领域对单独行动的需要是紧迫的。

b. 关于包含的其他权利：(i)保护作为传统传承者的信息提供者(隐私的保护和保密)；(ii)通过确保收集到的材料被完好无缺和齐齐整整地保存在档案馆，来保护收集者的利益；(iii)采取必要措施使收集到的材料免受有意或无意的滥用；(iv)认识到档案馆有责任监督对收集到的材料的使用。

七、国际合作

鉴于需要加强文化合作和交流，特别是为了推进民俗发展和复兴计划，以及一个成员的专家在另一个成员的领土上进行研究，成员国应该：

a. 与涉及民俗的国际性和地区性的协会、组织和机构合作。

b. 在民俗的认识、传播和保护的领域中的合作，特别是通过：(i)每一种信息的交流，科技出版物的交流；(ii)对专业人员进行培训，提供旅费补助，派遣科技人员及提供设备；(iii)在当代民俗的记录领域，推动双边或多边项目；(iv)组织专业人员的会谈、学习课程和关于特定主题的工作组，内容涉及民俗数据和表达的分类和编目，以及研究中的现代方法和技术。

c. 密切合作以确保在国际上各种利益团体(社区或自然人或法人)享有由民俗的调查、创造、创作、表演、记录和(或)传播所产生的经济、伦理和所谓的邻接权。

d. 确保在其领土上进行研究工作的各成员有权利从相关的成员那里获得所有文件、录像、影片和其他材料；

e. 制约有可能损坏民俗材料、降低其价值或妨碍其传播或使用的行为，不论这些材料是否在本国形成；

f. 采取必要措施保护民俗，阻止其暴露在它所面临的种种人类和自然的危险中，包括源自武装冲突、领土占领或其他公共秩序混乱的危险。

附录 2:《北欧声明》

    出席本次会议的 4 个北欧国家的代表团,即丹麦、芬兰、挪威和瑞典,已经一起仔细审查了《关于民俗保护致成员的建议草案》(以下简称《建议草案》),发现它整体上很充分且可被采用。该《建议草案》的准备前后花了近 10 年的时间。事实上,其中的良好的专业知识是由 1982 年至 1989 年期间召集的几次政府专家委员会为它提供的。希望"来得慢,来得好"这个谚语里有一些真理。

    《建议草案》明显填补了联合国教科文组织设立标准活动的一个空白。如果有人看一下现有的联合国公约和建议的清单的话,就会发现,有三个公约和十个建议适用于物质文化遗产的保护,无论是建筑物、遗址还是各种各样的物体,但几乎没有任何东西可以被用来保护传统文化的另一面:精神的、无形的、非物质的遗产。

    民俗保护中的复杂性和困难性源于这一事实,即在其自然状态下,民俗是一个活态的现象,不断地变化和适应新的环境和情境,但是,要在文化中可利用,它必须被归档为看似死的、僵化的笔记。民俗几乎完全是口头的,但为了能够成为公认的,它必须被转化为文学、戏剧和艺术。民俗位于一个群体或社区的文化认同的核心,但它是作为一个规则被外来者发现和界定的,而不是这个群体或社区本身。民俗只有在它本真的、最初的语境中才能传达其真实的意义,但是,它不断地被二次使用来满足可能与它原有功能完全不同的目的。民俗的移动引发了本真性、所有权、访问(获取)和传播的问题,以及往往脆弱的口头艺术、习俗和信仰体系的产品在伦理上可接受的循环利用的问题。《建议草案》似乎意识到这些问题，并以实事求是的态度界定了民俗保护的事业。

这份《建议草案》的基本目标之一是去发展和加强民俗工作的基础设施。认识到民俗不仅作为一个国家而且作为世界的文化遗产是必要的第一步。满足对学者、收集者和档案保管员的培训的需要是一个很基本的任务。在这个领域，北欧国家拥有一些来自国际培训课程的经验，这些培训课程不仅在北欧国家开展，也在一些距离遥远的国家开拓合作方。最近几年，北欧民俗学会已经在中国、孟加拉国和印度组织了相关培训课程。例如，在1991年，芬兰在一期国际民俗学者组织暑期学校中组织民俗学田野调查和建档培训，并面向全球招募学员。

《建议草案》明智地强调了民俗保护的积极方面，例如保护传统民俗的适当方法。消极方面，例如有问题的"知识产权"的应用被置于一旁。

非常重要的是关于国际合作的最后一章，因为它确保了：保护的原则有效地跨越了国家边界；适当的双边和多边的民俗项目被界定；主要的社会单位、表演的个人和传统社区的权利，无论其是文化的或种族的少数派，还是地区性或职业性的团体，都受到了认可。尽管有这样的事实，即成员将独自运用《建议草案》，且基于其自己的情境采取措施，但是，《建议草案》中的某些内容显示了通往一种国际性的管理机制的途径的特征。

北欧国家丹麦、芬兰、挪威和瑞典准备接受这份《建议草案》，并期望联合国教科文组织将在其实施中贡献它自己的力量。从成员方适时地收集报告固然重要，但除此之外，联合国教科文组织应该回顾自己在非物质文化遗产领域的活动。保守估计，1990年至1991年，流入物质文化遗产保护的资金量将是为非物质文化遗产或民俗的保护所保留的金额的10～15倍。更令人不安的事实是，这些活动的地位似乎在下降，而且追求的目标逐渐变小。同时，即将颁布的《建议草案》实施起来面临的压力是巨大的。这显然需要通过联合国教科文组织本身的预算和决策来提高民俗保护的《建议草案》的可信度。

附录3:中国学员参与国际民俗学者
组织暑期学校的情况①

举办时间	主题	劳里·航柯的主讲内容	中国学员	相关学术成果
1991年第1届	民俗过程	"民俗过程的分析""民俗的发现""民俗的定义""体裁分析:主位和客位的""保护的思想:研究材料、伦理与版权的个案""所有权、本真性与使用伦理的问题"	史昆	/
1993年第2届	传统与复兴	"民俗过程中的传统与复兴""对话的田野方法——一部史诗的制作""民俗过程与身份建构"	吴薇	/
1995年第3届	传统与矛盾的认同	"文化认同和民族生存策略中的传统""史诗与认同:国家、地区、社区、个人""长篇史诗的魅力"	朝戈金、董晓萍、巴·布和朝鲁	《"多长算是长":论史诗的长度问题》
1997年第4届	传统、地方性和多元文化的过程	"史诗与认同表达""空洞的文本、完整的意义:关于民俗中的意义转换"	孟慧英	《史诗与认同表达》、《西方民俗学史》(该书多次提到劳里·航柯的相关学术思想)
1999年第5届	口头传统中的变异和文本性、民俗研究伦理	"厚实的语料库和有机变异""作为表演的卡勒瓦拉""口头史诗的变异和文本性:南印度的个案""民俗学的研究伦理报告"	巴莫曲布嫫	《劳里·航柯》《民俗学伦理与非物质文化遗产保护》

---

① 因无官方相关统计数据,附录3数据乃本书作者根据历年参加暑期学校的情况统计所得。

附录4:老骥伏枥 志在千里 烈士暮年 壮心不已
——民间文艺学家刘锡诚访谈录

口述人:刘锡诚　　访谈人:徐　鹏

刘锡诚(以下简称刘):中国文联研究员(退休),民间文艺学家,文化学者

徐　鹏(以下简称徐):博士研究生,师从中国社会科学院民族文学研究所朝戈金研究员

访谈时间:2016 年 7 月 24 日

访谈地点:刘锡诚家中

正如祁连休所言,刘锡诚的学术经历贯穿了我国当代民间文学的发展史,其学术道路可以说是我国当代民间文学发展的一个缩影。① 在我撰写博士论文需要梳理中芬民俗学学术史时,今年已 81 岁高龄的刘锡诚老师无疑是我了解历史详情的最佳人选。7 月 20 日晚,当素昧平生的我内心志忑地拨通刘老的电话时,接通电话的是其夫人马昌仪。当她知道我的来意后,她婉言谢绝了我的请求,原因一是刘老听力目前有障碍,无法正常进行交流;二是刘老年事已高,目前的身体状态不适合长时间访谈;三是刘老已于今年 3 月将自己和夫人 60 多年来收藏的两万余册当代文学及民间文学图书捐赠给了中国现代文学馆,手头上已没有可提供的参考资料。② 可在我遗憾和不安地放下电话后不久,就接到了马昌仪女士的

---

① 李静.刘锡诚:心无旁骛的民间文学守望者[N].中国文化报,2014-07-25(7).
② 李晓晨.让宝贵的学术资源传下去——刘锡诚藏书资料入藏中国现代文学馆[N].文艺报,2016-03-11(1).

回拨电话。她告诉我,当刘老知道我的情况后,同意接受我的来访,而且,考虑到我的学习时间紧张,来访的具体日期可以由我来安排。临通话结束,马女士还特意嘱咐我,考虑到刘老的身体状态,要将面访的时间限定在半小时之内。

就这样,7月24日下午2点,我有幸在刘老的府上对这位著述等身的前辈进行了一场特殊的访谈。之所以特殊是因为这次访谈并不是采用通常的一问一答的形式,而是我事前准备好问题提纲,刘老通看提纲后,选择重点进行解答。这主要是考虑到刘老当时的身体状态和马女士所限定的访谈时间。因此,相比以往的结构性访谈,刘老在选答的内容、长度和深度上有更大的弹性和自主权。从刘老长达两小时的自述中,我们不仅可以看到他对这些问题的真知灼见,还可以还原学术史上的真实面貌,更可以管窥其言语之中反映出的学术旨趣、学术情怀和学术抱负。

访谈提纲主要是围绕20世纪以来中国民间文学界的学术交流史而定,其中以中国和芬兰的民间文学学术交流为主。访谈内容主要包括四个方面:第一,刘老的学术动机及信念;第二,中外民间文学学术交流史的梳理和总结;第三,中芬民间文学学术交流史的梳理和总结;第四,刘老对未来中外民间文学学术交流和同行的期望。

徐:身兼文艺评论家、作家、人文学者、民间文学家等多重身份,自1997年退休以来,您不仅在民间文学领域著书立说,成果斐然,而且经常投身于与民间文学相关的学术会议和社会活动中,是什么力量一直支撑着您对民间文学的热爱和执着?

刘:我在一生中从事过多种职业,做过新闻编辑和记者,当过文学编辑,从事过民间文学研究,还有好多年做的是行政工作,下放农村劳动并当过生产队长,还到五七干校锻炼改造过。概括说来,在学术上,我是个两栖或多栖人物。有两个头衔值得自豪或骄傲:文学评论家和民间文学研究者。

文学方面的学术经历,我于1985年10月曾应《批评家》杂志主编董大中先生之约写过一篇《文学评论与我》,发表在该刊1986年第1期上,讲了我的文学批评理念:求深、求真、求新。为了保存资料,后收入拙著《河边文谭》,算是一个小结和交代。自那以后,又写过不少文学评论的文章,出版过《在文坛边缘上》和《文坛旧事》两部专著,提供了一些我所知道的文坛史料,对现有的一些当代文学史著作可能有所增补,也受到了文学评论界的好评。近年来,又对《在文坛边缘上》作了增订,补写了在新时期文学中有关键意义的 1982 年。但冷静下来想想,除了重新发现曾经大声疾呼不要把文学捆绑在政治的战车上,到头来,仍然没有跳出把文学与政治捆绑得太紧的理念,在文学思想和文学成就上,并没有什么可称道之处。

1983 年秋天,应老领导周扬先生之命,阴差阳错地离开了自己喜欢的《文艺报》编辑部和文学评论工作,又回到了青年时代曾经工作过的中国民间文艺研究会。钟敬文老先生戏谑地对我说:"那里是个火海呀!"明知是火海,却又往里跳!俗话说:一步走错,步步走错。后来的境遇也证明了这一点。55 岁时,我提前过上了"退休"生活,远离了曾经的文学,远离了尘世的喧嚣与浮华,坐拥书城,与电脑为伴,全身心地投入了民间文学的研究和散文随笔的写作,一去不回头。

至于民间文学学科,我不是科班出身,只能算是爱好者吧。1953 年秋天,一个没有见过世面、穿着农民衣服的 18 岁的农民子弟,提着一个包袱跨进了北京大学的校门,学的却是当年很时髦的俄罗斯语言文学。辉煌灿烂的 19 世纪俄罗斯文学和苏维埃俄罗斯文学吸引了我,滋养了我,给我打下了文学欣赏、文学史、文学理论、文学批评的基础,没有别林斯基、车尔尼雪夫斯基和杜勃罗留波夫三大批评家对我的影响,也许后来我不一定会走上文学批评的道路。但我毕竟是农民的儿子,农村的生活和农民的口传文学与民间文化融入我的血液,深入我的骨髓,时时撞击着我的心胸,使我耳濡目染,无法忘情。恰在这时,我们的系主任、著名的未名社作家兼翻译家曹靖华教授担任了我的毕业论文的指导老师,他欣赏并同意我选择民间文学作为论文题目。于是我在燕园的北大图书馆和民主楼的顶楼小屋里大量阅读了五四以后特别是歌谣研究会时代的丰富资料。曹先生是我的启蒙老师,他不仅指导了我的毕业论文的写作,而且还为我做介绍,让我在 1957 年夏天从北大毕业后踏进了王府大街 64 号中国文学艺术界联合会的大门,进入了中国民间文艺研究会从事民间文学的研究工作,迈出了我踏入社会的第一步。

由于对民间文学没有专业学习过,也就没有门派,闯进这个领域里,有时不免受到某些学人的责难和冷落。没有门派也有没有门派的好处。知识结构没有条框,不受"近亲繁殖"的局限。我在研究工作中不仅受益于我所从事过的文学批评的滋养,而且能够自如地吸收和包容不同学者不同学派的思想和方法。我是文学研究者,作为当代文学的一个批评家,我的民间文学观理所当然地是以文学的观点研究和处理民间文学,这是我的基本立场。持文学的(包括比较文学的)立场和观点,重视作品与社会生活关系的研究,重视民间美学的研究,重视民间作品的题材、风格、形象、艺术、技法、语言的研究,等等,不等于无视民间作品与民俗生活的紧密联系甚至有某种浑融性这一事实,也不等于排斥以开放的态度吸收民俗学、原始艺术学、宗教学、社会学等的理论和方法来研究和阐释民间文学现象。

1991年2月4日,我从中国民间文艺家协会调到中国文联理论研究室工作。中国文联党组于2月4日为我的调动专门发了一个只有一行字的"(91)文联人字第010号文件",称:"经研究,刘锡诚同志到理论研究室任研究员,原待遇不变。"主持工作的党组副书记孟伟哉当着我的面拿起电话来,对当时文联理论研究室的主任卢正佳说:调刘锡诚到你们研究室去当研究员,你们不用管他。我没有任务,不用上班,每周去一次,坐在会议室里看看报纸杂志,待了七年,1997年3月退休。在研究室的七年间,我只做了一件事,在林默涵、钟敬文先生的推荐下,申报、承担并于1996年6月13日完成了一个"八五"国家社会科学基金资助课题《中国原始艺术研究》,出版了一部专著《中国原始艺术》。国家社科规划办下达给我的专家鉴定结论是:"刘锡诚同志的《中国原始艺术》是我国第一部运用辩证唯物主义与历史唯物主义全面、系统地研究中国史前艺术的力作。该书的最大特点是紧密联系中国的实际,翔实地占有考古、文献和文化人类学资料,有理有据地阐述中国原始艺术的来龙去脉和历史特点。原始艺术研究本身为边缘学科,许多问题扑朔迷离,难度很大。但作者运用交叉学科即综合性、多学科的比较研究,攻克了一道道难关,言人所未言,具有较高的学术水平。总之,作者以审慎的态度,做了大量的、艰苦的科学工作,出色地完成了这一课题任务。鉴定组负责人:宋兆麟1996年7月10日。"退休一年后,中国文联理论研究室于1998年9月22日为拙著召开了座谈会,到会学者们一致肯定了拙著的学术价值,何西来、刘爱民、吕微、陶阳、向云驹、徐华龙、钟敬文等学者在报刊上发表了评论文章。原始艺术的研究不仅填补了我的时间空白,使我在另一个几乎无人问津的学术领域里有所贡献,而且对我的文学批评和民间文学研究也有不小的影响和帮助。

进入20世纪90年代以后,民间文学学科遭遇了困境。在教育部系统,因提倡民俗学而把民间文学由二级学科下降为"民俗学(含民间文学)",民间文学从而变成了三级学科。自19世纪末、20世纪初就在西学东渐的文化潮流中滥觞,稍后汇入五四新文化运动的洪流的民间文学运动,经历了80多年的发展历程,正如日中天,哪晓得如今反而冷落到了三级学科的地位,本来过着闲云野鹤式的闲适生活的我,为此未免感到屈辱和伤感。于是几年来,我连续写了《为民间文学的生存——向国家学位委员会进一言》(《文艺报》2001年12月8日)和《保持"一国两制"好——再为民间文学学科一呼》(上海社会科学院《社会科学报》2004年8月

12 日）两篇文章，为遭遇冷落局面的民间文学学科呼吁。但毕竟人微言轻，国务院学位委员会那些专家们哪有工夫听你这样一个已经是体制外的文化人的悲怆的呼喊！此后，好几位在教学和研究岗位的民间文学同好不断呼吁恢复民间文学的二级学科地位。在这种学科遭遇冷落甚至有点萧条的情况下，我又申请并获准以理论研究室研究员的身份于 2003 年申报和承担了第二个国家社科基金课题《二十世纪中国民间文学学术史研究》，于 2006 年结项，以学术流派、学术思潮为切入点，在没有学术团队为后援的情况下，以一个退休干部的个人之力，撰写了纷繁复杂的民间文学百年学术发展史，为我国民间文学学科提供了一部基础性的著作。2011 年着手修订，至 2014 年完成，成就了一部长达 110 万字的学术史著作。在我年届八十岁时，2014 年 3 月 8 日，由中国艺术研究院艺术人类学研究所方李莉所长策划，中国艺术人类学学会和中国艺术研究院艺术人类学研究所联合主办、外语教学与研究出版社协办，召开了"刘锡诚先生从事民间文艺研究 60 年研讨会"，到会的 30 多位专家学者相聚一堂，对我 60 年来的学术成就给予中肯的评价和鼓励。《二十世纪中国民间文学学术史》(增订本)出版后，中国民间文艺家协会、中国文联理论研究室等单位于 2016 年 3 月 15 日主办了"一带一路"民间文化探源工程咨询暨《二十世纪中国民间文学学术史》座谈会。到会专家们从不同角度指出，20 世纪是世界民俗学研究的"中国流派"诞生、成长、逐步走向成熟的世纪，拙著《二十世纪中国民间文学学术史》作为我国民间文学领域的第一部学术史，对中国民间文学的百年历程进行了细致的梳理，全面展示了中国现代民间文学发展的历史概貌，不仅填补了中国民间文学学术史著作的空白，也对民间文学乃至整个民俗学学科的发展起到了重要的推动作用。正如有学者所说，几十年"边缘化"的结果，使一个一般的工作干部成了一个学者。

徐：刘老，您是在 1982 年底，当民间文艺研究会的工作长期处于停滞的状态时，临危受命，来到民研会工作的。次年即 1983 年底，在民研会的三届二次理事会中明确了建设有中国特色的民间文艺学理论这一思想。其中，学术交流是一项重要的举措。紧接着在 1984 年 5 月 22—28 日，民研会就在四川峨眉山召开了 18 个省区市的近 60 位民间文学专家参加的民间文学理论著作选题座谈会。这是您第一次在国内参加民间文学领域的研讨会吗？请您回忆一下，当时中国民间文学界的理论水平是一种什么状况。

刘：当时，作为中国文联党组书记、文联主席和民研会主席的周扬，对于民间文艺研究会的工作推进非常着急，不得不于 1982 年 12 月 14 日在自己家里召集了中国民间文艺研究会主席团扩大会议，解决民研会的领导班子问题。参加会议的有：民研会副主席、北京师范大学教授钟敬文，民研会副主席、中央民族学院教授马学良，文联书记处书记延泽民，民研会常务理事、社科院民族文学研究所副所长王平凡，民研会副秘书长程远。周扬委托文联党组副书记、书记处常务书记赵寻主持会议。周扬在会上说：

××我们共事几十年了，我过去的印象，他是老实的，在民间文学和少数民族文学方面做了一些工作。但他现在的错误是相当严重的，搞得不择手段。他肯定是不能继续领导了，对他的错误要批评。不是生活小事。民研会的工作要有一个人负责。延泽民同志可以去帮助一下，但不可能长期在那里。梅冠华同志我不是很熟，可以先安排到那里。××同志今后不能再担任领导了。总的是不能再做领导了。要批评他的错误，要他作检讨。今天主要解决领导的问题。我是不太赞成搞什么领导小组、临时过渡班子。能不能搞临时党组？先把班子搭起来。民研会的同志有很多意见，经常收到很多的来信。撤销××的职务也是为了帮助他。××是有错误的。但他对少数民族文学所的工作的意见还是正确的。我认为他的少数民族文学所的工作还可以保留。××同志为什么那样专断，不择手段？这一点我没有想到。他的变化，我问过钟老，钟老说他可能是地位变了。但他没有做什么大官呀，没有很高的地位嘛！为什么变化这样大？

（对程远）反映问题不要割裂，要联系起来，全面地、客观地反映问题。要把他前后的话都反映出来。民研会我也挂了个名。今天是不是有几件事可以确定下来：一，马学良同志是不是可以回少数民族文学所，请转达给梅益同志，他（××）还是副所长嘛。二，民研会临时领导小组，是个过渡性的班子。老延（泽民）去负责这个组。（王）平凡同志虽然很熟悉，但他的工作太多。我建议你不要挂这个秘书长。民研会是不是搞个秘书长？我建议还是梅冠华来。他比较超脱，可以把他调来。将来的工作还是请他来做。总要有点相对的稳定性。稍微加点强制，就是组织决定调过来。将来以什么名义，再商量，都可以。是不是就叫梅做秘书长？王明环我只见过一面，我很难判断他怎么样，既然大家有不同意见，是不是可以再看一下？我没有说过什么接班人。我现在也说不出什么印象。他还比较爽快，有点"造反派"的味道。（不完全是贬他。）可以再看看嘛。再了解一下。对××同志，程远你也要多听听另外的意见，为什么王平凡同志、钟老都对他有意见呢？不要偏听。民研会要允许有更多的民主、更多的自由，要有研究的空气、民主的空气、自由的空气。××同志还是副主席，但不要管日常事务。梅冠华同志不愿意来,爱人生了癌症。梅益同志已同他谈了话。这个同志比较稳当,人是好人,缺点是比较软弱一点。

——引自中国民间文艺研究会会议记录

在这种情况下,周扬和文联党组负责人开始物色其他的适当人选接替××在民研会的工作。他们曾找过中国社会科学院梅冠华,他是延安鲁艺出身的老干部,梅没有同意。于是就要调我去民研会,因为我过去在民研会工作过,当时我是中国作家协会《文艺报》编辑部主任。我在《文艺报》工作得很好,不愿意去民研会工作。《文艺报》的几位领导和作协领导张光年也都不同意我去。我们在西山写第四次作家代表大会的工作报告的那天晚上,冯牧找我谈话。他说:"你的事我解决不了了。周扬是我老师。事不过三呀,我不能再顶了。你自己解决吧。"过了一段时间,民研会在西山召开第二次学术研讨会,让我去参加。会上,我建议给党外民主人士钟敬文搞个80岁的庆祝活动,延泽民同意了。我把周扬请来参加研讨会并向钟先生表示祝贺。会后,周扬让我到他车上去。车上还有中国文联的党组副书记赵寻和新华社记者郭玲春。周扬就在车上和我谈要我到民研会去工作的事情。当着老领导的面,我只好服从。回到《文艺报》后,稍作整理和收拾,我就去民研会报到了。我不懂政治,不懂人事规矩,我离开作协,甚至没有向作协党组报告和得到作协党组的批准(我是处级干部,理应由党组讨论批准)。所以,总的来说,我到民研会那个烂摊子去工作是一个很偶然的机会,也是我非常不情愿的。钟敬文先生戏谑地对我说,民研会是个火坑,你怎么往火坑里跳呀?

那个时代,中国文联各协会的领导人大多数是从延安鲁艺来的,少数几个是国统区演剧队的,总之都是"老革命",我是十个协会中唯一一个从新中国成立后的大学生中被提拔起来的协会领导干部。他们在协会经营多年,各自都有可信的一套人马。而我面对着的,就是延安鲁艺和解放区来的一批领导者和团结在他们周围的一些人。因而我是在非常困难的情况下工作的。譬如,文联党组既然决定调我到民研会,文联的人事部门却没有人给我办手续;稍后人事部门发了任命文件,却不听党组和周扬的,擅自把"常务书记"改成了一般的"书记";等等。新中国成立后十七年,文艺界的主要倾向是受"左"的影响,就是说,从20世纪30年代左联以来一直到新中国成立后十七年期间,主要是执行了一些"左"的东西。面对这种情境,我在1983年12月召开的中国民研会三届二次理事扩大会上的报告中(经周扬事先审阅同意的),提出要加强有中国特色的马克思主义的理论研究,这就触犯了以××为首在1958年大跃进时期搞的"全面搜集、重点整理、大力推广、加强研究"十六个字方针,尽管那个方针最后四个字也是"加强研究",但那个"加强研究",其矛头主要是批判资产阶级民俗学及钟敬文等代表人物。

为了贯彻落实三届二次理事扩大会的精神,1984年5月,我在峨眉山主持召开了民间文学理论著作选题座谈会。当时的主要想法就是要把大家引导到马克思主义指导下的学术研究上来。指导思想是不能继续搞"左"的那一套了。根据会章规定和郭老、周扬等领导历次的讲话精神,中国民间文艺研究会的主要研究对象是民间文学,但我们也应承认过去搞民俗学的在人文学界有一定的地位。尽管就我个人的观点而言,我不赞成把民间文学包含在内,至少不完全包括在民俗和民俗学之中。譬如,钟敬文把他的朋友王汝澜调到民研会来,单独成立了一个民俗学部。王汝澜早年毕业于日本的早稻田大学。我来民研会工作后,就对钟老说,不要单独搞个民俗学部,一个研究部就行了,后来把王汝澜转到研究部里去了,并且在《民间文学论坛》上保留了"民俗之页"这个栏目。

出席峨眉山民间文学理论著作选题座谈会的有60多个民间文学研究者,声势很大,我讲了话,提出了建设有中国特色的马克思主义指导的民间文艺学的口号,民间文学研究不要停留在"通用机床"的模式上,要提倡搞专题研究。会上放了钟敬文为这个会制作的录音讲话。全国各地的包括在高校教书的老师们都报了选题。这个会对纠正这十七年间一些"左"的做法,推动民间文学理论研究起了很大的作用,会后纳入选题计划的许多理论研究项目,或以著作或以理论文集的形式陆续出版了,包括袁珂、潜明兹等人的书很快就陆续出版了。在我的提议和策划下,会上成立了中国神话学会,选举神话学家袁珂为主席。规划中提出组织和出版两套书:一套是"中国民间文学理论建设丛书",在我主持工作的时候就启动并出版了钟敬文的《新的驿程》(1987)、刘锡诚的《原始艺术与民间文化》(1988)、马学良的《素园集》(1989)和姜彬的《区域文化与民间文艺学》(1990);另一套是"中国民间文学专题资料丛书",没有采用丛书的名称,出版了《玛纳斯》《格萨尔》等多种资料本。也就是在这个时候,开始了中外民间文学的学术交流活动,包括在峨眉山会议期间,批准和委派乌丙安、张紫晨去日本访问。

徐:如果说这次座谈会是国内民间文学界的第一次集中学术交流的话,两年之后即1986年4月,中芬民间文学搜集保管学术研讨会应该是中外民间文学领域的第一次学术交流。请问一下,是什么机缘巧合促成了中芬民间文学界的这一次盛会?

刘：芬兰以史诗《卡勒瓦拉》的采录整理出版为代表，是民间文学资料搜集和研究成就卓著的国家。闻名于世的芬兰文学学会民间文学档案馆，已有150年的历史了。1952年前后，我国计划成立民间文学资料馆，就有意派人去芬兰参观学习，未果。后美籍华人学者丁乃通先生向当时的民研会领导贾芝介绍了芬兰文学学会会长、国际民间叙事文学研究会主席劳里·航柯。1983年9月，贾芝从民研会去职，我刚调到中国民研会主持工作，维持原定计划派他和刘魁立去芬兰参观访问，考察该国的民间文学工作。1985年2月，贾芝又被委派率中国民间文学代表团参加了2月28日在赫尔辛基举行的芬兰民族史诗《卡勒瓦拉》出版150周年纪念大会。同去的有中国社科院少数民族文学所的研究员降边嘉措（藏族）、人民文学出版社外国文学编辑室主任孙绳武。芬兰方面提议将民间文学列入中芬两国文化协定。劳里·航柯遂于1985年10月到北京，商量如何实现中芬两国文化协定中规定的民间文学联合调查项目，我方建议在未开放地区——广西三江侗族地区进行两国民间文学联合调查。

我国民间文学界一直比较关注芬兰民间文学界开展的调查和研究工作。早在1963年11月，中国民间文艺研究会研究部编印的《民间文学参考资料》第八集里就组织《译文》编辑部的人员翻译和发表过一篇美国学者艾德逊·里奇蒙德（Adelson Richmon）撰写的《芬兰的民俗学研究》（《美国民俗学杂志》1961年第4期），全面介绍了芬兰民俗学研究历史和现状。芬兰学者安蒂·阿尔奈的《民间故事类型》，经过美国学者史蒂斯·汤普森的改写和阐发，早已成为世界各国民间故事研究的基础性经典著作。芬兰文学学会的民间文学档案馆及其姊妹机构瑞典语文学协会民俗学及人类学档案馆，在世界上也是赫赫有名的，保存了大量的芬兰民间文学材料和《卡勒瓦拉》的材料。仅1935年为纪念《卡勒瓦拉》出版100周年而举行的搜集竞赛，芬兰文学学会民间文学档案馆就收到了应征的133000项来稿，其中大部分是当年记录下来民间传说和记事。芬兰从事民俗学研究的学者和机构，与西方国家不同，实际上都搞的是民间文学。在研究对象上，芬兰和中国有一致性。20世纪80年代，中国民间文学界已经开始了"民间文学三套集成"的普查搜集和编纂出版，拥有一支庞大的民间文学搜集和研究队伍，出版了很多民间文学集子和志书。尤其是各地陆续发现了一些故事村（如河北的耿村、湖北的伍家沟等）和一批故事家（如辽宁岫岩的李马氏、佟凤乙、李成明三个满族故事家，朝鲜族的金德顺，湖北的孙家香、刘德方等）。故事家，现在叫传承人了。也相应地涌现出了一批青年学者，学术研究水平比过去提高了，对世界的影响扩大了，中国的民间文学开始受到国外同行的重视。劳里·航柯是联合国教科文组织政府专家委员会的主任,他在 1989 年 10 月联合国教科文组织制定的《关于民俗保护致成员的建议草案》的《民间创作的定义》中认为:"民间创作(或传统的民间文化)是指来自某一文化社区的全部创作,这些创作以传统为依据,由某一群体或一些个体所表达,并被认为是符合社区期望的作为其文化或社会特性的表达形式;准则和价值通过模仿或其他方式口头相传。它的形式包括:语言、文学、音乐、舞蹈、游戏、神话、礼仪、习惯、手工艺、建筑技艺及其他艺术。"他对中国的民间文学成就很感兴趣,在学术理念上也与中国学界相近,有共同语言。劳里·航柯从自己的民间文学学科方向着眼,在联合国成员中选定了两个点,要推行他的文化理念:一个是中国,一个是印度。所以在他 1985 年 10 月去印度借道中国时,与我们会谈、选点,要在中国做一次两国民间文学工作者的联合调查,并向我提议,请中国学者到芬兰的拉普兰人居住地去做调查。

我们希望选择一个西部未开放地区、民间文学保存和传承比较好的地方作为中芬两国联合调查的地点。经与广西民研会协商,确定选择广西壮族自治区的三江侗族自治县。航柯来中国与中国方面联合主办这次民间文学实地调查,其指导思想是推广他的学术理念,改造咱们的搜集和研究工作,培养青年民间文学工作者。在他看来,我们中国的民间文学虽然搞得好,资源丰富,但调查本身不很符合学术的要求。他的理念就是"田野作业"。田野作业里面要坚持一个原则,叫作"参与观察"。现在文化人类学已经不讲这个了。他自己要来做表率。在三江做调查的时候,一共分为三个组,分别到三个点上进行调查,即林溪、马安、八斗三个点,六个自然村。他没有分配到具体哪一个组,而是可以随便走动,当时陪同他的是贾芝和我。我们当时还是带有一定的表演性,因为我们去之前做了很多准备工作,比如让地方提供了 100 多个讲故事的人和唱民歌的人的名单。航柯说,在表演性的舞台上不要给人以局外人的感觉,不能当时提问题,不能当时翻译,等等。这些表现了他对学术性的追求。我们也逐渐学习他的这种学术理念。从总体上来说,他的要求达到了。在三江的调查中,我们有 37 个青年学者,是从全国各地选来的。芬兰方面来了 8 个人①,其中一个是使馆的女秘书。这次调查我们花了很多钱,都采用录音等手段。学术研讨会之前我们还开了一个培训班,叫乌丙安

---

① 前文提及本次中芬联合考察队由来自我国各地的 37 名中青年民间文学学者和 5 名芬兰代表组成,此 5 名芬兰代表为正式参会代表。此处提及的 8 人除了 5 名正式代表之外,还包括司机、记者、摄影师等 3 名工作人员。

来讲课。开研讨会时，航柯讲了这次调查的来龙去脉。他当时是介绍情况。在实际调查操作当中，主要是推广他的田野作业的学术方法，其中重要的是"参与观察"。他对调查者们提示说：你要跟讲述人打成一片，要进入他的领域，不能够提问题，又不能够当场翻译，等等。

中芬民间文学联合考察暨学术交流分两段进行。第一段是学术交流，第二段是进点考察。联合考察于 1986 年 4 月 9—15 日进行，中国方面参加联合考察的有来自各地的 37 人。以田野作业为主的一周考察，取得了显著的效益，培养和锻炼了队伍，搜集到了大量此前未被搜集到的侗族民间文学及民俗资料：录音磁带 200 盘，近千张黑白和彩色照片（其中包括讲述人/演唱人照片，讲述环境照片，队员活动照片）；队员的调查报告、专题论文、采风日志共 18 篇（包括一个村落的文化背景调查，一种文艺形式的专题考察，一个讲述人/演唱人的专题考察，一种神的调查等。我的笔记本上记下来的有：邓敏文、吴浩《侗族款词的传承情况及社会影响考察》，金辉《劳里·航柯的田野作业观》，李路阳《侗族一个故事之家传承因素的调查》，曾晓嘉《侗族女歌手吴仕英侗歌传承和传播情况调查》，李扬、马青《关于三位侗族讲故事能手的调查报告》，杨惠临、贺嘉、张学仁《八江琵琶歌传承情况的调查》，王光荣《侗族机智人物故事考察》，王强《林溪乡萨神调查》，吴浩《侗族民间故事分类》等 9 篇）；10 个小时的录像带，由中国民研会和广西民研分会剪辑整理，分别交给中国民研会、广西民研分会、三江侗族自治县政府各一份保存，同时也交芬兰方面 1 份。

1986 年 11 月底，中国民研会派出王强、李路阳两人携带全部磁带、调查报告、照片及有关文字资料，重返三江。此行有两个任务：一是组织当地干部将全部侗文资料翻译成汉文，二是拾遗补阙，甄别真伪，并对所有队员调查报告中的事实部分进行审核，为编辑《三江侗族民间文学》提供材料。同时，成立了计划中的《三江侗族民间文学》编辑小组，我为主编，王强、李路阳、杨通山、吴浩为编辑组成员。

据王强写的材料，在三江的工作，第一步是磁带编码。带去的磁带是 127 盘，由县里抽调人员分四个组分头开始编码工作。故事组，组长周东培。情歌组，组长杨通山。琵琶组，组长吴永勋、吴贵元。款词、多耶、酒歌组，组长吴浩。第二步是组织记录翻译。为保证调查中记录的文字资料的科学价值，要求一字不动，忠实记录。要求汉字记侗音（国际音标）、字对字、句对句翻译、意译。第三步是拾遗补阙，并组织人员进行缮写。1986 年底，李路阳回京汇报，王强继续三江的工作。到 1987 年 1 月，由王强、杨通山审阅《三江侗族民间文学》一书定稿（30 万字），并携带全部磁带回京。3月,中芬民间文学联合考察特辑《中芬三江民间文学联合考察撷英》经我终审,发表于中国民间文艺研究会机关刊物《民间文学》1987年第4期上。1987年2—8月,由王强负责将全部磁带按汉语拼音字母缩写重新编码,加注必要的英文注解,共编码磁带120盘,已交给中国民间文艺研究会资料室。另外,《中芬民间文学搜集保管学术研讨会文集》由我主编,黄凤兰任责任编辑,由中国民间文艺出版社于1987年12月出版。这本书的编选工作是我做的,但在发稿时,我把编者改为"中芬民间文学联合考察暨学术交流秘书处"。

我记得,录像、录音材料本来是准备出一个正式的剪辑的,后来没有弄成,就搞成了资料片。经我手,一式三份,芬兰一份,民研会一份,广西一份。芬兰的我们给了,但是芬兰做的没有给我们。我们自己的不知道流落到哪里去了。计划中的包括调查报告、文字记录资料、照片等的《三江侗族民间文学》,因王强移居澳大利亚,把编好未能付印的材料带走了。我通过电子邮件问过王强那些资料还在不在。他说,一直在他的车库里放着,保存完好,大约有20公斤,但他没有钱将其寄回国内。我知道这种情况,曾于2014年写报告给当时主政中国民间文艺家协会的老友冯骥才先生,请他注意,如会里派团到澳大利亚访问,请到墨尔本与王强接头,把存放在他那里的那批中芬调查材料带回来。我的建议如下:

关于中芬联合考察遗留问题的建议

1986年4月4—14日,中国芬兰两国学者在广西三江进行了一次民间文学联合考察。两国三方,即芬兰民间文学代表团团长劳里·航柯,中国民间文艺研究会驻会副主席、学术会议与考察秘书长刘锡诚,广西壮族自治区文联负责人武剑青进行了会谈,达成如下协议:(1)中芬民间文学搜集保管学术研讨会的论文,由中国方面负责编辑出版中文本,由芬兰方面以中国民间文艺研究会提供的中文英译稿做基础编辑出版英文本,并在出版后互相交流;(2)中芬双方交换各自新摄制的录像资料,芬兰方面有义务向三江人民政府赠送一部经过剪辑的录像;(3)各自拍摄的照片资料互相提供目录和保存地点。

航柯先生回国后,向联合国教科文组织有关部门及负责人报告了这次联合考察的情况,在北欧民俗研究所的刊物 Newsletter(《时事通讯》)1986年第2—3期上亲自撰文介绍,同时在该刊上发表了贾芝的论文《关于中国民间文学的搜集整理》和刘锡诚的论文《民间文学普查中若干问题的探讨》及部分照片。中国方面除了把所摄录像资料部分赠送给芬兰方面外,于1987年12月由中芬民间文学联合考察及学术交流秘书处编辑、中国民间文艺出版社出版了《中芬民间文学搜集保管学术研讨会文集》(中文本)一书。

　　这次实地调查是在三江三个点六个村寨进行的。参加考察的人员来自全国各地,既有大学的民间文学老师和研究生,也有地方民研会和社会上的优秀民间文学工作者。调查采录的材料和照片,个人不许留存,全部交给了中国民研会。这些材料,会里交由王强和李路阳同志负责编辑出版。出于种种原因,他们一直没有编出来。李路阳同志还再次去三江与当地的吴浩做调查并写成一部著作。后来,王强移民澳大利亚,带走了所有的材料。前几年王强回国,我当面向他索要这批材料。2012年,我通过电子邮件再次索要这批材料,他答复说,这批材料在他的车库里,有20多公斤,但他没有这笔寄费。这些材料是所有参加考察的民间文学工作者付出劳动和心血的成果,有的已经去世,有的已经退休,十分可贵。我离开中国民间文艺家协会已经25年,且已年迈,无力继续索要,而历届领导同志也没有人过问,致使这批珍贵材料至今流落国外。建议协会现任党组和秘书处能够索回,组织编辑出版。如需要我参与编辑或做顾问,我会视健康情况尽力而为。

　　谨此建议。

刘锡诚

2014 年 3 月 11 日

　　但一直没有结果。后来,2017 年,中国民间文艺家协会要派出吕军副秘书长等人到澳大利亚作学术交流,我再次与吕军和王强联系,请他们在墨尔本见面,把王强手中的材料悉数带国内。我便再次给新任中国民协分党组书记、副主席邱运华同志写了一封信,请他予以关注。信的内容如下:

邱运华同志:

　　您好! 2014 年 3 月 11 日,我曾给中国民协当时的领导人冯骥才和罗杨写过一封关于 1986 年中芬联合调查成果资料的建议信,几年过去了,一直没有得到回答。我是一个退休多年的干部,这事已经与我无关了,即使把材料拿回来,我也没有能力再参与其事了。但去年社科院民族文学所有博士专门研究中芬民间文学相关问题,特别是航柯其人和中国对芬兰民间文学学术的研究成果和现状。看来,取回这批材料,对中国民协和中国民间文学事业还是非常重要的。最近听说,中国文联和中国民协要派人到澳大利亚访问，我不禁又想起此事来，如能借机取回这批材料，不失是件好事。现把我 2014 年的建议再寄给您，敬请您和新党组酌定。

刘锡诚
2017 年 3 月 9 日

吕军同志在墨尔本与王强见了面，就资料回国问题交换了意见，谈的什么我无从知道，但他没有答应把这批中芬民间文学联合调查的材料单独出版，故而未能达成完满的协议。我想，也难怪，这不是他们的工作成绩，他没有这个义务。这批材料仍然留在王强手中。要感谢的是王强很好地保存下了这批珍贵材料。等待来日吧。我已是进入耄耋之年的老人了，在有生之年，我对看到这部由 37 人的调查成果组成的文集，不敢抱什么大的希望了。

本来我手头保留着中芬联合考察和学术交流的全部材料，但 80 年代末我从工作岗位上下来后，手中保留的所有的材料，都不在我手边了。还留下来一些当时的英文本和中文翻译打印本，是我们动用了总参三部的翻译力量为我们翻译的。剩下这些资料都留给你好了。你做这个课题研究，你都拿走吧。

后来我们与芬兰民间文学界的联系中断了。芬兰学者的形象在中国人眼中是很高尚的。

原定的访谈时间是半个小时，结果却持续了两个多小时。而且，当我从刘老家中出来后，在回校的地铁上就收到了刘老的邮件。他把当年的与航柯有关的图片和文字资料毫无保留地送给我，令我感叹不已。

劳里·航柯应中国民间文艺研究会之邀在竹园宾馆作学术报告

（1984 年 4 月 10 日，由刘锡诚主持）

中芬民间文学联合考察队合影(1)(1986 年 4 月)

中芬民间文学联合考察队合影(2)(1986 年 4 月)

中芬民间文学搜集保管学术研讨会开幕式(1986 年 4 月 5 日,南宁西园宾馆,
左起为:武剑青、丘行、刘锡诚、劳里·航柯、贾芝、?、蓝鸿恩)

中芬民间文学搜集保管学术研讨会在南宁开幕（1986 年 4 月）

与劳里·航柯会谈中芬合作考察民间文学计划（1985 年 10 月）

中芬民间文学搜集保管学术研讨会与会人员合影

（1986 年 4 月 5 日，南宁西园宾馆门口）

中芬民间文学搜集保管学术研讨会会场（1986 年 4 月 5 日，南宁西园宾馆）

后　记

　　劳里·航柯先生去世后,欧美学术界对他的研究兴趣一直在提高。他的著作已经成为世界性的理论遗产和实践指南。本书是在 2016 年完成的博士论文《劳里·航柯学术思想研究》的基础上完成的,不禁让我想起那段"苦并快乐着"的求学时光。从 2008 年 12 月获得芬兰赫尔辛基大学博士生候选人资格到这篇学位论文行将付梓之际,追求博士学位的八年时光对于我来说犹如一场"文化苦旅"。"千淘万漉虽辛苦,吹尽狂沙始到金",求学道路的艰辛只有走过才能体味,但我也因此收获了一场宝贵的精神洗礼。尽管因个人思维能力、知识结构和表达水平的不足,这篇毕业论文还存在诸多缺陷,但是,我心中仍怀着深深的敬意,感谢读博征程中给予我无私关怀与帮助的每一个人。

　　感谢我的博士生导师朝戈金先生。在博士报考以及复试阶段,朝老师没有嫌弃我的浅陋,毅然收我为门下弟子。2014 年,我正式成为"朝门"的一员,这是一种莫大的荣誉,也是一股无形的巨大压力。我深知自己不是一个颖悟练达之人,所以三年来我常怀着对朝老师的敬畏和感恩之心,时刻提醒自己不要辜负了他的殷殷期望,而要笨鸟先飞和未雨绸缪,但总不免因个人的愚钝和懒惰让朝老师感到失望和生气,在此向朝老师表示深深的歉意。朝老师虽然公务繁忙,却总能腾出时间为我和各位"朝门"学子传道、授业、解惑。特别是在我论文写作期间,只要我有任何疑虑发短信向他求助,他总是第一时间给予我精心的指导。每每回想起那些接受朝老师点拨后的醍醐灌顶,那些在品茶饮酒中听朝老师坐而论道的情形,那些与朝老师一道加入学术沙龙探讨学问时的愉快经历,都让我更加坚信自己选择读博的正确性。朝老师博学幽默、温厚儒雅的人格魅力和严谨科学的治学态度既让学生受益匪浅,也令吾辈"高山仰止,景行行止,虽不能至,心向往之"。

感谢我的导师组的其他三位成员尹虎彬研究员、巴莫曲布嫫研究员和王宪昭研究员。七年前,我与尹老师一见如故。相识多年来,他经常与学生探讨学术、社会和人生的方方面面,给予我为人处事方面莫大的教益。对我来说,尹老师是良师,更是益友。他给予我的那些弥足珍贵的鼓励、关怀与帮助,我将终生难忘。2020 年 3 月 13 日上午 10 时 26 分,尹老师在清华大学玉泉医院病逝。每每想起与他交往的经历,我都禁不住泪流满面。巴莫老师在学界以为人耿直、言辞犀利和学风严谨著称,但是在与学生的交流中,她总是和蔼可亲,从无疾言厉色,令我受宠若惊。由衷感谢三位老师在我的毕业论文选题、开题和写作中提出的宝贵的建议与修改意见。

感谢少数民族文学所里的老师们精心的培养,感谢施爱东老师、安德明老师和莎日娜老师。感谢施老师和安老师在开题报告的重要环节给我提出的宝贵意见,感谢莎日娜老师从我入学到毕业为我的学习计划、课程安排、中期考核和论文开题的辛苦付出。

感谢刘锡诚先生、刘魁立先生、乌丙安先生、帕卡·哈卡米斯先生、佩尔蒂·安托宁先生和劳里·哈维拉赫提先生在百忙之中抽空接受我的调查采访。他们不仅耐心地回答我在访谈中所提出的问题,还提供了一些其他有价值的信息,并对我的论文写作提出中肯的意见和殷切的希望。正是诸位先生的帮助和鼓励,使我更加坚定了自己的研究方向,并为我的论文完成提供了源源不绝的动力。

感谢我的忘年交胡图-希尔图宁(Pekka Huttu-Hiltunen)博士。正是年近六旬的他在繁重的工作之余帮我查找和搜集大量论文资料,并从千里之外的芬兰邮寄给我。正是他的无私帮助为我撰写论文提供了权威可靠的第一手研究资料。

衷心感谢中国外交部的马子策为我翻译了一些芬兰语材料;感谢外文所董琳璐和陈安蓉学妹为我翻译了大量德语材料;感谢同事缪羽龙博士为我翻译了一些法语材料;感谢社会学所耿亚平学妹为我的论文做了大量细致的校对工作。正是大家的通力合作为我的论文的完成提供了保障。

博士毕业八年来,我先后在台州学院、台州市文化和广电旅游体育局、浙江省非物质文化遗产保护中心(馆)和浙江旅游职业学院工作,经受非物质文化遗产的教研、行政管理和业务等多岗位的锻炼,让我对文化理论的领悟力、非遗实践的执行力和文旅融合的创新力有了较大的提升,也让进入不惑之年的我,更明确了自已将理论学习和实践应用相结合的重心所在。如果说,对劳里·航柯学术思想的研究是回归非物质文化遗产的理论起点的话,本书的出版也是我回归学术界的新起点。

最后,感谢中国传媒大学王杰文教授在百忙之中为本书作序;感谢浙江大学出版社杨利军编辑将书中的文字错误减少到最少。因学殖和时间关系,瑕疵和不足在所难免,恳盼读者和方家不惜赐教,补苴罅漏。

期盼本书在踏上中芬民俗学学术交流的征途中找到知音。

徐　鹏

2023 年 12 月 9 日于杭州